Encontros com Jesus

Yvonne A. Pereira (espírito)
Walace Neves (médium)

Encontros com Jesus

LACHÂTRE

Direitos de publicação cedidos pelo autor ao
Instituto Lachâtre
Rua Barão de Jaguaquara, 243, Mooca – CEP 03105-120
São Paulo – SP
Telefone: 11 2277-1747
Site: www.lachatre.org.br
E-mail: editora@lachatre.org.br

3ª edição – novembro de 2022
4.001º ao 6.000º exemplar

Programação visual de capa
Marco Macen

Impresso no Brasil
Presita en Brazilo

CIP-BRASIL. CATALOGAÇÃO NA FONTE

Neves, Walace Fernando.
Encontros com Jesus / Walace Neves (médium); Yvonne A. Pereira (espírito).
3.ª edição, São Paulo, SP: Lachâtre, 2022.

264 p.

ISBN: 978-85-8291-071-9

1. Jesus. 2. Evangelhos 3. Espiritismo. I. Título.

CDD 133.93 CDU: 133.7

Sumário

Yvonne Pereira e os seus *Encontros com Jesus*

Encontrar Jesus é um desejo natural de todos os que nele acreditamos e em seus ensinamentos depositamos a direção de nossas vidas.

Alguns de nós talvez tenhamos tido essa oportunidade, mais de dois mil anos atrás, e sequer suspeitamos a grandeza espiritual daquele homem simples, que palmilhava o chão com suas sandálias já consumidas pelo tempo, vestido de modo tão simples, mas cujo olhar, profundo e inquietador, tocava cada alma com singular propriedade.

Muitos daqueles que cruzaram seus caminhos adivinharam-lhe a importância; outros, sentiram-lhe o magnetismo intenso, desconcertante, deixando-se simplesmente arrastar; outros tantos, porém, o creram simplesmente um charlatão, capaz de hipnotizar a multidão com sortilégios incompreensíveis. Poucos, porém, à semelhança de Zaqueu, permitiram-se subir até ele para verdadeiramente enxergá-lo, dispondo-se a descer dos altos clamores de seus egos para abandonarem seus mais íntimos anseios, a fim de simplesmente segui-lo.

De lá até então, sua mensagem arrebatadora tem sido escrita e reescrita muitas vezes e de muitas formas, servindo a diversas finalidades. Encontros e desencontros têm surpreendido homens e mulheres séculos a fio, na tentativa de decifrar-lhe os propósitos sublimes, mas quase sempre confundindo-se em meio às latências inferiores que ainda dormitam nos refolhos do ser.

Nossa querida Yvonne, a irmã que tanto aprendemos a amar e respeitar, há muito tempo vive sua busca pessoal. Graças ao seu esforço e dedicação ao Bem e ao Evangelho, permitiu-se finalmente encontrá-lo na sua última passagem pela vida terrestre, decidindo-se firmemente a perpetuar esse encontro espiritualidade afora, disposta a jamais perdê-lo de vista.

Sim, Jesus se transformou, para a querida irmã, em verdadeiro modelo e guia. A indicação dos espíritos a Kardec, grafada em *O livro dos espíritos*, significou para ela uma determinação, um norte, que de lá até aqui a tem conduzido no encontro consigo mesma.

Nas linhas que se seguem, Yvonne cria e recria momentos especiais da vida de Jesus, a partir de seus mais recentes estudos e reflexões, revelando sua rara sensibilidade para contar histórias e para decifrar os enigmas da mente humana. Ela, que tanto sofreu e renunciou em benefício de sua própria paz, permitiu-se esse reencontro com a história do grande Raboni da Humanidade, para recontá-la ao seu modo, embora sempre fiel a todos os seus ideais, deixando lições que o leitor será capaz de apreciar e atribuir valor.

É possível que o leitor se espante diante de informações e perspectivas novas, trazidas por Yvonne, tendo mesmo a natural reação de estranheza e negação, aqui ou ali. Lembre-se, porém, de que se tratam, estas páginas, do registro do olhar e do sentimento de sua autora, sem esquecer do quanto ela mesma ensinava, em seus escritos mediúnicos, sobre a possibilidade de criação e recriação das histórias por parte de quem escreve, até mesmo para emprestar, à narrativa, ritmo, forma e cores atrativas.

Estes *Encontros com Jesus* representam os encontros que cada um de nós, mais hoje, mais amanhã, realizamos ou realizaremos com a essência desse mestre, cuja vida e obra permanece intrigando os nossos dias.

Que estas páginas facilitem esse processo, que ao mesmo tempo desejamos e do qual fugimos, por representar o encontro com uma força tão bela, tão poderosa, que é capaz de nos tirar do eixo de nós mesmos, como sucedeu ao Apóstolo dos Gentios, abrindo espaço para que não mais vivamos nós, mas o próprio Cristo habite o nosso mundo interior.

Hermínio C. Miranda
(Psicografado por Pedro Camilo de Figueirêdo,
em 15 de abril de 2018, na cidade de Socorro, São Paulo)

Introdução

Com macro visão de tempo expresso na Terra por presente, passado e futuro, o Cristo de Deus escolheria uma região do planeta que fosse um polo irradiador, o centro geográfico ideal para a aplicação de uma pedagogia e métodos educacionais, muito seus, no semear do Evangelho e, concomitantemente, a sede do seu colégio destinado à formação de continuadores do seu projeto educativo, voltado para o grande educandário terrestre, onde um grande curso se desenvolveria por um tempo não identificado pelo espírito humano, em ciclos preestabelecidos e programas em adequação destinada aos diversificados estados psicológicos do espírito.

Naqueles velhos tempos, antes do século considerado o primeiro, o Cristo decidiu, com sabedoria, que se faria presente na Palestina, na Terra de Canaã, levando em conta tanto a crença daquele povo num Deus único, quanto a região favorecida pelo trânsito de caravanas de todas as partes das regiões conhecidas, notadamente as advindas do norte do Egito e da Núbia, das provindas da costa do Mar Mediterrâneo, principalmente de Icônio, Derbe, Listra, Galacia, Tessalônica, além daquelas caravanas da Fenícia, da Síria, inclusive de Biblos, de Sidom e de Tiro. A própria Roma, a despeito do seu caráter politeísta e de suas imposições dominadoras, estaria inserida no plano educacional em virtude da unidade política estabelecida pelo seu domínio sobre todas as colônias do império, notabilizando-se no reinado de Augusto.

Desse modo desceram, ao proscênio terrestre, centenas de almas de diversos padrões espirituais para "encontros com Jesus": espíritos dispostos à regeneração; outros que conquistaram mais uma chance de redenção; alguns rebeldes, mas com possibilidades de mudanças comportamentais; outros ainda indiferentes para serem tocados pelo amor; uma boa parte de refratários e egoístas, todos com profundas marcas que se refletiriam no corpo e na alma, além dos vitoriosos.

Compondo a imensa caravana viriam, logo depois, no curso da história, aquelas almas com ânsias de redenção, conscientes de suas culpas as quais, ao lado daquelas outras iluminadas por imenso amor, tornar-se-iam mártires pela vitória do Evangelho.

Os ensinamentos do Messias seriam ministrados nos ambientes que favorecessem a experiência direta e laboratorial, na diversidade de cultura, de costumes e, sobretudo, de sentimentos. Assim, as praias do Grande Lago, os barcos de pesca, a sombra das romãzeiras, o alto dos montes, os vilarejos simples e cidades, praças e mercados, lugares desertos, casas ricas ou pobres dispensariam quaisquer ambientes formais sem, contudo, deixar de atender às sinagogas e templos.

As preleções, os sermões, os diálogos, os questionamentos, as parábolas, a exemplificação como prática comum estariam na ordem do dia como recursos que contemplassem o contexto e a realidade sociocultural da região; contudo, mais do que o atendimento às dores e enfermidades do corpo, atenderia aos anseios da alma na experiência cotidiana daquela gente de uma época tão específica.

Toda a dinâmica aplicada àquele momento histórico se destinaria aos cenários do futuro, sem o que a história jamais se dividiria em duas eras, e todo o estoque de verdades libertadoras ficaria circunscrito sob o peso do judaísmo, da presença do paganismo e do poderio romano, para se diluir, depois de algum tempo.

Como colaboradores selecionou, ainda na vida espiritual, doze almas queridas, que na vida física vestiriam a roupagem de apóstolos, a fim de prepará-las para o seu colegiado de continuadores fiéis, com funções definidas em virtude dos seus valores e de suas peculiaridades especiais.

Simão, chamado Pedro, e seu irmão André, por sua larga experiência de pescadores, dotados de grande acuidade no constante exercício nas difíceis manobras de navegação nas variadas disposições do Mar da Galileia, observadores natos da vida e dos homens, viriam a ser "pescadores de homens"; Tiago e João, mais jovens, filhos de Zebedeu, também lidadores da pesca, auxiliariam os mais velhos com o vigor de sua juventude em necessária interação; Mateus, como arrecadador, ofereceria sua habilidade de lidar com diversificado tipo de personalidades, de costumes e de temperamentos em rotatividade na coletoria; Tomé se manteria com sua disposição de conservar sempre nítida a verdade; Judas de Queriote não dispensaria os cuidados com a manutenção do grupo; Pedro, o que fora dos zelotes, orgulhosamente aferrados às velhas tradições judaicas, zeladores da probidade e dos costumes, em sua renúncia seria o exemplo da alegria ao lado da circunspecção; Felipe e Bartolomeu, Tiago, filho de Alfeu, acompanhados por Tadeu, possuíam o dom muito especial de lidar com crianças e jovens e saberiam, com propriedade, adequar o encanto e a magia das parábolas. Anos mais tarde, Mateus, Marcos, Lucas e João escreveriam suas monografias, as memórias colecionadas nos registros dos pergaminhos que iluminariam a inteligência, a sabedoria e as profundas disposições despertadas no coração de Paulo, após a beleza do episódio na estrada de Damasco.

Cafarnaum tornou-se a sede da base operacional e as aldeias e cidades circunvizinhas ao Lago de Genesaré, simpáticas e de certa forma tranquilas, ofereceram-se, tanto quanto o próprio Lago na Galileia, para o trabalho de campo estendido às regiões do Norte, Decápolis, Samaria, Judeia, Pereia; o monte transmudou-se em palco para a aula inaugural, cujo sermão convida à construção da felicidade imorredoura do espírito, a partir dos cânones terrestres a se iluminarem pela Verdade, pela prática tranquila das Bem-aventuranças.

As primeiras reprimendas, admoestações e testes destinados às correções comportamentais e de posturas se definiram em diversos instantes de perplexidade para os discípulos e, dentre eles, o da tempestade aplacada, o caminhar sobre as águas profundas, o da cura do menino endemoniado que caía tanto na água quanto no fogo, o adormecer durante a vigília e o acolhimento às criancinhas: "não as impeçais"...

A escolaridade dos doze se amplia e evolui, em progressão geométrica, ao se depararem com o diálogo mantido entre Jesus e o centurião em demonstração de fé, com as emoções sinceras de Zaqueu, com a assertividade corajosa da mulher hemorroíssa, com as incertezas de Nicodemos e diante da questão: "Quem dizem, por aí, que eu sou?"

Experimentam, também, pela vez primeira, o reconhecimento e a valorização de sua presença quando Jesus define quem é sua mãe, quem é seu irmão e sua irmã e, ainda, ao confirmar-lhes a condição de "sal da terra" e de "luz do mundo".

A primeira aferição de aprendizado, em experiência direta, ocorre quando enviados dois a dois, às aldeias e cidades, com missão específica de expulsão de demônios, de pregação das luzes do Evangelho em nome da paz, compondo e auxiliando o grupo dos setenta.

Na delicadeza do 'sermão profético', após tão curta jornada de uma convivência amorosa, o certificado de conclusão: "Já não os chamo de servos e sim, de amigos", na dolorosa perspectiva de separação, ao transbordar da ânfora do coração a saudade antecipada, mesmo com a promessa de que não os deixaria órfãos.

Por fim, após as ansiedades e angústias do martírio, da via-crúcis ao Gólgota, as sublimes claridades da chamada ressurreição com o merecido prêmio, na alegria das esperanças renovadas, no encontro feliz a caminho de Emaús, quando reconhecido pelo modo de partir o pão e depois, às portas fechadas na presença de Tomé. Mais tarde, a diplomação, a partir do pentecostes e da ação na singeleza suave da Igreja do Caminho.

Assim, sob as luzes da pedagogia do amor e da aplicação de um currículo único estabelecido pela vontade celeste sábia e soberana, amorosa e boa, o Evangelho é oferecido, integralmente, pelo Peregrino da Luz, o Verbo Divino que habitou entre os homens.

Yvonne A. Pereira

1
A grande viagem

A velha Nazaré, 'a flor da Galileia', era um pequeno e simples povoado localizado sobre colina na parte central de um vale rodeado por outros montes um pouco mais elevados, região mais para o sul da cadeia do Líbano.

O lugarejo definia-se a cerca de vinte e cinco quilômetros, nas proximidades do Mar da Galileia, nove a oeste do Monte Tabor, a cento e quinze quilômetros de Jerusalém e ao sul da cidade, entre o Mar da Galileia e o litoral do Mar Grande, inclusive a Planície de Esdrelon ou Vale de Jezreel.

Suas casas geralmente possuíam um único cômodo ligado a uma gruta na rocha escavada à mão por ser muito maleável e, naquele chão, uma localidade menosprezada até mesmo pelos judeus, o pequeno Jesus aprendeu a caminhar, a falar e foi educado, "crescendo em sabedoria, estatura e graça diante de Deus e dos homens".

Naquela noite, no ano de três mil, setecentos e vinte e oito, na contagem do calendário judaico, na primeira vigília delimitada entre as seis horas da tarde e as vinte e quatro horas, a família se reuniu para a última refeição do dia e para o diálogo feliz a respeito de assuntos variados, inclusive a respeito das triviais ocorrências do vilarejo e da oficina, da produtividade e ainda para as orações de louvor e de gratidão a Deus pelo transcurso do dia.

Miriam, com delicadeza na voz, informou sobre o convite recebido das famílias Efrat e Judah para o casamento de seus filhos Enzo e Rebeca:

– São nossos amigos e vizinhos, que há bastante tempo se mudaram para Caná. Não é tão longe, alguns *estádios* de distância, apenas, o que vocês acham?

Os filhos aprovaram, inclusive as filhas, animadas com a possibilidade de irem a uma festa, sobretudo de casamento.

José permaneceu em silêncio, pensativo como sempre fizera diante de questões a respeito das quais deveria opinar, o que não passou despercebido por Miriam.

– E você, José, o que está conjecturando?

– Penso que nossos bons amigos devem ser prestigiados – respondeu, atencioso. – Realmente são poucos *estádios* de distância entre Nazaré e Caná. Contudo, considerando as viagens de ida e de volta, os sete dias tradicionais dedicados à festa hão de consumir um tempo razoável.

– Sinto que há mais coisas que você deve ter considerado enquanto estava em silêncio – interviu Miriam. – Tenho razão?

– Tem, sim. Estamos com encomendas para a carpintaria, pois somos os únicos em Nazaré. Há prazos determinados para entrega da nossa produção e, sem vocês, a produtividade ficará mais lenta. Se eu for, não poderemos cumprir com nossos compromissos.

– E você, meu filho – questionou ao mais velho que, como o pai, também permanecera silencioso –, o que pode acrescentar?

– Mãe querida – iniciou ele, a expressar a ternura com que sempre a tratava, segurando-lhe as mãos –, é inevitável e compreensível a ausência do meu pai na festa das núpcias, mas os nossos amigos compreenderão sem dificuldades. Deveremos ir.

– Meu coração me diz que você tem algo mais sério a nos dizer, há alguns dias guardo um sentimento de expectativa com relação a isso.

– É preciso que eu vá antes, minha mãe, pois é chegado o momento de atender ao chamado do Pai Celeste. João está no Jordão, nas proximidades de Adamá, nas terras de Betabara, a anunciar para centenas de peregrinos, em conversões, a proximidade do reino dos céus, e anuncia a vinda do 'ungido'. A partir daí, seguirei as determinações de Deus, expressas pela intuição dos profetas.

– Mas tome cuidado, procurei as profecias nas Escrituras e identifiquei sua missão. Ainda hoje, beirando os quarenta e cinco anos de idade, recordo-me do que disse quando tinha apenas quinze: "a minha alma engrandece ao Senhor, e o meu espírito se alegra em Deus meu Salvador; porque atentou na baixeza de sua serva", por ter confiado aos meus braços o Seu precioso tesouro, mas não me esqueço de que antes de tudo sou mãe.

"Aqui em Nazaré, muitos o idolatram por sua bondade e orientações a quantos lhe pedem, mas não deixo de observar, com relação a você, principalmente na sinagoga, a inveja dos escribas, a hipocrisia dos saduceus e fariseus a disputarem a hegemonia das atenções, a falsa sabedoria dos anciãos, o despeito dos sacerdotes e, como aqui neste pedaço de chão os há também lá fora."

– Mas nada farão, mãe querida, por falta de força moral. Esse mesmo povo, porém, de futuro, me rejeitará. Tranquiliza seu coração, pois a minha hora final, no mundo, se acha distante.

– Preocupo-me com todos os meus filhos e me manifesto dessa maneira porque sei que tanto seu pai quanto suas irmãs e irmãos não identificam, em si mesmos, quaisquer pontas de despeito, de ciúmes enganosos ou se sentem preteridos. Todos nós, embora não alcancemos, de pronto, a magnitude de seu compromisso com o Pai Celeste, conseguimos aprender a vê-lo como é. Compreendemos que mesmo amando-o muito, você não é nosso, mas mesmo assim, preocupamo-nos na condição de mãe, de pai e de irmãos.

– Sou o que sou, mãe amada, com plena consciência de espírito imortal, e o Pai não me concedeu qualquer privilégio, o que seria injusto com a benção da maternidade, seu desenvolvimento por nove meses, o parto e com tantas outras crianças. Entretanto, nasci pequenino e frágil como qualquer bebê, necessitado de acolhimento e de amamentação, do colo aquecido e carinhoso da mãe e do olhar vigilante e amoroso do pai, dos cuidados ante os perigos naturais que a terra oferece, da educação primorosa como o despertar, na mente espiritual, do acervo de lembranças e conhecimentos acumulados nos milênios existenciais e, sobremaneira, de uma família muito especial, embora eu a tenha, na consciência profunda, ampliada para além de nossa porta, de Nazaré, de além Jordão e do lago. Sem limites. Por isso é preciso que eu vá adiante. Partirei antes de o sol nascer, de madrugada; ao retornar, iremos juntos à festa de Caná.

– Agora vou lhes revelar porque sempre afirmo: "a minha alma engrandece ao Senhor; e o meu espírito se alegra em Deus meu Salvador..." Falo assim porque o Senhor se dignou a olhar para a minha pequenez como sua serva, ao engrandecer a minha capacidade de amar, que eu desconhecia.

"Certa noite, senti uma inquietude estranha, mas não perturbadora. José já se havia desposado de mim e algo parecido aconteceu com ele. Pelo vão aberto de janela no alto da parede, quase no teto, vi a beleza da Estrela Polar, guia de todos os viajantes, a cintilar contra o céu escuro pontilhado de tantos outros brilhantes estelares. Senti-me extasiada e, em pouco tempo, aquela luminosidade cresceu com tal intensidade que inundou meu quarto como uma névoa e, no meio daquela luminosidade, formou-se um espírito que se denominou Gabriel. Disse-me que não temesse coisa alguma e que, há séculos, eu havia sido a escolhida para ser a mãe do Redentor. Ao tomar a minha mão na sua, arrebatou-me e me conduziu com ele. Não sei para onde fomos e, em êxtase, eu o vi, meu filho, diante de mim, tão bonito... Abracei-o com a ternura da mãe que ainda não era e sua luz me invadiu. Não posso descrever se eu estava em você ou você estava em mim. Acordei pela manhã com uma alegria que jamais havia experimentado. Meu coração transborda até hoje, como agora.

– Minha mãe – respondeu, olhando-a no rosto e, estendendo o braço, colocou sua mão sobre o coração materno –, estamos unidos para a eternidade.

Naquele instante, para a emoção de todos, misteriosamente as chamas das candeias bruxulearam quase a se extinguirem e a penumbra se invadiu por doce claridade, como de luar a se exteriorizar daquelas duas almas 'eleitas'.

No silêncio da noite, as candeias voltaram a brilhar quando a névoa luminosa se desfez e cada um buscou o seu recanto para o repouso; e somente ele se dirigiu ao exterior da casa, permanecendo em muda prece, a contemplar a imensidão estrelada. E durante a madrugada, ele partiu rumo a Betânia Além Jordão, mais conhecida como Betabara.

2
Muito longe de Nazaré

As malhas das redes rompidas após a última pesca já estavam reparadas e acondicionadas junto ao cavername de popa e o casco do barco que fizera água no dia anterior, por causa de uma fenda, fora bem calafetado com segurança. Lanternas e candeias abastecidas com óleo e pavios renovados se encontravam nos setores específicos, para a eventualidade de pesca noturna, quando alguns cardumes de peixes se movimentam à noite; cabos, cordas e vela prontos para mais um dia de trabalho árduo no mar da Galileia.

– O mar está calmo e o vento favorável – falou Simão Pedro ao se aproximar de André e João, no instante de subir na embarcação, com o farnel de alimentos. – Podemos seguir.

– Só faltava você, meu amigo – respondeu André. – Vamos em frente.

– Coloquei duas poitas, as mais pesadas, porque no local escolhido para fundear, as ondas são mais agitadas e o vento mais forte – acrescentou João –, tudo como você orientou.

André soltou a vela que se estufou, de imediato, à força do vento, sustentando-a por cabo amarrado à extremidade livre da travessa horizontal presa ao mastro; João se ocupou da voga do leme e Simão Pedro do comando e correção de rota, analisando as correntes predominantes, as mudanças e a força dos ventos. Com a navegação definida restava, apenas, seguir o curso até o pesqueiro conhecido e, consequentemente, o desenvolvimento natural das conversas do dia a dia.

– Simão, há notícias de que o Messias já surgiu e está arrebatando multidões em suas pregações.

– Mais um, André? Provavelmente oportunista e aproveitador, entre tantos que surgiram. Onde se encontra esse Messias?

– As notícias que nos têm chegado por mais de uma pessoa dão conta de que ele se encontra nas proximidades de Jericó.

– Temos guardado tantas esperanças de que ele venha... – interviu João, com certa melancolia na voz. – Há quanto tempo os profetas nos prometeram e, até agora, nada...

– Por que vocês estão a tocar neste assunto, o que pretendem?

– Simão, se tivéssemos certeza iríamos à sua procura e, se fosse verdade, nossa gente daqui de Betsaida e de arredores do lago teria mais alegria, mesmo sob o domínio romano.

– Acho temeridade saírem por aí, uma aventura, um despropósito.

– Estivemos pensando que se nos afastarmos por alguns dias, não haverá prejuízos para a pesca nem para o mercado. Essa fase do ano é e tem sido muito promissora.

– Reconheço a nobreza do intento de vocês e penso que poderão obter maiores informações a respeito. De hoje até depois de amanhã, como ocorre a cada metade do ano, chegarão mercadores que vêm para negociar seus artefatos de peles de ovelhas, utensílios diversos, ferramentas, lâminas, além dos tecidos tão apreciados pelas mulheres.

– E o que significa isso, Simão?

– Muito simples, André, essas caravanas sempre contratam guias que andam por muitas regiões da Pereia, da Galileia, de Decápolis, da Judeia e da Fenícia ao Egito. Conhecem locais, caminhos e pessoas.

– Obrigado, Simão, isso é animador.

No dia seguinte com o bom resultado da pesca, João e André se dirigiram ao animado mercado aberto de Betsaida para o escambo e outras negociações e, ao se aproximar da hora sexta, por volta do meio dia, Simão trouxe a informação a respeito da chegada dos mercadores e do condutor de caravanas que se achava numa tenda montada nas proximidades do lago. Se quisessem procurar o guia, Simão se propôs a substituí-los por algum tempo.

À sombra da tenda, um homem relativamente jovem grelhava sardinhas e barbos em fogão improvisado. O cheiro era bom. Levantou-se do tapete estendido no chão para cumprimentar, alegremente, os recém-chegados, convidando-os a se assentarem:

– Shalom Alehem! Sou Issacar, o condutor dos mercadores, comam comigo primeiro – falou comunicativo, com simpatia –, depois conversaremos. Digo-lhes que os peixes são de vocês, mas o tempero e a forma de prepará-los são minha especialidade, sei que vão gostar. Provem também do azeite que trouxe de Sidom.

André e João se encantaram com Issacar, o novo amigo, nas conversas mais triviais. Comeram com prazer e, terminada a refeição, Issacar perguntou sobre o motivo da visita.

– Soubemos que um Messias apareceu lá pelas bandas de Jericó, no Jordão – informou João, com alguma ansiedade –, mas as notícias são um tanto incertas e gostaríamos de saber se você sabe de alguma coisa que nos possa dizer, Issacar.

– Não sei se é o Messias, mas o homem que conheci me causou forte impressão.

– Como foi esse encontro? – perguntou André, por sua vez, com a mesma expressividade. – O que você presenciou?

– Eu estava de passagem, como sempre, e o vi num dos vaus do Jordão, um local vadeável em Adamã, em Betânia, muito ao sul do rio e ao norte do Lago Asfaltite. De Betsaida até lá são de seis a oito dias de viagem...

– Desculpe-me, Issacar, mas Betânia fica longe do Jordão, mais para o oeste, nas proximidades de Jerusalém.

– Essa cidade de Betânia, próxima de Jerusalém, é outra, e eu a conheço; a que me refiro é conhecida como Betânia Além Jordão. Essa semelhança de nomes tem causado alguma confusão. O que lhes posso informar é que centenas e centenas de pessoas o procuram por causa de suas pregações junto ao rio e ele as convida a se arrependerem de seus erros, a fim de encontrarem a paz interior. Essas pessoas o fazem confessando-se espontaneamente em público, em voz alta, e me parece que com muita honestidade; em seguida, ele lança água sobre suas cabeças simbolizando a limpeza da alma. Conversei com algumas e vi que realmente são sinceras e se propõem a não mais cometerem os seus delitos.

– Além disso, sobre o que ele prega?

– Atribuem a ele, seu nome é João, a afirmação de que o Reino de Deus está próximo e que há de vir após ele, em breve, aquele de quem não é digno de desatar as sandálias. Estimula, também, a prática do bem incondicionalmente. Muitos se tornaram seus discípulos e o seguem por toda parte, mas normalmente ele permanece naquela região.

– Parece-nos, então, que ele não é o Messias. O que você acha?

– Penso que se João, o Batista, como tem sido chamado, é ou não o esperado, isso não tem muita importância, pois o que prevalece em suas pregações, a meu ver, são duas coisas: a mudança das pessoas para melhor, até os adversários saem de lá abraçados, e a força da esperança que ele passa com informações sobre esse Messias que eu não pude acompanhar por ter que seguir em frente.

– Estamos decididos a procurá-lo. Você poderia nos dar as orientações a respeito?

– Não é difícil, só é bastante longe, mas se desejam ir à sua procura deverão se apressar, pois acredito que não vai durar muito tempo...

– Por que, Issacar, o que está a acontecer com o profeta de tão grave como você prevê?

– Por que João, o Batista, ao pregar a virtude como fator essencial para a vida, fala abertamente para todos os que o ouvem, já chegando aos milhares, sobre a postura frívola e devassa de Herodes Antipas, tetrarca da Galileia e da Pereia, a conviver com Herodias, esposa do seu meio-irmão Herodes Filipe, com quem havia se casado; além disso, é acusado de vários crimes. Assim João, em público, convida-o a se confessar e a mudar de atitude. Ele não vai suportar isso por muito tempo. João fala da luxúria e do luxo no palácio. A luxúria por conta de Herodes e o luxo por conta do povo humilhado e explorado por maus-tratos e por altos impostos. Tenho certeza de que Herodes tomará alguma atitude drástica.

– E você conhece a rota para chegar até lá? Quais estradas poderemos tomar?

– Conheço bem, pois nasci em Cesareia de Felipe, bem ao norte, próximo às nascentes do Jordão, no monte Hermon, tenho viajado por tantos lugares: a Gadara, próxima ao grande mar no ocidente; fui ao extremo sul para lá do lago salgado, o Asfaltite; conheço todos os lugares à volta do lago Genesaré, portanto... Atravessem o Lago, no seu comprimento ou o contornem a pé pelo lado oriental, cujo caminho é mais curto do que pela margem ocidental, até às proximidades do local onde o Jordão reinicia seu curso; sigam por alguma rota do vale do Jordão, pela estrada da margem leste até a aldeia Betabara, que fica defronte a Jericó; procurem um local chamado Adamã, onde o rio é vadeável. É naquelas imediações que encontrarão o profeta.

– Ficamos muito agradecidos por suas informações.

– Um momento, gostaria de lhes passar algumas recomendações simples, mas necessárias, porque não têm o hábito de longas viagens – e Issacar as enumerou:

– Procurem viajar em companhia de outros grupos, pois sempre há possibilidade de encontros com salteadores. Portanto, se levarem algum dinheiro, não o carreguem em sacolas similares àquelas penduradas na cintura, mas preso ou costurado em dobras das próprias roupas. Além disso, sempre recomecem a caminhada, a cada dia, pouco antes do sol nascer, para aproveitar melhor as horas mais frescas e ter melhor rendimento.

Depois de fazer breve silêncio, como se estivesse a alinhar os pensamentos, Issacar prosseguiu:

– Não se preocupem com o tempo ou a duração da viagem, sigam a passos que as forças lhes permitam, pois aprendi que a ansiedade para a chegada gera a sensação de viagem interminável. Além de aproveitarem a beleza das variações das paisagens, registrem, de memória, aspectos que se destaquem como referências para posteriores reconhecimentos. Caso se desconfiem perdidos ou desviados da rota por causa de locais muito acidentados que os levem a buscar melhor caminho, não se assustem, lembrem-se de que o Sol sempre nascerá à sua esquerda, o Jordão sempre estará à sua direita e, à noite, a estrela guia das caravanas e dos navegantes invariavelmente deverá permanecer às suas costas.

Issacar parou um pouco, para em seguida continuar com as recomendações:

– Quanto à alimentação, levem sardinhas e barbos não suficientemente assados, a fim de que não fiquem ressequidos e possibilitem sua complementação ao fogo, quando necessário; alguns peixes secos ao sol com um pouco de sal para se conservarem mais tempo, de preferência mergulhados em azeite de oliva; usem o mesmo processo para carnes, se preferirem; pães sem fermento; mel de abelhas; vinho para pequena medida por dia antes do repouso noturno. Água e frutas há em abundância pelos caminhos. Três refeições diárias serão suficientes para se manterem alimentados e fortalecidos.

Os dois amigos se despediram de Issacar, não sem antes se mostrarem muito agradecidos, para narrarem a Simão o resultado da visita ao condutor de caravanas.

Dois dias depois, partiram do ancoradouro de Betsaida de barco conduzido pelo próprio Simão, com segurança, para extremo sul do Lago de Genesaré.

No ancoradouro, ao se despedirem, abraçaram-se a Simão, sensibilizados os três. Providencialmente, um parente de André, morador da região, ao saber da viagem, emprestou-lhes um jumento que favoreceria o transporte terrestre dos apetrechos, inclusive de uma tenda.

A viagem transcorreu sem incidentes dignos de nota, seguindo à risca as orientações de Issacar; o cansaço, ao fim de cada dia, era compensado, à noite, com as conversas de esperanças ao pé do fogo.

À medida que a viagem se aproximava do final, aumentava o número de viandantes oriundos de diversas localidade, dentre elas Arimateia, Sicar, Filadélfia, Jaboque e Betel, em busca do mesmo destino.

Chegaram ao anoitecer na aldeia de Betabara e armaram sua tenda oito quilômetros mais adiante, em Adamã, próxima a pequeno bosque e a um arroio afluente do Jordão.

O dia amanheceu claro e promissor, quando despertaram com sensação de paz, em que o silêncio era delicadamente invadido por cânticos e pios de pássaros, pelo vento no arvoredo e pelo murmúrio do arroio transparente.

Após o desjejum e as habituais orações de gratidão e de louvores a Javé pela viagem, caminharam pelas redondezas e, perguntando aqui e ali, chegaram e permaneceram na margem do rio junto ao local mais raso onde João provavelmente estaria naquela manhã.

– André, veja na outra margem – interpelou João –, veja aquele homem.

Era robusto, cabelos negros e desgrenhados, de barba espessa, vestimenta simples de pelo de camelo, com um cinto de couro em torno de seus ombros, a olhar fixamente para os dois e, sem demora, atravessou o vau na direção deles.

– Eu sou André e ele é João, viemos até aqui à sua procura.

– Vocês vieram à minha procura – esclareceu pousando suas mãos amigavelmente nos ombros de cada um dos dois –, mas para encontrar com o Messias.

André e João espantaram-se ao observar que o Batista lhes falava com serenidade e até certa ternura na voz, quase melancólica, ao contrário das informações a respeito de sua veemência ao pregar.

– Soubemos da sua anunciação da vinda dele. É nossa única esperança da libertação do povo de Israel. Os profetas falaram.

– Meus filhos – prosseguiu –, ele já está no mundo e virá até esse lugar, a fim de que eu o identifique e o anuncie. O Messias é grandioso e não veio para as limitações da salvação do povo hebreu sob domínio, e a sua mensagem é para o futuro, para um mundo ainda inimaginável.

– Então, ele não veio para ser o rei salvador dos judeus, como diziam as Escrituras...

– As Escrituras não trazem essa afirmação. As terras de Israel, da Palestina sob a presença dos descendentes de Abraão, de Isaac e de Jacó, os grandes patriarcas, são insignificantes para as dimensões de sua renúncia ao deixar, mesmo que temporariamente, o seu reino de luz para sofrer a injustiça, a ignorância do nosso povo tão iníquo. Seu reino, por direito e posse, é o mundo inteiro; assim, veio para o que é seu, a fim de oferecer uma nova ordem ao entendimento da Lei Divina, sem imposições, para que a humanidade, por vontade própria, se liberte das próprias dores acumuladas e não mais delas se aproprie ou se aprofunde.

– Então, é por isso que sua pregação se concentra no arrependimento das iniquidades praticadas e na mudança de atitude?

– É verdade, André, muitos dos que aqui se decidem por se submeterem ao simbolismo do batismo, pela aspersão das águas do Jordão, serão seguidores do Enviado para a disseminação de sua lei de amor e já se contam a muitas centenas.

– Você nos aceitaria como seus discípulos?

– Sim, André, por algum tempo. Sou o último dos profetas e minha missão é propor a remissão de todos, alertar o tetrarca quanto às suas iniquidades aos olhos de Javé e do povo e, sobretudo, mostrar que está chegando o Reino dos Céus, prepará-los para receberem o enviado e anunciar e identificar o Messias. Depois disso, já não mais permanecerei na vida, não por vontade de Herodes, Herodias e seus sicários, mas porque meu tempo é quase findo. Posso lhes adiantar, meus filhos, que os futuros seguidores, como discípulos, já estão escolhidos, sem que saibam disso, e as centenas e centenas de tantos outros seguidores que surgirão de toda parte como as areias que os ventos trazem do deserto, encantados e conscientes com sua doutrina, sofrerão com as injúrias da incompreensão, os apodos dos vaidosos e caluniadores, a rejeição dos amigos da ignorância, a desconfiança de rabinos e sacerdotes, o conluio de saduceus e de fariseus. Contudo, todos esses jamais poderão negar o seu valor, o seu sacrifício pela Verdade e pela missão acolhida e conservada, na concha do coração, de semear a luz.

Após essas palavras, olhou-os por um tempo, com expressão significativa, e prosseguiu, quase profético:

– As glórias do futuro diante das nações do mundo, mais ainda, das pátrias celestes, serão maiores que as dores, quando a coroa dos vitoriosos ornarem suas frontes. E você, João, mesmo sendo ainda muito novo, já se insere, por amor, no contexto da história do Messias em peregrinação pelo mundo. Afirmo que você fará na velhice, com empenho, os registros das marcas do Cristo para que a humanidade do futuro o reconheça, o siga e o louve.

Enquanto os três permaneciam em colóquio reservado de pé, na corrente rasa do rio, nas margens aos poucos, formou-se uma razoável aglomeração. Uma dezena de pessoas, discípulos do batista, como o nomeavam, se aproximaram e permaneceram ao seu lado.

Da margem do rio, os fariseus enviados para investigação fizeram inúmeras perguntas a João: quem era ele, se era Elias, se era profeta e todas as resposta foram negativas; entretanto, insistiram para que se nomeasse e falasse de si mesmo e confessaram que precisavam das respostas para quem os tinha enviado. João respondeu firmemente que era a voz do que clamava no deserto e confirmou a sua missão definida há mais de oitocentos anos pelo profeta Elias: "Endireitai o caminho do Senhor". Nada obstante, insistentemente prosseguiram nos questionamentos, querendo saber porque batizava se não era Elias, nem o Cristo, nem profeta.

João Batista levou alguns segundos para responder e disse, com forte entonação na voz e gestos largos e significativos: "Eu batizo com água, mas no meio de vós, está um a quem vós não conheceis. Este é aquele que vem após mim, que foi antes de mim, do qual eu não sou digno de desatar as correias das sandálias".

– Como entender "Endireitai os caminhos do Senhor"?

– Significa preparar os corações daqueles que, a partir daqui, serão seus futuros seguidores, a identificar o Cristo primeiramente na alma, com renovadas esperanças no coração. Deverão reconhecê-lo e senti-lo antes de tudo, isto é, recordarem-se dos compromissos de amor a que foram convocados ao cumprimento de suas promessas.

Durante todo o dia, André e João, vivamente sensibilizados, permaneceram com os outros discípulos ao lado do Batista, acompanhando a interminável fila dos que desejavam lavar suas almas com a confissão pública e o batismo.

A tarde caía lentamente com o deitar-se do Sol por detrás dos montes componentes da grande cordilheira central, indo na direção da região costeira, lá pelos lados do Mar Grande e, finalmente, a noite estendeu sua manta escura perfurada de miríades de estrelas.

A multidão se havia dispersado, restando apenas João Batista, André e João, que se despediram com a promessa de retornarem na manhã seguinte.

Na tenda, os dois conversaram animadamente sobre os acontecimentos do dia.

– Que experiência fascinante – João falou para André, exaltado pelo entusiasmo de sua juventude –, jamais pensei que essa viagem viesse a ser tão significativa para nós: frente a frente com um profeta. Malaquias, o último, viveu há mais de quatrocentos anos e, de lá para cá, não apareceu mais nenhum. Você não diz nada?

– Não há muito que dizer, João, fico apenas a pensar que Javé jamais deixa de dar respostas e no tempo certo. Sinto que de fato há mais coisas para acontecer. Agora, amigo, vamos dormir.

Pela manhã, os dois amigos levantaram-se um pouco mais cedo e se dirigiram para o mesmo local do dia anterior. João Batista já se encontrava lá e disse que os esperava, explicando-se:

– Daqui a pouco, novamente haverá a aglomeração, talvez mais do que ontem. Permaneçam junto a mim, a fim de que ouçam, observem tudo, pois para isso foram trazidos aqui por vontade divina.

– Por que nos disse que seu tempo é quase findo? – interrogou João, sempre curioso e interessado. – Não continuará em peregrinação por estas regiões em sua missão?

– Quando em retorno às suas terras, terão notícias minhas e compreenderão o que lhes disse.

Em poucos minutos, aglomerou-se grande numero de mulheres, homens e buliçosas crianças, de várias idades: na grande maioria pessoas do povo, identificadas pelo aspecto e vestimentas; outras, um tanto mais abastadas; alguns poucos militares e, invariavelmente, os saduceus, os rabinos, os escribas, os fariseus, os sacerdotes e os anciãos da sinagoga.

Com gestos vigorosos e voz possante, João, o Batista, pregou embasado nos mesmos motes de sempre: o arrependimento sincero das faltas cometidas e o desejo de não mais praticar os mesmos atos, porque o "reino dos céus está próximo"; a observância do decálogo e a presença viva do Cristo para a mensagem da libertação, e mais uma vez afirmou:

– "Eu na verdade vos batizo em água para vos trazer à penitência; porém o que há de vir depois de mim, é mais poderoso do que eu, e não sou digno de carregar suas sandálias; ele vos batizará no Santo Espírito, e em fogo. A sua pá na sua mão se acha; ele limpará muito bem a sua eira e recolherá o seu trigo no celeiro, mas queimará as palhas num fogo que jamais se apagará".

* * *

Não muito longe dali, à distância de um dia de viagem, um peregrino solitário caminhava a passos regulares. Já percorrera longo caminho e quantos com ele cruzavam ou seguiam na mesma direção, até certo ponto de mudança de rota, o perceberam com determinação, mas sem demonstração de fadiga ou cansaço, sempre adiante de quaisquer outros. Os que vinham em sentido contrário nunca deixaram de receber um cumprimento discreto e simpático, deixando-os com um estranho sentimento nunca experimentado.

Ninguém soube dizer se ele parava para descansar ou para o repouso noturno. Era uma incógnita.

Às primeiras horas da manhã, chegou a Betabara e se dirigiu para as margens do Jordão, acompanhando um grupo de viajantes que também chegavam àquela aldeia, naquele momento.

Em lá chegando, sua presença atraiu a atenção e se destacou ao caminhar, com tranquilidade, pela margem do rio à frente da turba, no espaço entre o rio e a multidão, olhando para João, o Batista, que ao perceber a presença do recém-chegado silenciou repentinamente, estendeu o braço, apontou para ele, acompanhando-o com seu gesto, fazendo convergir toda a tensão da populaça e, depois de alguns segundos de silêncio, afirmou:

– "Eis o Cordeiro de Deus, eis o que tira o pecado do mundo. Este é o de quem eu disse: Depois de mim vem um homem, que me foi preferido, porque era antes de mim. E eu não o conhecia, mas por isso eu vim batizar em água, para ele ser conhecido em Israel".

Os dois amigos guardaram na alma suave comoção ao ver aquele homem apontado por João e, na multidão, murmúrios de admiração, acenos de mãos e uma aura de alegria expressa em cada rosto. Os dois amigos comentaram entre si:

– É ele, André, eu sei que é ele, o Cristo a que viemos conhecer – ao que André completou:

– Também senti na alma a mesma sensação que você, acho que nossa missão está a se completar.

– Era preciso que vocês o vissem, meus filhos, – asseverou o Batista, como a devassar suas almas – e o identificassem no coração. É o que está acontecendo com vocês. Talvez ainda não compreendam, mas o sentimento estranho que agora experimentam é o clamor que vem de longe, do chamado secular, e a identificação com o Messias.

– Mas ele se foi – replicaram lamentando – e não pudemos falar com ele.

–Tranquilizem-se, não é agora o momento previsto para o cumprimento da profecia, a consagração da vida e o término do meu mandato. Podem ir, mas retornem amanhã, pois será um dia inesquecível.

João, o Batista, como estava sendo chamado, despediu-se acenando para a multidão e foi para a outra margem, em sentido contrário.

João e André retornaram para o seu acampamento em animada conversa com outros, também considerados discípulos do Batista, a estreitarem laços de fraternidade legítima.

Na manhã seguinte, os dois pescadores perceberam, junto ao povo, maior número de soldados, em grupos de três ou quatro estrategicamente localizados e, junto a eles, os contestadores escribas, fariseus, rabinos e outros não identificados, mas em atitudes sérias e de observação atenta.

João Batista, ao contrário de outras ocasiões, falava com certa leveza, apesar da força da voz, mas a traduzir e a infundir serenidade, paz e a inundar a massa humana de sensibilidade e emoção ao se referir às glórias dos céus a serem conquistadas, ainda na terra, a partir da ação da verdade e do amor. Em dado momento silenciou e lentamente ergueu os braços abertos para o céu.

O natural vozerio se foi reduzindo até desaparecer por completo, permitindo que se ouvisse nitidamente o borbulhar da corrente de água nas pedras do encachoeiramento daquela parte do Jordão. Uma comoção suave pairava no espaço e, vasando pelo meio do povo, um homem se destacou e veio à frente da multidão, entrou no rio e parou a pequena distância:

João reclinou a cabeça em nítido sinal de respeito e reconhecimento, quando o Messias se dirigiu a ele para dizer que havia vindo para ser identificado através do batismo, e complementou em voz alta: "a fim de que se cumpram as Escrituras!".

João se recusou a batizá-lo exclamando: – "Eu sou o que devo ser batizado por ti e tu vens a mim?".

Ele avançou mais alguns passos, olhou para André e João, a lhes provocar estanha comoção, abraçou João Batista, beijou suas faces e lhe disse:

– João, faça o que tem que ser feito para marcar o início da minha missão e a conclusão da sua. O Pai assim o deseja e sei que ambos estamos preparados, com alegria, para a honra e a glória de servirmos ao Céu.

– Sei o que me aguarda, Jesus de Nazaré, e como partirei ao defrontar a consciência do presente com as profundas marcas do passado, e me comovo.

– Conheço a robustez do seu espírito, João, por isso o escolhi para a rude tarefa de aplainar os caminhos, arrotear e sulcar a terra tão cheia de secura, de cascalhos e de pedras. Entra na minha alegria e, em breve, você entrará na alegria do Pai na libertação conquistada.

O Batista olhou-o no rosto. André e João, olhando os olhos daquele homem de feições rudes, talhadas e endurecidas pelos rigores do deserto, perceberam o reflexo do sol nas gotas que ali se depositaram, mas que não chegaram a cair.

João se abaixou, recolheu com a cuia de couro um pouco do Jordão e, ao entorná-lo sobre a cabeça de Jesus de Nazaré, o vasilhame tornou-se luminoso e a água uma pequena cascata de luz, a pleno sol a pino.

Depois que Jesus foi aspergido, João saiu do Jordão, subiu na margem e deu seu testemunho:

– Vi o espírito que descia do Céu em forma de pomba e repousou sobre ele. Eu não o conhecia; mas o que me mandou batizar em água, me disse: Aquele, sobre quem vires descer o espírito e repousar sobre ele, esse é o que batiza no Santo Espírito. Eu o vi; e dei testemunho de que ele é o Filho de Deus.

Os dois pescadores de Betsaida permaneceram em respeitoso silêncio e o profeta lhes falou a meia voz:

– Meus filhos, é hora de partir, sigam-no. Ele é o Cordeiro de Deus e os aguarda, pois aqui se encera o nosso encontro. Uma nova jornada de luzes e de trabalho no bem se inicia, mas também de muitos sacrifícios em favor de toda a humanidade. Armem-se de fé. Deus os abençoe.

André e João saíram do rio e se misturaram ao povo à procura do Messias identificado pelo batismo de João.

Mais adiante, depois de algum tempo de caminhada o peregrino parou, olhou para trás e, em se deparando com os dois amigos que o seguiam, perguntou-lhes o que buscavam, e eles responderam que desejavam saber onde ele pregava e atendia as pessoas. Imediatamente os levou consigo e permaneceram em sua companhia até à hora décima, ao entardecer, depois de verem o seu modo de ensinar e dar ordens aos espíritos impuros, com autoridade e poder.

Ao pôr do sol, muitos levaram consigo doentes acometidos por várias enfermidades e ele, pela simples imposição de mãos, os curava, e muitos espíritos considerados demônios também saíam dos enfermos. Um deles falou aos gritos: "Ah!, o que você quer conosco, Jesus Nazareno? Veio nos destruir? Eu sei exatamente quem você é: o Santo de Deus!". Mas Jesus o censurou, dizendo: "Cale-se e saia dele". Assim, depois de lançar o homem ao chão no meio deles, o espírito saiu sem feri-lo. Em vista disso, todos ficaram pasmados e começaram a dizer uns aos outros: "Que palavras são essas? Pois ele ordena, e eles saem!".

André e João não cabiam em si de contentes pela missão cumprida e, ao retornarem a Capernaum, na Galileia, procuraram Simão para compartilhar sua alegria, pois ele precisava conhecê-lo.

– Simão, este é Jesus de Nazaré, o Messias, nós o encontramos, amigo.

– Fico muito feliz pelo encontro, mas peço-lhes que me desculpem, pois minha sogra Yohana está em minha casa muito enferma, a febre muito alta durante muitos dias a consome.

– Deixa-me vê-la, Simão – pediu Jesus. E, com a aquiescência dele, entrou na casa.

Zilah, a esposa de Simão, chorosa, com expressão muito cansada, exclamou:

– Senhor, minha mãe está com esta febre insidiosa e por aqui, quando isso acontece, é fatal. Ela está sofrendo em demasia, eu não sei mais o que fazer para aliviá-la. Ajude-a, Senhor!

No leito, Yohana, de olhos semicerrados, gemia por causa das dores por todo o corpo tomado por intensa transpiração e, a seu lado, a esposa de Simão de quando em quando lhe aplicava um pano molhado na fronte. No lado oposto, estavam algumas mulheres amigas da família. Simão apresentava a testa franzida, marcada pelas preocupações com o estado debilitado de sua sogra.

Jesus aproximou-se, abaixou-se ao lado dela, com a mão esquerda tocou-lhe levemente os longos cabelos brancos e soltos e, com a outra mão, segurou as da sogra de Simão e pediu-lhe:

– Venha, Yohana, você está curada, levante-se, vá se alimentar e cuidar das coisas costumeiras da casa e da família.

Ela abriu os olhos, beijou as mãos do Mestre, levantou-se lépida e, sorrindo, foi cuidar dos afazeres domésticos.

Zilah sentiu-se tão feliz que, num gesto espontâneo, abraçou Jesus, mas afastou-se, temerosa, em virtude dos velhos preceitos judaicos.

– Tranquilize-se, Zilah, perante o meu Pai, como filhos do seu amor, somos todos iguais, as crenças e costumes insignificantes e espúrios um dia desaparecerão.

– Então vou acompanhar a minha mãe – Zilah fez menção de segui-la. – Ainda estou preocupada com ela.

Com um gesto, Jesus solicitou que não fosse:

– Deixe-a ir, Zilah, ela está feliz e precisa movimentar o corpo sozinha, a fim de se sentir forte, liberta e viva. O maior incômodo de Yohana é sentir-se impotente e dependente de alguém para a realização de mínimos afazeres.

E, voltando-se para Simão, que o olhava, vaticinou:

– Simão, a partir de hoje você terá o nome *Cephas*, que significa Pedro. Segue-me, pois espero por você como discípulo.

Toda a comunidade da pesca se espantou, porque conheciam Yohana há muito tempo e sabiam de sua doença. Ela, curada por Jesus, fez questão de orgulhosamente mostrar-se viva.

No dia seguinte, à noite, durante a refeição em família, Simão se mostrava taciturno e sabia que não era cansaço, porque as ocupações foram comuns como o recondicionamento de redes, abastecimento de candeias, melhoria de mastros e acerto nas velas, revisão no casco, reparos em cabos, cordas e remos e outros materiais próprios para a navegação, coisas normais do cotidiano, quando não estão ao mar.

Ao se recolherem para o repouso noturno, Simão Pedro não conseguia conciliar o sono e preferiu permanecer solitário, sentado na área externa da casa.

Ouvia o som cavo das ondas da preamar e o chiado da espuma desfazendo-se no cascalho da praia e sentia, no rosto, o ar fresco da noite. Pensativo, observou que em algumas casas alguém ainda não buscara o repouso, porque pelas janelas escoavam-se as claridades oscilantes de candeeiros acesos.

Zilah veio ao seu encontro, sentou-se ao seu lado e, sabiamente, acompanhou-lhe o silêncio.

– Zilah, por que você não vai descansar? – finalmente Simão Pedro quebrou o silêncio e ela, muito direta, o que lhe caracterizava o ser, respondeu com uma pergunta:

– Por que não compartilha comigo o que se passa no seu coração?

– Não há muito que falar, Zilah, mas estava aqui pensando em Jesus de Nazaré, ele tem ensinado tantas coisas maravilhosas e feito tantos prodígios, é bom e simples. O que o diferencia é a sua sabedoria e o seu amor pelos semelhantes. Deixou, em nosso lar, a sua bondade implantada, e me fez um chamado direto, um convite para segui-lo. Tenho meus compromissos: uma dedicada esposa, excelentes companheiros e vizinhos, uma família maravilhosa, o respeito da nossa comunidade... Não sei o que fazer. É um grande conflito.

– Simão, obrigado por compartilhar comigo e já que isso acontece, quero ponderar algumas coisas: você é um homem bom, honesto, trabalhador e cumpridor dos seus deveres, é cumpridor das leis de Deus com sabedoria, é muito estimado na comunidade de pescadores e não temos filhos. Todos sabem do convite que Jesus lhe fez, afinal de contas nossa comunidade é pequena e por isso a alegria é geral.

Zilah silenciou por instantes, como se ordenasse as ideias, para continuar:

– Seguramente, por tudo o que temos visto e sabido sobre o que tem ensinado e feito por quase toda a Galileia, principalmente aqui em Capernaum, em Caná, em Betsaida, Dalmanuta e em outros lugares, ele é seguramente, e eu não tenho dúvida alguma, o Messias, o Cristo de Deus. Nenhum profeta falou ou fez o que ele tem feito. Simão Pedro, querido, quando ele olhou para você, foi como se já o conhecesse, e se ele o convidou para segui-lo, é porque realmente o conhece tão bem quanto eu. Todos da pesca sempre se revezam e um supre o outro em seus impedimentos, lembra-se? Aqui em casa vivemos em harmonia e, agora mais do que nunca, abençoados pela presença do Messias. Cephas quer dizer também *pedra, a rocha* que, convenientemente empregada, é a base, o apoio e a segurança. Considero privilégio um convite para seguir ao lado de Jesus; sinto, também, que haverá muitos sacrifícios. Portanto, meu querido marido, pense nisto, pois estarei sempre ao seu lado com a alegria e a honra de ser sua esposa. Guarda a tranquilidade. Agora vem comigo e vamos repousar. Amanhã será um dia de grandes decisões. Vamos!

Simão Pedro sorriu, aceitou a mão que a esposa carinhosamente lhe oferecera, levantou-se e os dois retornaram ao lar, trancaram a porta e o silêncio se fez, mas a chama oscilante do candeeiro permaneceu acesa por toda a noite, como prenúncio de novas claridades para suas vidas.

3 Missão

Após sua identificação como Messias, sob a imperiosa voz de João Batista, Jesus saiu do Jordão cheio do 'santo espírito', na linguagem bíblica, o que ratificou sua íntima relação com espírito de singular magnitude registrado pela vidência de João, que afirmou tê-lo visto descer do alto semelhante a uma pomba e pousar sobre ele. As traduções informam ser Javé, esse espírito. Segundo Mateus, Marcos e Lucas, uma voz se fez ouvir junto a Jesus, o que ratificaria Javé como o próprio Deus: "Tu és o meu filho amado, em ti me comprazo".

Há registros de que Javé vem acompanhando a saga do povo hebreu desde o ano de 2018 AEC (Antes da Era Cristã), quando recomendou a Abrão e sua esposa Sara que partissem de Ur, na Caldeia, em direção às terras que ele mostraria.

A seguir, Jesus viajou para o sul por todo o curso do rio Jordão e entrou no deserto da Judeia, situado a oeste do Lago Asfaltite, também conhecido como Mar Salgado, e ali permaneceu por muitos dias. Passado esse tempo, ele voltou a Betabara.

João, o evangelista, informa em suas anotações que ele e André, até então discípulos de João Batista, pediram a Jesus para segui-lo e permaneceram um dia inteiro na localidade onde ele atendia; posteriormente, seguiram juntos para o norte quando João, feliz, comunicou a Simão: "Encontrei o Messias!" e o levou até ele. Os três tornaram-se os primeiros discípulos: André e João por iniciativa própria e Simão a convite do Senhor.

A partir de então, Jesus fez com que se cumprissem as vozes dos profetas, no desaguar da história do povo hebreu, quanto à sua missão na qualidade do Ungido.

Dias depois, voltando à Galileia e acompanhados por Maria, mãe de Jesus, participaram da cerimônia de um casamento em Caná, onde a transubstanciação da água em vinho recebe, nos relatos da história, o caráter de impressionante milagre, quando o fator mais relevante é a chancela, por aquelas presenças, da importância da formação de um núcleo familiar, o mais valioso instituto da Terra. É quando se reconhece o primeiro mandamento de Maria: "Fazei tudo o que ele vos disser".

Os notáveis relatos dos evangelistas nos levaram, com Jesus, ao silêncio e à solidão do deserto da Judeia, guiado pelo mesmo espírito Javé, onde ele teria passado quarenta dias, o que levou os relatores à dedução de que o Cristo nada comera. E, naquele ambiente inóspito, o 'diabo' o teria tentado, esquecido, talvez, de que o Cristo "veio para o que era seu...", sobretudo de que o seu reino jamais seria deste mundo. E num diálogo simbólico e inusitado, o 'rei das trevas' se mostra com poder ilimitado tanto quanto o do Criador, capaz de conduzir, à sua vontade, o Cristo de Deus daqui e para ali, à revelia dele, e lhe oferecer os tesouros do mundo em troca de total submissão.

Na verdade, todo o simbolismo do episódio conhecido como 'a tentação' revela que o Cristo, em plena consciência de sua individualidade, buscou o silêncio e a tranquilidade, o que não seria viável em qualquer outro ambiente, para introspecção e reflexão profundas a respeito de como melhor se conduzir no aproveitamento de tão pouco tempo à sua disposição.

Em algum lugar do deserto, à sombra de uma palmeira, faz repousar o corpo físico. Senta-se na areia, reduz os batimentos cardíacos, limita ao mínimo as ações do sistema neurovegetativo na manutenção da vida, desdobra-se a dilatar o campo perispiritual e a expandir a consciência, identificando-se com o campo psíquico, a psicosfera do ambiente sob sua tutela.

Assim, não teve necessidade de 'pão' para se alimentar, como sugerira o 'diabo' que fosse transformado de uma pedra, mas pela redução do metabolismo basal, diminuindo drasticamente o consumo energético, tanto que, ao final do transe, sentiu fome.

Sua consciência liberta, sem as limitações de tempo e espaço, eleva-se além das montanhas e do 'Monte do Salto', o mais alto da região, e contempla os *reinos do mundo*, do mundo de seu tempo, como pequena amostra da complexidade dos reinos da Terra, conceito diferenciado do suposto oferecimento do *habitante das trevas* em troca de submissão e, ao mesmo tempo, os tesouros da terra, até onde se perde o horizonte.

Ali se encontrava, também, a síntese representativa das humanidades dos tempos vindouros com necessidade básica de registros, nas estruturas espirituais, dos princípios ativos da Boa Nova para a prevenção ou para a restauração: enfermos do corpo nas deformidades físicas e nos casos teratológicos; nas deficiências visuais e auditivas; nos distúrbios psíquicos e mentais; nos processos de fascinação e de subjugação a espíritos, também enfermos; os desvios de personalidade; as distorções da moral; as vinculações ao mal, sobretudo nas ondas do egoísmo, considerando-se os atavismos espirituais e as projeções para futuras encarnações, no mundo.

Então Jesus, espírito lúcido, contempla as regiões das tetrarquias e além, tais como parte da Fenícia e Damasco, em síntese, o campo de abrangência de sua doação de amor.

Identificou a Galileia, ao norte, situada entre o Grande Mar e o esplendor do Lago Tiberíades, vigoroso ao sol e suave ao luar, a abrigar Caná, Nazaré, Betsaida, Naim, Corazim, a banhar, na margem ocidental, o bucolismo de Capernaum, Magdala e Tiberíades, que receberam, como habitantes, simples e dignos pescadores.

Observou Samaria, tanto histórica quanto secularmente rejeitada pelos judeus, desde o tempo do 'cisma', aconchegada entre o Grande Mar e o rio Jordão, assentada ao sul da Galileia e ao norte da Judeia a acolher, em seus limites geográficos, Arimateia, Belém, Betânia, Bethfagé, Efraim, Emaús e Jericó, cujo reino se viu na contingência de entregar-se, outrora, à estratégia de Josué, que eliminou o caráter inexpugnável de seus muros, como aconteceu na velha Babilônia.

Reconheceu Pereia a leste do Lago Asfaltite, a se alongar pelo rio Jordão no sentido norte, na direção de Péla.

Atentando para a região da Judeia, o antigo Reino de Judá, originária da tribo de Judá, a única que ficou fiel à casa de Davi, identificou Jerusalém, o epicentro religioso, a capital da Palestina e considerada o berço dos judeus de raça pura e aristocrática; Jericó, no vale do Jordão; Belém, cidade do rei Davi e de seu nascimento; Betânia, Bethfagé, Emaús, Ramá e Arimateia, situadas ao norte; Efraim, às margens do deserto.

Finalmente em Jerusalém, de sobre o pináculo do Templo, o maior símbolo do antagonismo entre o profundo sentimento de religiosidade, às raias do fundamentalismo, e a exuberância da vaidade, inseridos no alicerce e na estrutura; na argamassa e na colunata; nos ricos adereços de ouro e prata e na suntuosidade que o orgulho de Salomão fez erigir, instalar e perpetuar na grande construção, resultantes das lembranças atávicas, emersão da memória antiga de exilado oriundo de outro orbe, onde a arquitetura transcende em beleza e grandiosidade. Antagonismo perpetuado na reconstrução, maior ainda, após a destruição por Nabucodonosor, rei de Babilônia.

De lá de cima, a pura consciência crística, ao se expandir um tanto mais, 'viu' os matizes e as tonalidades das psicosferas dos 'reinos' observados, identificou as correspondentes concentrações de enfermidades predominantes e emergentes, físicas e espirituais.

Qual ave terna e amorosa, o Peregrino da Luz, como que a distender asas, lança-se do alto para o nível do chão, não para atender a um pretenso e infundado desafio a fim de que, na queda, fosse sustentado por mãos de anjos, como teria proposto o 'diabo', mas para voar à procura e identificação de cada alma sob sua tutela amorosa para os seus encontros, mais adiante, e se identificar como o Cristo de Deus a lhes soprar, com doçura, doces esperanças nos ouvidos espirituais:

Acalma coração, os teus anseios
De superar a dor que dilacera,
E o teu cansaço de uma longa espera
Em busca de uma paz por quaisquer meios.

Aguarda um pouco mais que a primavera
Há de florir mais plena de gorjeios
Se a tua fé suprir os teus receios
À luz de uma esperança sem quimeras.

E creia que estarei sempre ao teu lado
A aliviar-te o espirito cansado,
Mesmo te sintas sem qualquer abrigo.

E esse momento, a hora, pouco importa,
Espera que estarei à tua porta

Para ficar, de vez, sempre contigo.[1]

Passaram-se dias, muitos dias. O Messias despertou e aspirou profundamente o ar matinal ainda não aquecido pelo reflexo do sol nas areias que, mais tarde, estariam escaldantes. Abriu os olhos e, apesar de inóspita, a região oferecia beleza única por causa das sombras nos recôncavos de algumas dunas, a contrastarem com as incidências dos raios solares em ângulo baixo no lado oposto.

Reparou que alguns metros à sua frente um casal de crianças, com cerca de oito a nove anos de idade, estava de pé a observá-lo, com curiosidade. Sorriram em sua inocência e perguntaram:

– Você acordou, senhor... Está com fome?

– Tenho fome.

– Então vem! – e os dois lhe deram suas mãos e o conduziram a uma tenda armada, mais à frente, pertencente a uma caravana de viajores que ali conversavam alegremente, preparando-se para seguir viagem.

Um homem relativamente jovem o recebeu, com alegria, e o fez sentar-se ao chão para comerem juntos o repasto matinal.

– Sou Issacar, o condutor de caravanas. Dessa vez conduzo algumas famílias e um rebanho de ovelhas, essas que nos cercam. Vou para a Judeia. E você, para onde vai?

– Vou para a Galileia, em direção oposta à sua.

– Há dias acampei neste mesmo lugar e o vi onde as crianças o encontraram sentado no mesmo local e na mesma posição...

– Não se preocupe, estava meditando a respeito de velhos compromissos assumidos.

Issacar ficou curioso quando aquele homem estranho e ao mesmo tempo simpático estendeu o braço na direção das ovelhas, que se aproximaram todas. Ele puxou uma delas, a que se mostrava muito enfraquecida, e a acomodou, com muito cuidado, em seus braços. Acariciou-a por algum tempo e, ato contínuo, colocou a ovelha de pé, no chão, e ela saiu a correr fortalecida, balindo, parecendo feliz, acompanhada pelo alegre rebanho.

– Também tenho alguns rebanhos, Issacar.

– E onde se encontram esses rebanhos, senhor? – perguntou, curioso. – Não os vejo.

1 Ditado pelo espírito Auta de Souza, em 20 de agosto de 2017.

O peregrino distendeu o braço, desenhou no espaço um grande arco e respondeu:

– Estão por ai. Algumas ovelhas estão dispersas à minha espera e me aguardam, outras estão perdidas. Eu as encontrarei e as reunirei num só rebanho, para que tenham um só pastor. – Issacar não entendeu muito bem; entretanto, preferiu permanecer em silêncio.

Terminada a refeição, o convidado disse que era hora de partir. Levantou-se, agradeceu com um abraço amigo, o que era incomum para o caravaneiro, e abraçou as crianças, abençoando-as com breve imposição de mão em suas cabeças.

– Nos veremos de novo, Nazareno? Por que há algum tempo, de passagem por Betabara, no Jordão, eu o vi?

– Nos veremos sim, meu amigo, em muitas ocasiões, esteja certo disso – Jesus respondeu e se foi, na direção da Galileia.

Issacar viu aquele peregrino partir e pensou no quanto a vida era curiosa; tão caprichoso, a seu ver, era o destino: tantos lugares, tantos caminhos, tanta gente em sua vida e, por três vezes, cruzara com aquele nazareno, que prognosticou novos encontros.

A seguir, levantou acampamento e seguiu rumo à Judeia, imerso em seus pensamentos, ouvindo o balido das ovelhas. A voz do vento, tão conhecida de suas andanças, a soprar do ocidente e a deslocar montículos de areia em agitados rodamoinhos, agora lhe parecia terna canção.

4
O pergaminho de Isaías

Jesus voltou para a Galileia 'no poder do espírito', isto é, na plenitude de seu vigor espiritual, a interagir com a psicosfera ambiente, com o campo de energias sutis da região sob seu domínio psíquico. Com isso, ao doar-se por toda parte por onde passava, as notícias de sua presença rapidamente se espalharam e, consequentemente, despertavam as animosidades dos que desejavam a permanência do mesmo *status quo*, os que se sentiram muito incomodados por serem evidenciadas as negligências relativas ao exercício da crença.

Pregando o Evangelho do reino, ensinava nas sinagogas com luminosas interpretações dos textos, em posições mais ampliadas diante da Lei, e quanto mais se movimentava na região, maior ia ficando o número de admiradores impressionados com sua sabedoria. Muitos vinham de longe para ouvir os seus conceitos de vida, nunca expostos daquela forma. Era inevitável que sua fama percorresse toda a Síria; e trouxeram-lhe, então, todos aqueles que sofriam acometidos de várias enfermidades e perturbações: os endemoniados, os lunáticos e os paralíticos. E Jesus os curava...

Ao entrar numa vila próxima a Nazaré, todo o povo ficou sabendo de sua chegada e o acompanhou até uma construção coberta, onde se aglomeravam mercadores, feirantes e pedintes. Dentre estes últimos, alguns enfermos em dolorosa situação e certa mulher, conhecida como aleijada, sentada e encostada em coluna de sustentação. Com manta de algodão cru sobre as pernas, Yula estendia a mão pedindo esmolas. Seu aspecto e fisionomia eram tão tristes que as pessoas mais se apiedavam dela do que dos outros, isso era visível pela maior quantidade de moedas em seu recipiente de cerâmica do que dos demais pedintes.

A certa distância ele parou, o que levou o povo a formar um semicírculo, incluídos os enfermos, por se acharem no chão apoiados na parede e de frente para o Messias. A mulher, ao vê-lo, pareceu perturbar-se e demonstrar algum incômodo.

A um questionamento do Messias, responderam que dois homens a traziam pela manhã e a levavam ao entardecer, numa espécie de padiola. Sabiam que eles moravam fora dos limites do lugarejo, mas não sabiam onde.

Aos poucos, a ambiência se tornou silenciosa e o Messias virou-se de frente para o público e iniciou sua pregação.

– "O Senhor é meu pastor e nada me faltará..."– iniciou, com entonação solene, gestos comedidos e bem marcados, como um maestro diante de uma orquestra, recitando o salmo vinte e três, e prosseguiu, ao final, falando da Providência Divina no suprimento das necessidades de seus filhos, necessidades reais, não aquelas advindas da ganância e da espera gratuita, inoperante, apoiada na inatividade.

Acrescentou que não basta querer tibiamente que os desejos sejam atendidos e esperar que os resultados esperados surjam do nada, como um milagre ou mágica inconsistente.

Acentuou que querer a assistência divina implica, em primeiro lugar, na humildade, seguida da vontade consciente de uma realização justa e verdadeira, sem o que seria considerar Deus, num julgamento inadequado, um Pai débil escravizado às irresponsabilidades de um filho. Deus não seria Deus em sua soberana justiça.

A seguir, comentou que a beleza do cântico de David no salmo vinte e três ressalta uma postura de fé, confiança inabalável sem acomodações improdutivas, o que condenaria o homem a se transformar em um peso para si mesmo e para a sociedade onde se encontra inserido.

– Se o Senhor é o meu Pastor e nada me faltará..." – prosseguiu –, eu posso dizer a ele, sem medo e sem receios, sob o impulso da vontade: Senhor, reconheço minha pequenez diante de tua grandeza, tua providência e tua sabedoria, mas por desejar o que desejo, pretender o que pretendo, peço-te humildemente: arrependam-se e armem-se de fé, porque o Reino de Deus está próximo!

Enquanto Jesus discorria, a sensibilizar a todos, os enfermos um a um foram ficando de pé, às lágrimas, olhando admirados para seus braços, apalpando seus rostos, seus corpos, para se certificarem de que estavam fortalecidos e curados, ante a estupefação do povo em vozes de alegria e de louvores.

Ao encerrar a pregação, os enfermos aproximaram-se, ajoelharam-se próximos, tentando beijar-lhe as mãos. Entretanto, Jesus fez com que se levantassem, agradecessem a Deus e se mostrassem aos rabinos e sacerdotes da sinagoga.

Estranhamente, Yula, a mulher considerada aleijada, foi a única que permaneceu no chão, não se moveu, um tanto descoroçoada, com postura desconfiada e cabisbaixa.

Não se fizeram esperar os olhares de silenciosos questionamentos diante daquele fato inesperado. Jesus, então, pediu que mantivesse distância, sentou-se no chão diante daquela mulher e permaneceu em silencio, por alguns segundos. Depois, tocou-lhe o queixo com o dedo indicador e fez com que ela levantasse a cabeça à altura da sua e o olhasse nos olhos. Ela começou a chorar convulsivamente e o Messias segurou-lhe as mãos, esperando que se acalmasse.

Ninguém conseguiu ouvir o diálogo que se estabeleceu entre os dois.

– Perdoa-me, Senhor!

– Eu conheço a verdade, Yula, sei que você é sã, mas não vim para fazer qualquer juízo, e sim oferecer-lhe a liberdade.

– Como, Senhor? Meus irmãos me exploram e eu tenho aceitado essa condição. Como, então, você poderá me curar se não sou aleijada? Seria uma farsa. Se eu voltar atrás, eles serão capazes de me castigar muito e o povo, senhor... o povo sempre me viu assim.

– Acalme-se, minha filha, pois você é enferma, não do corpo, mas da alma, e eu não precisarei fingir curá-la porque o seu arrependimento sincero promoveu a sua salvação. Você vai se levantar e, por fazer isso diante do povo, seus irmãos nada poderão fazer. Já chegaram, estão no meio do povo e verão a sua transformação sem alguma represália. Confie, atenda e siga em paz! Venha comigo até Nazaré, que minha mãe Miriam lhe dará abrigo. Seus irmão deverão aprender a trabalhar para o próprio sustento.

Jesus se levantou, virou-se para o povo expectante e afirmou:

– Esta mulher, diante de todos – e apontou para ela –, encontrou o Reino de Deus dentro de si mesma e curou-se, porque se arrependeu de suas iniquidades diante do Pai e de sua consciência por causa de sua fé.

Yula se levantou e ficou de pé, enxugando as lágrimas do rosto com as costas das mãos, enquanto seus dois irmãos deixaram a maca num canto qualquer e saíram, sorrateiramente, do meio da multidão, com destino ignorado.

Uma hora depois de caminhada, Jesus, acompanhado por Yula e por um pequeno grupo, entrou em Nazaré, onde havia sido criado, acomodou a mulher em sua casa com Miriam, que a recebeu com carinho, e se dirigiu à sinagoga. Era um dia de sábado.

No vestíbulo da *Beit Knesset,* Casa de Reunião, ou simplesmente Sinagoga, antes da cerimônia, rabinos e anciãos conversavam:

– Quem retornou a Nazaré foi o filho do carpinteiro – comentou Arafe. – imagino que daqui a pouco ele virá para cá. Acabou-se a paz e a tranquilidade.

– Você se refere à inteligência e sabedoria dele? – perguntou Otoniel, ignorando a mordacidade do companheiro.

– Veja, Otoniel, desde jovem ele traz perturbação; apesar de sua inteligência precoce, incomoda. Deve ser por isso.

– Não vejo por esse lado. O que o incomoda, Arafe, é o modo pelo qual ele interpreta os textos sagrados diferente das tradições.

– Isso é sublevar a ordem; ainda criança, ele nos colocava em dificuldades sempre, a contestar tudo.

– Repito e lhes afirmo que ele sempre foi de inteligência invulgar e, apesar disso, era muito simples e humilde, nós é que não tivemos condições de atender às suas indagações claras e objetivas.

– Ele merece alguma atenção – comentou Abiel, o terceiro, numa tentativa conciliadora. – José, o carpinteiro, fez com perfeição e beleza, em madeira de lei, a *keikal*, a *tebá* e o *birman,* e ele o auxiliou na confecção; Miriam, sua mãe, tem-se dedicado à manutenção da sinagoga, não mede esforços para a sua boa apresentação, a conservação dos óleos das candeias, principalmente na manutenção da *Luz Eterna,* a lâmpada que deve estar acesa permanentemente sobre a *keikal*, a arrumação e a limpeza gerais e o brilho da *Menorá,* o castiçal de seis braços, embora no horário das cerimônias ela e suas companheiras permaneçam no *ezrat nashin*, o espaço reservado para elas.

– Sabemos que José e Miriam fazem tudo com dedicação – insistiu Arafe –, e não desconheço que a *arca* para a guarda da Torá, a *plataforma com a mesa* que ficam no centro e o *suporte* para apoio da Torá foram feitos e doados por José, mas isso não confere ao filho o direito de se imiscuir naquilo que só diz respeito a nós, os responsáveis pelo ensino, pelas pregações da Torá e pela preservação das tradições e dos costumes. Considerem também que ele nunca teve como obrigação a frequência exigível às aulas na sinagoga. O que você tem a dizer, Otoniel?

– Arafe, ele não vinha às aulas na sinagoga porque tinha que ajudar o pai nos múltiplos afazeres da carpintaria, com tantas encomendas a um único carpinteiro em Nazaré. Vejo que apesar de sua falta de assiduidade, quase nenhuma ao longo da vida, ele é um rabi por sua própria natureza, porque conhece profundamente toda Torá, encanta quando faz suas prédicas, esclarece sem deixar dúvidas e trata a todos com igualdade. De onde vem tanta inteligência e sua sabedoria invulgar?

– Respeito suas razões, mas temos que acabar com isso. Ele foi longe demais. Onde fica o nosso prestígio, que ele faz ensombrar? Agora começo a entender porque Caifás, o sumo sacerdote do Sinédrio de Jerusalém, enviou emissários a todas as sinagogas e templos para que tomássemos providências e comunicássemos a ele quando surgissem fatos estranhos, incomuns além da normalidade e que, de uma forma geral, quebrassem as regras e a metodologia de interpretação do Livro Sagrado, a ganharem as ruas, o que pode ser identificado como heresia passível de julgamento pelo Sinédrio.

– Essa atitude de vocês não significa qualquer zelo para com a sinagoga, com a Lei ou com as regras estabelecidas, e sim o resultado de incômodos por verem alguém do povo com capacidade acima do comum, com conhecimento profundo da Lei, como ninguém, com expressões de bondade no coração para com todos sem discriminações, o que o faz ser amado e o coloca inserido na lei maior de amor ao próximo e a Deus. O que vejo é uma atitude explícita de despeito e de medo de serem preteridos por causa dele. Não participarei disso. Inclusive, como vocês sabem, hoje é o meu último dia em Nazaré. Irei para Jerusalém, a convite do Sinédrio, e lá permanecerei como representante de Nazaré. Preciso ir para os preparativos da viagem. Shalom!

Ainda conversavam quando perceberam que Jesus, acompanhado por sua mãe e Yula, vinha na direção da sinagoga e forçosamente deveriam passar pelos três rabinos, uma vez que obstruíam a entrada. Sua mãe e Yula adentraram o salão principal, mas Jesus permaneceu à entrada, porque foi abordado por Arafe:

– Há muito que não o vemos. Para quem nunca saiu de Nazaré, você esteve fora durante bastante tempo...

– Betânia Além Jordão é bastante longe, são aproximadamente seis dias de viagem.

– E o que houve por lá de tão importante para um afastamento tão longo? – perguntou Abiel.

– Estive cuidando das 'coisas do meu Pai' – respondeu Jesus, com serenidade – e isso sempre demanda tempo, concordam?

– José tinha negócios fora de Nazaré? – Arafe voltou à carga, especulativo, sem esconder a arrogâncias e a falsa autoridade. – Não sabíamos que sua prosperidade foi tão avançada.

Essa atitude levou Jesus a responder com a mesma serenidade, sem aceitar as provocações que objetivavam um confronto direto.

– Refiro-me a Javé, ao Pai Celeste, pois enquanto houver dores, sofrimentos, injustiças, maledicências a conviverem com a saúde, as superações, o esforço e o trabalho honesto, a paciência e a tolerância, o amor e tantos outros predicados negligenciados pelos homens, os 'negócios' serão sempre 'negócios do Pai' a serem cuidados.

– E você se acha investido para isso? E quem lhe conferiu essa autoridade? – desta vez coube a Abiel prosseguir com a especulação.

– A atenção consciente ao impositivo amoroso determinado pelo Pai, marcado na voz dos profetas como um cântico de esperança e na delicadeza do poema vinte e dois do salmista David, cantado há mais de oitocentos anos, bem conhecido por vocês, tão apreciado por Otoniel, é um tema que os tem preocupado, sobremaneira.

– Todos os temas da Torá são motivos de nossas preocupações – prosseguiu Arafe, com desfaçatez.

– Entretanto, Arafe, suas preocupações maiores não se prendem especificamente aos capítulos e versículos da Torá, mas com especialidade àqueles que me dizem respeito. Aquilo que os incomoda será motivo para se preocuparem ainda mais.

– Como pode ser isso?

– Daqui a pouco compreenderão...

A cerimônia teve seu inicio, como de praxe, com o *chazan* recitando a prece ao Todo Poderoso. Logo após, Jesus levantou-se de seu assento, recebeu das mãos de um assistente o Torá, um volumoso rolo de pergaminho já aberto no livro do profeta Isaías, colocou-o sobre o *birman* e pausadamente fez a leitura interpretativa do texto que lhe foi oferecido:

– O Espírito do Senhor está comigo porque ele me identificou a fim de pregar as boas novas aos pobres. Ele me enviou, também, para proclamar os caminhos da liberdade aos cativos do mundo nas masmorras da iniquidade e recuperação da visão maior quanto ao sentido da vida na Terra, com vistas à aspiração ao reino celeste; abrir novos caminhos aos cegos de espírito; libertar os oprimidos pelo medo, lhes fortalecer a coragem da fé e proclamar o ano da graça do Senhor.

Toda a sinagoga estava expectante, ansiosa por ouvir seus ensinamentos. A seguir, enrolou o pergaminho para devolvê-lo ao assistente e falou de modo que todos o ouvissem com clareza:

– Hoje se cumpriu a Escritura que acabais de ouvir – e prosseguiu com graça e beleza.

Falou da importância de uma vida reta e digna no cotidiano, na relação de uns com os outros; das expressões de caridade, de perdão e das aspirações maiores do espírito acima dos valores mesquinhos e passageiros do mundo; mostrou o exemplo da Natureza onde, sob o vigor da presença divina, tudo se renova a cada dia. E acrescentou que o rio, com segurança, sem exigências, desce das montanhas sem reclamações e sem medo, vence todos os obstáculos, beneficia as terras, as gentes por onde passa e chega vitoriosamente ao mar.

– Assim como a sua nascente, quase imperceptível, alimenta o rio – Jesus fez pequena pausa de alguns segundos e prosseguiu –, a inesgotável fonte do Pai Celeste tem reservas e proteção para todos os seus filhos, sejam judeus ou samaritanos, sejam gentios ou estrangeiros de Damasco e da Síria que, com humildade, esperança e fé se colocarem sob sua guarda, assim como o sol e a chuva se derramam sobre todos, indistintamente.

Por, fim afirmou:

– Eu sou aquele a quem Elias se referiu.

Todos o ouviam com espanto, mas perguntaram entre si, incrédulos, a expressarem certo desdém:

– Esse que está ai não é o filho de José e agora se transforma em Messias?

Então, Jesus fez discreto sinal a solicitar a sua família que se retirasse, no que foi atendido, e depois respondeu:

– Sem dúvida poderão citar o provérbio: "médico, cura-te a ti mesmo"! E acrescentarão que eu deveria fazer aqui, na minha terra, tudo aquilo que souberam eu haver feito em Cafarnaum. De fato, eu afirmo que nenhum profeta é bem recebido em sua terra. Cobram-me atitudes, entretanto se esquecem de que no tempo de Elias havia muitas viúvas em Israel, quando o 'céu se fechou', isto é, nem orvalho nem chuva por três anos e seis meses, reinando grande seca e fome em toda terra, e a nenhuma delas Elias foi enviado, a não ser à casa de uma viúva da cidade de Sarepta, em Sidom, para buscar refúgio a fim de que por ela fosse alimentado. A viúva sabia que ela e seu filho morreriam de fome, pois possuíam apenas o último azeite e o último punhado de trigo. Em obediência a Javé, que lhe havia falado, ela lhe preparou alimento com o que tinha, comeram e, mesmo assim, o filho morreu. Elias os abençoou, o alimento foi multiplicado para vários dias e a criança foi ressuscitada. Havia também muitos leprosos em Israel à época do profeta Eliseu e nenhum deles foi limpo, a não ser Naamã, o general sírio que veio de seu país, em comitiva, para vê-lo, embora Síria e Israel fossem inimigas. Por isso, Naamã renunciou aos seus deuses para crer no Deus de Eliseu, o Deus de Israel.

Ao ouvirem esse discurso, todos na sinagoga se irritaram. Abiel e Araf aproveitaram para confabular, de modo que não fossem ouvidos:

– Podemos aproveitar as animosidades para solucionar o problema de uma vez. Abiel, aproxime-se dos mais exaltados e sugira-lhes, ao ouvido, a expulsão por ofensa ao povo e à sinagoga. Com os ânimos tão exaltados, vamos levá-lo ao pico do Monte Kedumin e, de lá ele, poderá 'acidentar-se'.

E assim fizeram: expulsaram Jesus e, quando o conduziam para o alto da montanha, o Messias passou por eles, atravessou-os, sem que pudessem detê-lo, e se foi caminhando rua afora.

Em casa, Maria o recebeu com preocupações quanto ao desenrolar dos acontecimentos.

– Minha mãe, tranquilize seu coração. No vasto campo da vida, estou ainda no início da semeadura das boas novas e, segundo a vontade do Pai, há caminhos a percorrer, muitas glebas para arrotear e outras prontas para a semeadura. Há corações indiferentes como solos ressequidos e pobres, outros simples e ignorantes como o chão apropriado para o adubo, outros mais abertos às claridades celestes, à semelhança da eira fértil e pronta. O Pai me concedeu o tempo necessário para alcançar a época de ver os brotos e os rebentos se alevantarem da terra em busca do sol, mas o branquear dos cachos e o amadurecimento das espigas virão com a continuidade de muitos braços e mãos que, desde cedo, terão a antevisão da colheita, no futuro.

– E agora, meu filho – interrogou Miriam, aflita –, o que faremos depois daquele visível antagonismo e rejeição a você?

– Vivemos aqui em Nazaré o tempo necessário para a conservação do meu anonimato e tenho agradecido ao Pai por me ter concedido uma abençoada família. Mas agora é necessário que saiamos. Vamos para Capernaum, pois um novo tempo nos aguarda. Irei adiante, minha mãe, no momento a minha permanência trará aborrecimentos desnecessários. Quando perceberem que não mais estou em Nazaré, aquietar-se-ão por suas consciências não mais se sentirem incomodadas. Sairei antes do Sol nascer e um pouco mais adiante irá você.

– Eu o abençoo, meu filho! – falou Miriam antes de se recolher para o repouso noturno.

Jesus, por longo tempo sentado à mesa, ficou a observar a chama silenciosa da única candeia que ficara acesa, a meditar, a refletir sobre o significado de tão pequenina chama a romper, com vigor, as sombras do ambiente, empurradas para distante do pavio, sem o qual seriam espessas e impenetráveis, porque assim o permitia o contínuo processo da alimentação advinda da essência das oliveiras no pequeno reservatório.

Ao poucos, a claridade ambiente se amplificou, luarizada, e dois espíritos, os mais proeminentes dentre os missionários do messianato, tomaram forma visível, um de cada lado, para conversarem.

– Nós o acompanharemos até Capernaum, visíveis – esclareceu o que se assentara à direita, possuidor de um aspecto idoso, mas aparentando possuir vigor. – Daí para diante, durante seu ministério na terra, estaremos juntos, mais de perto, uma vez que tudo vai se intensificar, sob todos os aspectos.

– Obrigado, meus amigos, contarei com todos porque reconheço que não encontrarei facilidades para implantar a vontade expressa do Pai que confiou em mim para essa tarefa tão nobre. São enormes as barreiras do egoísmo, associadas ao personalismo exacerbado.

Em seguida, falou o espírito amigo sentado à esquerda:

– Reconhecemos que sua plena consciência de espírito imortal temporariamente na vestidura de um corpo e sua condição de Messias, de Cristo, favorecem-lhe o domínio sob a dinâmica da vida que o cerca, mas desejo lembrar que, nesta fase, há muitas limitações a vencer, pois a vestimenta física que lhe serve de veículo obscurece necessariamente o seu potencial de plena manifestação. E, mais do que nunca, os inimigos da luz que já o reconheceram e ao seu patamar espiritual se organizam na preparação de armadilhas, em assessoria direta com os encarnados que comungam, fiéis, das expressões da ignorância e do egoísmo.

– Esses espíritos – prosseguiu o anterior – reconhecem a própria condição de baixa frequência e, sem ânimo para as grandes mudanças, preferem, por fraqueza e comodismo, permanecer como estão e com o falso sentimento de poder sobre suas vítimas encarnadas, que se lhes consorciam aos sentimentos.

– Considere, meu amigo, que o despeito e a vaidade, amamentados pelo egoísmo em toda parte – ponderou –, estarão atentos. Portanto, é necessária sua viva atenção aos sofismas e aos fermentos com que alimentam e são alimentados os que se radicalizaram no poder, sobretudo religioso, e se empenham em promover sua eliminação. Você contará com nossa presença e apoio constante e de toda uma legião de espíritos valorosos e abnegados, que conquistaram suas vitórias no Bem, e ainda estará sob o olhar amoroso de Javé, seu amigo especialíssimo. Porém, todas as decisões partirão do seu entendimento e do seu coração amoroso e bom. Agora repouse e refaça as energias do seu corpo para a jornada de amanhã.

Os dois espíritos saíram do campo de visão de Jesus, que buscou o recolhimento e adormeceu.

Era a quinta vigília quando despertou e, antes de sair, encontrou sobre a mesa um embornal com pães, mel, um recipiente com leite e frutas da época carinhosamente preparados por Miriam, sua mãe.

Do lado de fora da moradia, olhou para o céu e viu que as estrelas se despediam da noite com os primeiros anúncios do sol; localizou a estrela guia dos caravaneiros e tomou o rumo para nordeste, em direção a Capernaum.

5
Covil de lobos

O Pátio dos Gentios ou Pátio dos Estrangeiros, o grande espaço interno do Templo em Jerusalém, outrora destinado aos estrangeiros que vinham das regiões de influência helênica e ali buscavam a presença dos rabinos e dos sacerdotes para aprenderem e se inteirarem a respeito da Lei, dos profetas e da Torá como um todo, apresentava-se inteiramente ocupado por mercadores de toda sorte: vendedores de pássaros e aves, lebres e ovelhas e até bois destinados às oferendas no grande Templo, invadido também por cambistas e jogadores.

O espaço era disputado porque a rentabilidade era grande por tudo ser muito dispendioso.

Aquele seria um dia comum se a movimentação de gente fosse habitual, mas a festa da Páscoa com muitos visitantes e a notícia que circulava de boca em boca trazia alguma expectativa. O vozerio tornou-se mais volumoso, acrescido das vozes dos anunciantes de seus produtos.

Sacerdotes, rabinos e anciãos do grande Templo de há muito se ausentaram daquelas dependências tão importantes. Aqueles do povo que procuravam o salão das cerimônias públicas destinado às preces matinais e vespertinas encontravam dificuldades para circular naquele ambiente.

No pátio, nas proximidades do altar de cobre, alguns homens conversavam:

– Você soube mais alguma coisa, Joaquim, a respeito do Galileu? – perguntou Saul, fabricante e vendedor de candeias.

– O que eu soube é o que todos sabem: as notícias que correm sobre certo Galileu dizem que os feitos do tal profeta são extraordinários e o mais importante é que está a caminho daqui.

– E de onde ele é? – prosseguiu Saul, cambista e vendedor de gado. – O que vem fazer aqui?

– É de Nazaré.

– E de Nazaré vem alguma coisa que preste?

– Não é bem assim – concluiu Joaquim. – Ele nasceu em Belém, viveu em Nazaré e agora é de Capernaum, onde vive, e é de lá que está vindo. Provavelmente para os festejos da Páscoa.

– Há algo mais a respeito dele – interveio um velho funcionário do templo, muito conhecido por suas habilidades com os jogos de azar. Porém, naquele momento, estava vendendo um boi para sacrifício. – Além de fazer curas milagrosas e impossíveis, até de pessoas doentes, desde o nascimento, e apesar de nunca ter ido à escola da sinagoga, prega como ninguém sobre as promessas de alcançar o reino dos céus. E tem mais: conhece toda a Lei e os profetas como nenhum rabino ou sacerdote é capaz. E saibam, ele se diz o enviado, o Messias!

– Os boatos dessa ordem espalham-se muito rapidamente. Eu ficaria calado, mas como tocaram no assunto – interveio um terceiro personagem, que somente ouvia.– , consta que ele é uma boa pessoa, mas muito justo e inflexível com a verdade e nunca deu um passo em falso ou fora da Lei. Ao mesmo tempo é gentil, mas severo e firme...

Um pastor de ovelhas que por ali passava com certa dificuldade, espremido, interveio e acrescentou que os boatos eram verdadeiros, pois tinha visto muita coisa antes de vir de Capernaum:

– Um primo que vivia em Nazaré, que não mente, contou-me que na sinagoga ele comprovou ser o Messias quando lhe pediram para ler, em voz alta, o livro do profeta Jeremias. A profecia coincide com tudo o que ele diz e o que tem feito, principalmente os acontecimentos em Capernaum. Isso os irritou tanto que, instigados pelos rabinos, tentaram matá-lo, levando-o para o despenhadeiro, porém não conseguiram porque ele passou por todos e se foi.

Como aquela conversa era franca e aberta, o grupo de curiosos e interessados no assunto se ampliou, generalizando-se. Enfim, cada um tinha alguma notícia a respeito.

– Nem imagino do que seria capaz de fazer ao ver essa invasão mundana no Templo – comentou Saul, o que levou Joaquim a opinar:

– Nada demais, nada demais. Ele é apenas um homem e temos o aval dos principais do Templo.

– Mas vocês sabem que está tudo errado – replicou um ancião, que parecia pessoa honesta. – Venho aqui todos os dias para aprender e orar, mas mal consigo chegar ao cenáculo, mesmo pedindo licença para me deslocar.

Numa das salas do terraço do Templo, o sumo sacerdote reuniu-se com alguns rabinos, sacerdotes e anciãos, para parlamentarem a respeito das consistentes notícias da chegada, a qualquer momento, de Jesus de Nazaré, cuja fama já chegara até Jerusalém, e das providências a serem tomadas, considerando a importância das festas de comemoração do Dia da Libertação, a Páscoa.

Caifás designou sete dentre os rabinos para que se colocassem em posições estratégicas, a fim de vigiarem o visitante, e apontou para dois deles:

– Raziel e Abbe, eu lhes dou autoridade para abordá-lo, interrogá-lo e prendê-lo por qualquer atitude estranha ou suspeita que suponham estar contra ou que, mesmo levemente, fira a Torá. Já dei ordens aos guardas e aos herodianos que me são fiéis para atenderem a quaisquer ordens de prisão emanadas dos dois. Eu os aguardo aqui para os relatos posteriores.

Um ligeiro tumulto se configurou à entrada principal do Templo, denunciando a chegada de Jesus que, com tranquilidade, atravessou o pátio em sentido longitudinal observando, de testa franzida, cada detalhe do ambiente, enquanto abriam espaço para seu deslocamento.

Os mais próximos de sua passagem pelo corredor humano perceberam que ele havia recolhido alguns pedaços de cordas dependuradas. Subiu a rampa de acesso ao 'altar de cobre', situado entre o portal de acesso ao cenáculo destinado apenas aos 'judeus puros' e a tribuna de cobre, parou e perpassou o olhar por sobre a multidão. Como ele chegara a um plano mais elevado em relação ao público, todos o viram, em silêncio, a trançar com os pedaços de cordas um açoite, comum na região, e voltar-se para a multidão.

A expectativa era tão grande quanto a sensação de culpa e de autocrítica não declarada pairando no ar e nas expressões faciais, como se aquela centena de pessoas estivessem recebendo censuras e admoestações não emitidas por autoridades, mas por uma pessoa simultaneamente simples e de grande vigor moral.

Com o açoite pronto, Jesus empregou um recurso de veiculação de mensagem silenciosa, mas profundamente significativa e expressiva, de caráter cênico, já utilizado por antigos profetas, principalmente por Ezequiel há mais de quinhentos anos. Tal recurso, contudo, estava vivo na memória do povo, inclusive o clássico exemplo de Jeremias (19: 1 a 11), do episódio da botija quebrada quando anunciou a dominação da Babilônia sobre Israel.

Segurando a longa trança pelo meio, sopesou-a na mão, deixando pendentes as duas extremidades. Devagar, elevou o braço, distendendo-o para o alto, e assim permaneceu por algum tempo, com a cabeça voltada para o céu. No imaginário do povo, ali presente, ele conversava com o Todo Poderoso. A seguir abaixou o braço, distendeu-o na horizontal, e traçou um grande círculo, girando-o para a esquerda e para a direita acima daquelas cabeças, a abranger a todos, e deixou que o chicote caísse no chão do Pátio dos Estrangeiros à vista de todos.

– O que significa isso? O que ele quis dizer? Será algum sortilégio? – perguntavam uns aos outros, atônitos. Os mais antigos, conhecedores dos livros dos profetas, clamaram de onde se encontravam:

– Significa que a ira dos céus cairá pesadamente sobre nós! A ira dos céus cairá sobre nós, semelhante às pragas no Egito!

– Eu não fico mais aqui! – exclamou Saul, o cambista.

– Nem eu! – repetiu Joaquim, o vendedor de candeias. – Vou-me embora!

Joaquim, ao se virar apressadamente, esbarrou no homem idoso a puxar o seu boi que, por sua vez, assustou as ovelhas; estas saltaram para frente e derrubaram barracas que estavam amarradas; assim também caíram algumas gaiolas, soltando as aves que voaram para longe. Assim também tombaram cavaletes espalhando frutas e espatifando vasos de cerâmicas pelo chão.

Todos haviam visto o gesto de Jesus e perceberam que algo de anormal acontecia à frente; os que estavam um pouco mais atrás acompanharam aquele tumulto e, por precaução, resolveram sair, voltando-se céleres para a entrada às suas costas e, ao arrastarem seus animais e recolherem seus pertences, foram atropelados pelos que os seguiam derrubando mesas e paus de sustentação de outras tendas. Os que estavam à retaguarda, próximos ao portal de entrada, não se fizeram esperar para ver o que estava a ocorrer. O pânico instalou-se generalizadamente por mais de meia-hora.

Dos mercadores e cambistas, foram ficando apenas os participantes das comemorações, que ali permaneceram em grande número.

Acalmado o tumulto, Raziel e Abbe tentavam encontrar Jesus procurando-o por toda parte, pois o haviam perdido de vista. Quando, desapontados, passavam pela entrada lateral, de retorno para o novo encontro com o sumo sacerdote, alguém os chamou pelos nomes, a lhes causar viva impressão:

– Rabinos Raziel e Abbe, procuram por mim? Aqui estou. O que desejam?

– Estamos a sua procura para interrogá-lo, prendê-lo e levá-lo ao Sinédrio, porque temos autoridade para tanto.

– Reconheço a autoridade, mas sob qual acusação? Por lei a acusação será exigida e comprovada?

– É acusado de perturbação da ordem e de incitação do povo no Templo.

– Sei que me observavam de longe todo o tempo e os aguardava; porém, que justificativas apresentariam para o Sinédrio, quando vocês dois e mais centenas de testemunhas não viram quaisquer atitudes, gestos ou palavras que levassem incitação ao povo? Ao contrário, o meu silêncio permaneceu até este momento.

Quando Raziel esboçou expressão de que iria responder, Jesus prosseguiu, interrompendo-o com um gesto de mão:

– Por quais razões o sinédrio não acolheria, também, denúncia de que o Pátio dos Estrangeiros se transformou num antro de lobos e de aproveitadores com a conivência dos sacerdotes, rabinos e anciãos sob o comando do sumo sacerdote, ao negligenciarem a vigilância e a manutenção da santidade do Templo? Mostrem ao sinédrio a autoridade de Isaías. Não está escrito: "a minha casa será chamada casa de oração para todas as nações?" Mas vocês a têm convertido em covil de ladrões.

Abbe olhou significativamente para Raziel e, voltando-se para Jesus, falou a meia voz:

– Isso é verdadeiro, Jesus de Nazaré, sempre fomos contra esse estado de coisas. Porém, somos apenas dois e, sob veladas ameaças, fomos levados a silenciar e a cumprir ordens, somente. Caifás nos designou sete para investigá-lo hoje, mas sabemos por experiência que os outros cinco, além disso, exercem vigilância sobre nós.

– Quanto ao julgamento no sinédrio, serei levado, sim, mas não por agora, pois tenho um caminho a seguir na semeadora da Boa

Nova. Lá estarei somente depois da conclusão da missão que o Pai Celeste me confiou. Abbe e Raziel, eu os encontrarei lá, mas nada poderão fazer.

Jesus os bençoou e desapareceu por entre os transeuntes. Os dois rabinos entraram pela entrada lateral esquerda e subiram à sala de Caifás, dialogando:

– Raziel, meu amigo, gostaria de conhecer melhor esse Jesus e a sua referência à Boa Nova. Há uma sensação de bondade que sai dele. E sabia os nossos nomes. Vamos procurá-lo?

Em lá chegando, os outros cinco rabinos já se encontravam e o sumo sacerdote, como sempre autoritário, falou:

– Já os aguardava para que, com os demais, apresentassem os relatórios da missão que lhes foi confiada.

Raziel, com segurança, respondeu:

– Nossos cinco companheiros poderão falar melhor, por se localizarem em posição mais privilegiada. Nós nos preocupamos com a saída dos fundos, a fim de que o abordássemos se tentasse sair por ali. Não passou, portanto deve ter ido em direção oposta. Vocês não o detectaram?

– Nós tentamos acompanhá-lo, mas nos foi difícil em meio a tanta gente. Consultamos os guardas e os herodianos, mas ninguém o viu depois de tudo.

– E por que não o prenderam antes que terminasse alguma coisa, ou que se imiscuísse na multidão?

– Não tínhamos autoridade para isso, pois caberia a Raziel e Abbe. Entretanto, eles também não encontrariam motivos para a prisão. Ele nada disse e não tomou qualquer atitude que o denunciasse.

– E aquele tumulto enquanto ele esteve lá no Pátio dos Gentios?

– Não deu para ver direito – respondeu o mais velho dos cinco rabinos. – Parece que começou com uma discussão entre dois... – e o rabino evitou falar em vendilhões ou cambistas. – Entre duas pessoas que estavam bem na frente e depois se generalizou, mas tudo acabou bem, com ninguém ferido.

Caifás passou as mãos pelos cabelos e, visivelmente irritado, ordenou:

– Podem sair, estão dispensados.

Abbe e Raziel, em silêncio e em sérias reflexões, desceram as escadas que levavam do terraço ao pavimento térreo, passaram ao lado da sala 'santos dos santos', onde se encontrava a *arca*, evitaram o *pórtico* onde estariam alguns guardas do Templo, para não ter que dar explicações, saíram pela entrada lateral onde haviam conversado com Jesus e ganharam o exterior.

Com uma fresca sensação de liberdade, caminhavam junto ao muro externo quando se depararam com Seth, um velho amigo que há muitos anos andava recurvado, a suportar muitas dores no corpo e com sérias dificuldades para se locomover, mas que, apesar de tudo, tinha a alma de poeta ao se expressar com beleza.

Seth veio ao encontro dos dois caminhando ereto, com desenvoltura, em lágrimas.

– O que houve, Seth, por que chora?

– Olhem para mim, amigos, olhem para mim! – Nesse instante, os rabinos repararam na postura do amigo, que esclareceu o ocorrido:

– Soube que o profeta de Nazaré viria de Capernaum para a Festa da Libertação, aqui em Jerusalém, e desejei ardentemente encontrá-lo. Guardei comigo essa íntima esperança, a fim de que ele pudesse aliviar-me. Um pouco que fosse, em nome de Javé, eu ficaria feliz. Subi a montanha para chegar ao Templo, com as dificuldades que vocês conhecem, e muitos apressados para vê-lo não puderam me ajudar. Então vim devagar, logo hoje que as dores aumentaram por todo o corpo. Quando cheguei a esse ponto, bem próximo da entrada principal, vi muita gente saindo e consegui parar alguém para perguntar sobre Jesus. Disseram-me que eu não perdesse meu tempo, pois ele lá estivera, no entanto já não mais se encontrava. Respirei fundo para me recompor, sentei-me naquela pedra ali atrás e divaguei em meus pensamentos: "se ele, que é um enviado de Javé, viera de tão longe para louvar o Senhor, eu, com a bênção de viver tão perto do Templo, a Casa de Deus, também posso ir até lá. Deus me abençoará".

Parou por instantes, como a se recompor da grande emoção que sentia, para prosseguir contando sua história:

– Com a cabeça apoiada nas mãos, não percebi ninguém mais entrando ou saindo, mas a sombra de alguém se projetou à minha frente. Levantei a cabeça e deparei com aquele homem desconhecido que se dignara parar ali. Parecia entristecido. Achei estranho, porque já me acostumei a saber que cegos, loucos, aleijados e outros recebem desprezo por serem considerados dignos de castigos do céu. Mais estranho ainda, agachou-se sobre os calcanhares, olhou nos meus olhos como se devassasse o fundo do meu coração e conseguiu, porque percebi uma comoção de estranha paz, como nunca sentira. Dirigiu-se então a mim, falando o meu nome, fazendo-me duas perguntas, apenas: "Seth, você é paciente?" "Sou", respondi com sinceridade. "Seth, você tem fé?" "Tenho sim", respondi com a mesma sinceridade.

"Ele se levantou sem nada dizer. Pareceu sorrir levemente e me olhou com a bondade de mãe que olha o filho com ternura. Assemelhou-se a um pássaro a voar nas alturas do céu, mas que olha para as tristezas de baixo, dos prisioneiros sem asas, e se foi como um perfume que o vento transporta de longe sem murmurar, de um lugar desconhecido, mas que existe...

"Nada disse, é verdade, apenas me 'feriu' a alma, não sei dizer de outro modo, pois alcançou meu sentimento com sua ternura. É com gratidão que digo: senti a imensa onda de amor que saiu dele e me invadiu. E se foi sem se voltar. Tive vontade de cantar e cantei, um cântico feliz que nunca fora feito..."

O sol, a dourar o entardecer, ainda se filtrava pelos abetos e ciprestes antes de se alongar por detrás do Monte das Oliveiras, enquanto o som do *shofar*, em toque da convocação, deixou-se ouvir grave, prolongado e lamentoso. Seth abraçou os dois amigos e choraram juntos.

6 Interlúdio

Em movimento real no Espaço, o orbe terrestre se desloca numa órbita em torno de um imaginário eixo comum, o do Sol, mas com sincrônica precisão em torno do seu próprio eixo transfixado de polo a polo, a favorecer a sucessão contínua dos dias e das noites.

Na superfície esférica da Terra, considerando-se o seu movimento aparente, o astro-rei despede-se de seu ninho central de todo o sistema para levantar-se imponente, a cada manhã no nascente e, como herói, dominar o céu durante as horas em que as eternas leis que regem os movimentos dos astros o permitam em cada latitude.

O Sol, ao se levantar, inicia sua missão espantando as sombras da noite e depois faz despertar a vida passo a passo: acende a vida nos campos, desabotoando as flores e libertando seu perfume; desperta os ninhos e as miríades de insetos que alimentam as aves; eleva, em processo de heliotropismo, a seiva bruta pelos vasos lenhosos das árvores para fazê-la alcançar as folhas nas copas a fim de, através da fotossíntese, reter o carbono, liberar oxigênio e transformá-la em seiva elaborada, reconduzindo-a pelos vasos liberianos como alimento essencial para cada célula do vegetal, com vistas ao amadurecimento dos frutos; alimenta o imenso reservatório das nuvens com as águas dos oceanos para devolver cada gota, mais tarde, à terra, nas nascentes dos rios; entretanto, respeita as neves e a rarefação do ar nos cimos imponentes das cordilheiras e a tranquilidade dos glaciares por vezes abalados no verão.

O Sol não vai às escuras regiões abissais dos oceanos a fim de não interferir onde a vida é tão especiosa, mas vitalizou, há milênios, os nutrientes específicos que ali se depositaram e permanecem aconchegados, servindo ao sistema.

Em cada região ou lugar, o Sol atende às peculiaridades e particularidades da vida onde quer que se apresente, independentemente das perniciosas ou luminosas interferências do homem. E, em cada manhã na faixa oriental, estabelece sua marcha feliz e percorre toda a esfera celeste até o entardecer, quando permite reinar, na noite, o imenso campo da Via Láctea rico em estrelas. Mesmo assim, continua presente a se refletir na superfície lunar, na suavidade do plenilúnio.

Semelhantemente Jesus, o Sol de nossas vidas, renunciou temporariamente ao seu centro de irradiação de luz na ação de descer ao rés das planícies humanas para, com suas ondulações de amor, fazer varredura de campo sobre a Terra inteira, a partir das terras de Israel, numa amostragem do século primeiro, para um tempo de duração indeterminada nos calendários terrestres.

E, levantando-se de Capernaum, saneia o pântano estabelecido no magnífico templo de Jerusalém; transita, a seguir, pelos campos da Judeia e atravessa as terras de Samaria onde, particularmente em Sicar, ilumina o coração perdido e conturbado de certa mulher e a ela, pela primeira vez, declara a sua condição missionária.

A Galileia se vê aquecida e, por sua passagem por Caná, alivia e pacifica o coração do Régulo, o intendente do Rei, cujo filho enfermo recobra a sanidade física distante alguns quilômetros, em Capernaum; quando nuvens tempestuosas e tristes, em Nazaré, tentam ensombrá-lo porquanto não compreendem sua magnitude nem o podem alcançar, ele as ultrapassa e segue a favorecer as alvas praias de Tiberíades à beira do grande lago. Contudo, cuidadosamente não violenta suas centelhas de cultura gentia em 'população e em espírito', herança arraigada da centenária vida helênica, porém oferece sua presença para se dedicar, com clareza meridiana, "às ovelhas perdidas da casa de Israel".

Como andorinhas em revoadas de fim de verão, as multidões o seguem em Capernaum: ali, um leproso vê limpas as suas chagas dolorosas e, mais que as marcas da epiderme, amenizaram-se o desdém, o abandono, o preconceito, a rejeição e a baixa autoestima. Um paralítico, por sua vez, levantou-se sobre os próprios pés e caminhou diante da luminosidade irradiante daqueles olhos amorosos.

É tempo da primavera a se apresentar com o esplendor de suas cores: Jerusalém reclama a presença de amanhecer ensolarado e o Templo exige claridades. É quando Jesus retorna para a Páscoa.

Nos arredores da cidade, depois de trinta e oito anos de dores e humilhações junto ao tanque em Betesda, o paralítico que nunca conseguira lançar-se às águas quando "um anjo vinha para agitá-las", porque não lhe davam tempo ou não se dispunham a ajudá-lo, recebe um raio de esperança e se liberta de tão dolorosa prisão corporal. Capernaum o aguardava. A multidão o segue como ovelhas que se haviam perdido pelos caminhos e encontraram o seu pastor. Mais além, deixa as terras tumultuosas para prosseguir pela tranquilidade do mar da Galileia, ao soprar dos ventos predominantes do entardecer a impulsionarem, sem esforço, o barco cortando as ondas.

Assim, o dia termina empurrado vagarosa e persistentemente para o ocidente, pela força da noite, a colorir de dourado e de carmim as nuvens estacionadas nas bandas do ocaso, um pouco acima das montanhas. Jesus retira-se para o monte e seleciona doze amigos que o seguiriam, fiéis, até o final de seus dias em Jerusalém.

A crucificação, no Gólgota, é a tentativa de um vigoroso sopro por apagar a chama da candeia para deixar inerme o pavio queimado, a liberar bruxuleante fumaça. Todavia, a ressurreição identifica o Sol a reascender nova aurora, a vitória da vida sobre a morte, da velha Belém para toda Israel, de Israel para o mundo.

Um dia, milênios adiante, o orbe terrestre, concluída a sua missão acolhedora de almas, terminará seus dias e noites mergulhado no caótico campo de expansão do Sol, em fase de gradativa transformação em gigante estrela vermelha, ao perder calor e luz. A partir de então, ela se resfriará, diminuindo drasticamente de tamanho. Com essa contração, os gases que serão liberados no espaço darão origem a uma nova nebulosa, de onde poderão surgir novas estrelas.

Jesus de Nazaré, porém, como um Sol inextinguível que faz eclodir do ovo a larva, da larva a crisálida, da crisálida a pupa e da pupa a borboleta, o delicado lepidóptero que se lança feliz a voar, livre no espaço, nos aquece a vida, a alimentar permanentemente nossos impulsos de evolução, mantendo-nos envolvidos, mergulhados no seu imenso plasma de amor, na plenitude da ascensão do espírito imortal.

7
Tempestade no mar

Bem próximos ao cascalho da praia, onde a profundidade permitia, barcos de pesca fundeados por âncoras improvisadas ou amarrados em estacas se balançavam com as proas de frente para as ondas, pequenas e ligeiras, que chegavam tranquilas.

Em Capernaum, pássaros retardatários, aos bandos, retornavam em busca de seus abrigos, a prenunciarem a chegada da noite para breve.

Homens rudes lidadores da pesca, mulheres, crianças e uns poucos velhos encantados e de corações cheios de esperanças, apesar de mantidos sob o peso dominador do império de Roma, ouviam, em silencio, as palavras de Jesus de Nazaré, ora ternas e suaves como os primeiros reflexos da lua sobre o mar, naquele instante, ao se expressar sobre as luzes celestiais que aguardam os que perseverarem no Bem, ora firmes como as quilhas e cavernames daqueles barcos a rasgarem, com vigor, as águas profundas do lago, ao exaltar a força e o poder da fé.

Jesus falava sobre o bem e o mal sofrer, considerando que o sofrimento suportado com paciência e perseverança favorece a cura e a capacidade de suportar as adversidades; estimulava a participação efetiva no ato de humildade ao pedir o auxílio divino: "pedi e obtereis". Depois, acrescentou a importância do esforço pessoal comprobatório da vontade no "buscai e achareis", finalizando com a postura da não acomodação quando afirmou: "batei e a porta se vos abrirá".

Encerrado o sermão, Jesus desceu da proa do barco encalhado na praia, de onde falara, e pediu que o levassem à margem oposta no mar da Galileia.

– O que há de importante na margem do outro lado, Senhor? – perguntou Tadeu. – Há poucos judeus, a região tem predominância grega e não estão nada interessados pelo que ocorre em Capernaum ou em suas proximidades, são gentios.

– É preciso subir a montanha e chegar a Gadara, para que a glória de Deus se manifeste e seja reconhecida por toda a tetrarquia de Decápolis.

João, Pedro, Tiago e Barnabé desamarraram o barco e o empurraram para uma parte mais profunda, onde todos embarcaram e passaram a executar as tarefas rotineiras que uma navegação exigia: revisão de redes, conferência e acomodação de outros apetrechos de pesca, arrumação do cordame, posicionamento adequado da pesada âncora de pedra... Tiago, filho de Zebedeu, ocupou-se em suster o cordame da extremidade da vara transversal ao mastro que sustém a vela para controlar, com maestria, o fluxo, a intensidade e o direcionamento do vento combinado com o leme.

Quase anoitecia quando Simão Pedro mandou soltar a vela que se enfunou ao vento favorável, deslocando o barco, com a rapidez desejada, para distante da praia, sobre as ondas, quebrando-se no casco. Com Pedro a manejar o leme, o barco deslizou sem dificuldades, a cortar as vagas.

Enquanto Simão Pedro cuidava da direção do leme, os demais ocuparam-se com os afazeres naturais que a navegação exigia: Tiago, o filho de Zebedeu, sustinha a corda amarrada à extremidade livre da vela, presa ao mastro, e controlava com segurança o fluxo e a intensidade do vento ao afrouxar ou soltar mais o tirante, para que o pano não forçasse o barco a adernar excessivamente, a bombordo ou a estibordo, aliviando o impacto das vagas no costado.

André, Tiago, o filho de Alfeu, e Judas entoavam alegre canção que parecia se ritmar ao movimento de sobe e desce da embarcação, enquanto os demais se entregavam aos próprios cismares.

– Enquanto descanso, por favor, acomodem-se bem – dirigiu-se Jesus aos seus companheiros de viagem –, teremos tempestade durante a travessia.

– Tempestade, Mestre? – retrucou Tiago, filho de Alfeu. – As ondas são longas, mas tranquilas nesta parte do mar, e o vento, apesar de mais frio, sopra com força normal e suficiente para nos conduzir com segurança.

Jesus nada respondeu. Sorriu, acomodou-se na proa, apoiou a cabeça em restos de pano de vela dobrado, à guisa de travesseiro. João se aproximou, amparando-se nas amarras, e sentou-se ao lado de Jesus.

Na praia, o povo se dispersava de retorno aos lares e um pequeno grupo, formado por Oreb e sua esposa Suzana, Breno, o filho mais velho e Levi, o mais novo, tomou o caminho da vila onde residiam.

Suzana segurou o braço do marido, com delicadeza, e perguntou:

– O que você achou da pregação de Jesus de Nazaré, Oreb?

– Você que convive comigo há tanto tempo sabe que sou saduceu e o saduceu, por princípio, não é adepto da imortalidade da alma, nem da ressurreição. De minha parte, acredito em Deus, mas não esperamos nem recompensa, nem condenação depois da morte; morreu, acabou-se e pronto – respondeu, parecendo aborrecido, para prosseguir do mesmo modo:

– Esse Jesus falou algo a respeito, porém me pareceu coisa de fariseu.

– Por que você diz que é coisa de fariseu?

– Os fariseus creem na imortalidade da alma, na ressurreição do corpo, nos anjos, e que Deus dirige todas as coisas. Contudo, dotados de conhecimentos, defendem-nos, discutem e discutem interminavelmente, nada colocando em prática. São hipócritas!

– Em que momento, Oreb, você identifica, na mensagem de Jesus, esta posição farisaica?

– Principalmente quando ele faz a promessa de entrada nos campos celestes para quem o segue.

– Desculpe-me, mas acredito que você se enganou. Não concordo com a posição radical dos fariseus, nem com a dos saduceus. No entanto, sempre respeitei o seu pensar por causa do modo honesto de agir. Jesus exaltou duas coisas importantes a serem seguidas para a conquista celeste e que nunca vi em nenhum dos seguimentos do judaísmo: a humildade e o esforço individual, além da paciência e da perseverança para alcançar o céu interior. Quando ele se coloca como o caminho para se chegar a Deus, penso que não está propondo que sejamos seus discípulos e que o acompanhemos por onde for, mas que sigamos seus ensinamentos, o que não é tão difícil assim...

– Por favor, Suzana, um momento... Breno e Levi – Oreb dirigiu-se aos filhos – ,vão adiante, e ao chegarem à casa, preparem a nossa ceia.

Os jovens saíram a correr e Suzana registrou a atitude do marido com certa admiração, pois Oreb sempre chegava depois da ceia, por continuar com os companheiros do mercado de peixes até mais tarde.

– Gostaria de continuarmos essa conversa quando chegarmos a casa para refletir um pouco enquanto caminhamos.

Em poucos minutos chegaram à residência e, ao adentrarem, as candeias estavam acesas. Sobre a mesa, pratos de cerâmica com pães e com frutas, uma ânfora com vinho e quatro taças de bronze. Peixes grelhavam-se sobre brasas ao canto.

Os meninos se mostravam felizes com o feito, o que levou Oreb a elogiá-los. Todavia, certificou-se de que haviam lavado bem todos os utensílios por dento e por fora, como mandava o ritual.

– Pai, os peixes estão quase prontos, vamos ao 'amidá', as 'orações de pé'? – interrogou Levi.

– Vamos sim, meu filho. E você, Breno, que bênção você sugere?

– A grande oração e depois a terceira bênção. Você faz as orações, meu pai?

Suzana recolheu os peixes já grelhados, colocou-os num prato sobre a mesa e Oreb orou:

– Ó Senhor, abre os meus lábios e minha boca proclamará o Louvor a Ti! – E, em seguida:

– Tu és santo e Teu Nome é santo; e seres santos Te louvam diariamente por toda a eternidade. Bendito sejas Tu, Eterno, Deus santo.

A família se alimentou em animada conversa quando, ao término, Oreb desejou falar, uma vez que se mantivera em silêncio:

– Desculpe-me, Suzana, meus filhos, é difícil aceitar, de imediato, as coisas que afetam o nosso orgulho e vaidade. Foi por isso que me expressei daquela forma diante de evidências que me chocaram profundamente. Tentei rejeitá-las, então desdenhei, mas não posso mais silenciar.

– Que evidências, meu marido?

– Mesmo àquela distância, à beira do lago, vi um brilho suave nos olhos de Jesus, ouvi vozes de anjos cantando louvores enquanto ele falava e uma névoa azulada a envolvê-lo. Logo depois – Oreb respirou fundo para conter sua emoção e prosseguiu –, meus pais já falecidos há tempos surgiram à minha frente, sorrindo, e me disseram que vida é eterna e que estavam felizes por terem levado uma vida digna e honrada.

– Acredito no que você diz, mas não poderia ter sido uma ilusão?

– Não, Suzana, porque naquela hora abençoaram Levi, como fizeram com Breno, antes de falecerem. Lembre-se de que, então, Levi não era nascido.

Breno e Levi falaram quase ao mesmo tempo, aos atropelos:

– Nós já vimos nossos avós aqui em casa, conversaram conosco e não dissemos nada com receio.

– E para que eu não duvidasse – continuou Oreb –, disseram-me que lhe haviam dado um presente que brilha, guardado num pequeno vaso de cerâmica. É verdade, Suzana?

Suzana nada disse, pois a emoção não lhe permitiu articular qualquer palavra. Retirou-se e retornou com o pequeno recipiente na palma da mão, retirou a tampa e o colocou na mão de Oreb: uma pérola nacarada brilhando à luz mortiça da candeia, que havia recebido de presente dos pais pouco antes de deixarem a vida terrena.

Oreb abraçou a esposa e os filhos e acrescentou:

– Não tenho mais dúvidas, Jesus é o Cristo, o Messias!

A bordo da embarcação, João permaneceu silencioso próximo a Jesus, pois o Mestre havia cerrado os olhos, mas mesmo de olhos cerrados o Mestre perguntou:

– João, o que lhe está a inquietar a alma? – e abriu os olhos para lhe dar atenção.

– Mestre, sinto o vigor da juventude pulsar em minhas veias e o chamado do mundo a me conclamar para a vida que compreendo como magnífica, aos meus olhos. Em tudo vejo vigor e beleza, mas junto a isso consigo sentir a suavidade do seu Evangelho e o mar de esperanças que o futuro encerra – e prosseguiu sensibilizado, após alguns segundos. – Entretanto, sinto-me por vezes em conflitos...

– Muito antes que seus espíritos mergulhassem nos campos da terra, todos vocês aceitaram, com alegria, o meu convite por compreenderem a importância da missão que o Pai lhes confiaria – esclareceu Jesus ao discípulo –, mas tenho o dever de respeitar a liberdade das escolhas individuais. É natural que o esquecimento parcial e temporário da missão ocorra; contudo, confio na vontade vigorosa de cada um, inclusive na sua.

– Sinto-me, Senhor, muito pequeno e assustado ao vislumbrar a grandiosidade da obra e temo não ser digno dessa participação.

– A tarefa exigirá sacrifícios, dedicação, renúncias e muito amor, João, mas não carregue temores no coração, pois você assimilou inteiramente a parábola do moço rico, que contei dias atrás, e suas apreensões refletem o seu senso de maturidade espiritual.

– Compreendi que, apesar de vivermos das dádivas do Tiberíades, somos todos ricos e não podemos desperdiçar os talentos, que em muito superam o valor das moedas – respondeu o discípulo um tanto mais tranquilo.

– Seus temores logo passarão e posso lhe adiantar algumas missões sob sua responsabilidade, para um futuro próximo e para um futuro mais distante, vidas além.

– Gostaria de saber, Mestre – interessou-se João –, o que me espera, e lhe afianço que tentarei cumprir os compromissos assumidos.

Jesus olhou com intensidade os olhos do discípulo, segurou-lhe as mãos e sentenciou:

– Depois que eu me for para o Pai, você revelará, para o futuro, a vinda de outro Consolador que ficará eternamente no mundo, para reviver e relembrar a mensagem que será esquecida, modificada ou alterada para atendimento aos interesses escusos e imediatistas de aproveitadores. Quando o peso dos anos se abaterem sobre sua vida, será necessário alertar os sete núcleos que surgirão em meu nome para que abandonem as práticas adotadas, divorciadas da verdade, e vivenciem o caminho que lhes indiquei para o encontro com o Pai Celeste. Deste modo estenderá também, à humanidade porvindoura, o conhecimento prévio das duras consequências resultantes dos atos impensados que jamais deveriam cometer, no curso dos séculos. A Terra se verá entregue às disputas e guerras inomináveis e dolorosas...

Como Jesus se calasse, João perguntou:

– Depois disso minha missão estará concluída? E eu terei condições para tanto?

– Terá tanto as condições de suas próprias conquistas quanto a inspiração de minha presença, e acrescento que posteriormente voltará ao mundo, em nova existência, a fim de oferecer aos homens o exemplo vivo da singeleza e da simplicidade destes primeiros tempos, àqueles que se colocarão como detentores da verdade usurpada da Boa Nova e deteriorada, intencionalmente, camuflada pela pompa e pela riqueza institucionalizada para a satisfação pessoal, em detrimento da mensagem serena e tranquila do meu Evangelho, direcionado ao consolo dos 'pobres de espírito' e dos enfermos da alma. Quando houver transcorrido pouco mais de um milênio e meio, e a humanidade estiver pronta para o despertar da consciência para os valores do conhecimento e para ampliar as claridades do 'pensar', você também participará da mensagem nova que levarei ao mundo, considerando a união da razão libertada às luzes do sentimento de espiritualidade.

João se aquietou, cismarento. Jesus cerrou os olhos novamente e adormeceu.

Decorrido algum tempo, aos poucos, as nuvens se tornaram escuras e pesadas, o vento soprou com mais força, as ondas se agitaram descontroladas e o movimento do barco passou a exigir a participação de todos. O prenúncio do desabar da tempestade para breve trouxe inquietude, mas Jesus permanecia adormecido, recostado ao cavername da popa.

Com muito sacrifício conseguiram recolher a vela e amarrá-la ao mastro, para que a força do vento não trouxesse perigo maior e fizesse o barco adernar. João se aproximou de Pedro para ajudá-lo na sustentação do leme, enquanto os demais se agarraram, com esforço, onde lhes foi possível. O perigo de soçobrarem era iminente e o pânico assumiu o comando e, desesperadamente, gritaram por socorro:

– Salva-nos, Jesus, estamos a afundar! – gritavam uns. – Socorra-nos, Senhor! – esbravejavam outros, em coro entrecortado por trovões.

João, o mais novo, por sua vez tentava acalmar os companheiros.

Os discípulos foram acordá-lo, clamando:

– Senhor, nos salva! Vamos morrer!

– Mestre, não se importa que morramos?

Ele despertou e perguntou aos discípulos:

– Por que vocês estão com tanto medo? Ainda não têm fé?

Ele então se levantou e, com os braços estendidos para o alto, ordenou ao vento que amainasse e que se arrefecesse a violência das águas. Aos poucos tudo se acalmou e a tranquilidade voltou a reinar.

Amedrontados e perplexos, eles perguntaram uns aos outros:

– Quem é esse homem que até aos ventos e às águas dá ordens, e eles lhe obedecem?

Thiago, filho de Alfeu, ao se recordar da afirmativa do Mestre para que se precatassem, porque haveria tempestade, quando perguntou se aquilo era mais uma profecia, pois naquelas condições de clima a travessia seria tranquila.

Jesus respondeu que não foi necessário profetizar e informou que percebeu as águas do lago mais tépidas e que o vento que sopra das montanhas ao redor do lago estava mais frio do que o habitual. Nessa conjunção de fatores, a tempestade, surgiria mais cedo ou mais tarde, durante a navegação.

A seguir, enquanto ainda navegavam para as outras terras defronte da Galileia, região dos gerasenos, ou Decápolis, Jesus exortou os discípulos:

– Assentem-se todos e ouçam. Hoje, vivemos um exercício de fé e de confiança indispensável para o cumprimento do seu ministério em dias vindouros. Digam-me, então: onde estavam essa fé e essa confiança, cujos exemplos tenho exaltado nos que me procuram e que trazem dentro de si sem nunca me terem conhecido ou me acompanhado, como vocês?

– Mestre! – arriscou-se Judas de Queriote. – Fomos tomados pelo pavor e, sem a sua intervenção, iríamos naufragar e morrer. A nossa missão também teria naufragado junto...

– Não lhes tenho dito que eu sou a ressurreição e a vida? Além do mais, eu estava na mesma situação e, por estar adormecido, seria o primeiro a morrer, e ninguém cogitou disso. Exaltaram a morte e se esqueceram da vida.

– Mestre, então diga-nos, se sabia que a tempestade estava por chegar, por que se acomodou para adormecer? – disse Mateus, saindo do seu mutismo.

– Você não desconhece que o dia foi longo e cansativo, Mateus, e confiei o repouso às habilidades de experimentados pescadores na arte da navegação que, por estas bandas, em outras ocasiões, enfrentaram situações semelhantes. Um pouco mais e a tempestade teria passado, mas optaram por transferir para mim a responsabilidade que era de todos. Nada é impossível para quem tem fé na Providência Divina. Ela transporta montanhas e a fé, em si mesma, vence tempestades.

– Chegamos! – exclamou Tadeu, logo que o barco aproou junto à praia e parou, seguro pela âncora que João e Bartolomeu lançaram na parte mais profunda, próximo da popa.

– Busquemos abrigo – completou Jesus. – Amanhã subiremos a montanha. Lá, também o Pai Celeste se identificará, para honra e glória do seu nome.

8
O louco da montanha

O mar quase parado naquela hora da noite permitia que o marulhar constante se espalhasse ao longo do cascalho da praia e se fizesse ouvir até no interior daquela casa simples de pescadores, onde se encontravam reunidos os doze e seu Mestre em colóquio íntimo, após as fainas do dia. Ainda comentavam sobre o episódio da tempestade acalmada durante a travessia do lago.

O pescado assava em fogo brando a irradiar confortável calor, ao centro do grupo sob a luz do candeeiro no velador, a deitar suave claridade no ambiente. Ali havia paz e uma alegria incontida pelo convívio fraternal.

A conversa tomou o rumo das dificuldades de sobrevivência e da postura dominadora dos romanos. Apenas comentavam, mas sem qualquer azedume e, vez por outra, o Mestre fazia essa ou aquela observação alentadora. Ora se referia à dádiva do Tiberíades, a oferecer o alimento, ora esclarecia que, apesar do domínio estrangeiro, eram livres de consciência. Lembrava que o resultado do trabalho duro de movimentar os barcos ou de arrastar as redes favorecia o escambo, a fim de que pudessem usufruir de roupas, de calçados e de outros tipos de alimentos; as pedras e a madeira lavrada, as palmas dos colmos e o adobe promoviam a construção do lar e a proteção da família. Por fim, acrescentava que o som do vento nas palmeiras, o pio das aves noturnas e o marulhar das ondas eram cânticos da Natureza a céu aberto, divinos acordes em louvor ao Pai Celeste.

Quando breve silêncio fez salientar o crepitar das chamas, Tiago, o filho de Alfeu, perguntou:

– Mestre, aonde iremos amanhã?

– Iremos a Gergesa e Samaria, Tiago – Jesus respondeu, solícito.

– Gergesa e Samaria, Jesus? – interrogou João, com ar de surpresa.

– Samaria é lugar de gente de má vida! – exclamou André. – São seculares inimigos dos judeus.

– Tanto Gergesa quanto Samaria são lugares de pessoas muito hostis – completou João. – Bastante difíceis. E dizem que são gentios!

– Penso que para semear a Boa Nova haverá grandes dificuldades, senhor – André voltou a falar.

Como ninguém mais se pronunciasse...

– Todos pensam de igual modo – interrogou Jesus –, como informaram André, Tiago e João?

Todos assentiram com movimentos de cabeça e alguns murmúrios, menos Pedro, que se mantivera em silêncio.

– E você, Simão, filho de Jonas, o que pensa a respeito?

Simão Pedro demorou um pouco para responder, despertando a curiosidade dos demais companheiros, e finalmente se expressou:

– Meu senhor, aprendemos de suas palavras que sua vinda aconteceu para dar testemunho do Pai.

– E o que mais você pode acrescentar? – insistiu Jesus.

Pedro cerrou os olhos como a procurar a resposta no fundo de sua alma e, ao abri-los, afirmou:

– O Senhor veio para os doentes e não para os sãos, recordo-me de que já nos havia dito, e acrescento mais: se aqui nos achamos ao seu lado, não é apenas por fidelidade, mas também porque nossas almas carregam enfermidades que precisam ser tratadas. Compreendo que essas cidades estão enfermas, necessitando de alento e de esperanças para romperem com suas algemas.

– Em verdade, todos têm a mesma origem, se considerarmos as raças; no entanto, Pedro, numa visão mais ampla, somos todos filhos do mesmo Pai. Judeus ou samaritanos, sírios ou caldeus, fenícios ou babilônios, todos estão sob a custódia dos erros e dos acertos e a ninguém é lícito fazer julgamentos sem julgar a si mesmo, com mesmo peso e medida. Em última instância, cabe àquele que me enviou estabelecer todo o juízo para todos os seus filhos, indistintamente.

Depois de dizer isso, Jesus fez um breve silêncio, para em seguida continuar:

– Simão, lá iremos pela vontade do Pai, conscientes da nossa missão. Apesar da rejeição e da hostilidade voluntárias, a Boa Nova que anunciamos vai alcançar as almas que anseiam por este momento, sem violência ou imposição, como a força das luzes matinais que pouco a pouco dissipam as trevas da noite. Nada é capaz de impedir a expansão gradativa, contínua, suave, mas incoercível na madrugada, até que o sol desperte com todo o seu esplendor. Compreende-se, é verdade, que tempestades se prolonguem além da noite a avançarem pelo dia, mas o sol prosseguirá acima das nuvens na missão de renovar a vida cada dia.

Profundo silêncio se fizera até que ele prosseguisse:

– Levi!

– Estou aqui, senhor, o que deseja?

– Sua vivência na coletoria, quando lá esteve, deu-lhe condições e conhecimentos inestimáveis a respeito de pessoas e lugares. Apesar da difícil posição exercida, estou certo de que a sua forma de tratar o público amenizou o conceito que tem sobre os publicanos.

– Conheci alguns gadarenos – respondeu Levi, com alegria e vivo interesse. – Fiquei sabendo que a cidade na colina dista cinquenta e três estádios (cerca de dez quilômetros), desde o rio Jordão, e o povo é também da descendência de *Sem*. Os habitantes são muito independentes; parece-me que há mais gregos do que hebreus e muitos romanos. Talvez por causa do comércio e da influência estrangeira difundiu-se a idolatria e não seguem os preceitos determinados por Javé, registrados no livro Levítico. Quanto à abstenção do uso da carne de porco como alimento, o Livro diz que os porcos eram usados em rituais demoníacos. Pude perceber que se preocupam mais com o comércio do que com Deus.

– Obrigado, Levi – agradeceu Jesus –, suas informações são preciosas.

E dirigindo-se a Pedro, o zelote, que pouco se manifestava no grupo de discípulos, solicitou:

– Pedro, você que exerceu a posição de zelote, sempre cuidadoso com a preservação dos valores do povo hebreu, pode esclarecer aos seus companheiros as razões pelas quais os samaritanos são considerados pelos judeus como 'gente de má vida' e o porquê desse desprezo e do modo rude de tratá-los, considerando-os estrangeiros?

Estimulados por Jesus, todos voltaram sua atenção para o zelote que, por sua vez, demonstrou seu potencial narrativo e seus conhecimentos.

– Os fatos que originaram essa situação vêm de muito longe, na história do povo. Com a morte do rei Salomão, sucederam-no seus dois filhos, Roboão e Jeroboão. Com isso, as doze tribos ficaram divididas, sendo duas tribos ligadas ao reino de Judá, sob o reinado de Roboão, cuja capital se sediou em Jerusalém, e as dez outras restantes permaneceram sob o reinado de Jeroboão, que estabeleceu a capital em Siquém ou Samaria. Para estabelecer livre comércio, Samaria favoreceu a relação com a cultura da Cananéia e a religião da Fenícia. Permitiu também a instalação de templos e cultos estranhos ao povo de Israel, contemplando, assim, a adoração de divindades. Por muito tempo, os dois reinos guerrearam entre si. Isto feriu profundamente os costumes e a conduta expressa no Livro Sagrado.

Do mesmo modo que Levi, Pedro, o zelote, expressava-se com alegria e entusiasmo pela oportunidade que o Mestre lhe oferecia. Falava com segurança mesclada de emoção.

– Atualmente – prosseguiu –, o estabelecimento de nova ordem no reino não conseguiu modificar o conceito que os judeus fazem dos samaritanos, que se sentem oprimidos e excluídos, nem os samaritanos alteraram sua postura de considerarem opressores os judeus.

Jesus, ao perceber o olhar inquiridor de Simão, discretamente se retirou do grupo e chamou-o de lado.

– Perdoe-me, Senhor, mas por que essa narrativa se a história é bem conhecida?

– Simão Barjonas – respondeu Jesus –, todos conhecem a história, mas não com a riqueza e o caráter observador de um zelote. Saiba que os zelotes sempre foram extremamente rigorosos quanto à preservação dos costumes e excessivos com relação às tradições. Aquele que nos fala, agora, renunciou com esforço à sua condição para se dedicar, com amor e na mesma intensidade, à divulgação das luzes do meu Evangelho. Neste instante vence, corajosamente, o seu retraimento, e se prepara para o futuro. De agora em diante se integrará melhor e se tornará mais afável. O mesmo está acontecendo com Levi que, naturalmente desprezado e repudiado como cobrador de impostos, também fez sua opção. Observe o brilho e a alegria nova em sua expressão.

– Agora compreendo, Senhor – disse o apóstolo, admirado com as explicações do Mestre, que concluiu:

– Simão, todos vocês têm assimilado gradativamente a mensagem celeste e a forma de transmiti-la. Entretanto, cada um tem possibilidades específicas para tarefas específicas, e é desta forma que as faremos emergir, no exercício de cada dia. A fé no Pai e a fé em si mesmos deverão estar bastante sedimentadas.

– E foi por causa dessa fé que não pudemos curar o jovem endemoniado, o que ora caía no fogo, ora caía na água. Não nos achávamos preparados, foi uma dura lição...

– Voltemos ao grupo para a nossa oração de gratidão e para o repouso.

Lá fora, o vento da noite agitava mais fortemente as ondas do Mar da Galileia, a desaguarem na praia com mais vigor. No céu, porém, as constelações cintilavam tranquilas em beleza e a noite transcorreu em paz, até a madrugada.

Aos poucos, as sombras da noite se dissiparam, empurradas para distante pela insistência do amanhecer. Nesse momento, Simão Pedro se levantou, saiu para o exterior da casa e encontrou Jesus olhando para o horizonte, enquanto as águas do mar lhe molhavam os pés descalços.

– Simão! – exclamou, sem se voltar. – Por favor, chame os nossos irmãos e traga pães, mel e os peixes prontos, o suficiente para nossa alimentação durante a viagem.

Simão Pedro tomou as providências solicitadas. E quando todos se encontravam juntos, ele falou:

– Mestre, pressinto que o dia de hoje será promissor – comentou o apóstolo.

– Sim, em toda parte há ovelhas perdidas e urge que sejam trazidas para o redil, principalmente as escolhidas pelo Pai.

– Mas nesse caso – interpelou o apóstolo, após alguns momentos de reflexão –, o Pai não estaria a privilegiar umas em detrimento de outras?

– A sabedoria do Pai jamais permitiria isso, Pedro. Essas ovelhas conquistaram a oportunidade santa, pelos méritos alcançados, de serem resgatadas, e mesmo assim poderão decidir o seu destino: ver a luz e ouvir o cântico de esperança que lhes trago em meu Evangelho, ou adiar, por um longo tempo, seu encontro com a libertação. Em Gergesa alguém me espera, ouço o seu clamor.

Amanhecia em Gergesa e, do alto da colina, via-se toda a extensão do Jordão, o Mar e as colinas mais distantes ainda um tanto ensombradas, até onde a vista podia alcançar.

Na casa simples e aconchegante, Juel desperta, vai para o lado de fora e encontra a esposa Lia com os olhos fitos no céu, ainda constelado, mesmo com as primeiras claridades a dourar as nuvens mais baixas no horizonte.

Lia orava de cabeça erguida e de braços abertos voltados para o alto:

> Pai celeste,
> Por tudo o que já nos deste
> Acende minha certeza
> Em tua real grandeza:
> Socorre o atormentado
> Coração que é tão amado,
> Do meu filho em desvalor.
> Por isso consagro, agora,
> Meu coração que penhora
> A glória do meu amor...

– Lia, o que você faz a essa hora nesta umidade? Não deveria estar dormindo? – perguntou Juel à esposa. – Está muito frio aqui fora!

– Oro ao céu na esperança de que Javé cure o nosso filho Benjamim! – falou, emocionada, aquela mulher de aspecto bondoso, com o rosto orvalhado de lágrimas.

– Javé se ausentou de Gergesa – respondeu Juel, com lamento na voz. – Nosso filho, Lia, sempre foi bom, atencioso, educado nos nossos princípios, forte e saudável, amoroso... É agora uma fera maltrapilha, suja e dominada por espíritos imundos. Onde foi que nós erramos para que Deus nos impusesse tamanho castigo?

– Não diga isso, Juel, não blasfeme dessa maneira! Não houve nem poderia haver castigo divino. Ele cometeu grave engano ao se deixar envolver pelas ilusões da juventude com amigos inúteis, ociosos e aproveitadores da vida. Agora, onde estão os amigos? Não os há mais... desapareceram... até do nosso convívio no lar.

Lia silenciou por algum tempo e prosseguiu, enquanto o esposo a olhava, entristecido:

– Juel, meu fiel esposo, eu tenho esperanças na cura do nosso filho. Dias atrás, quando você foi ao vilarejo para a comercialização das peles produzidas, eu fui à busca do nosso Benjamim. Saí bem cedinho, de madrugada, para que não me vissem, levei mel, leite de cabra e alguns pães assados, de que tanto gostava, e bem quentinhos.

– Que perigo, Lia! No meio daqueles porcos e de tantos outros que, dementados, vagam por aqueles campos e túmulos!

– Não me importei com isso, queria ver e abraçar meu filho muito amado. À medida que caminhava, os porcos se afastavam espavoridos, talvez por causa da luz do candeeiro. Ao chegar, notei o vulto de Benjamim acocorado junto à entrada de uma das cavernas escavadas na rocha, daquelas que servem de túmulo. Quando me aproximei mais, ele me viu e rosnou como um cão selvagem, de olhos ameaçadores. Levantei o candeeiro, iluminei meu rosto e olhei para o meu filho com todo o meu amor, e coloquei os alimentos à sua frente. Com que sofreguidão os comeu! Contudo, ao ver o pão que eu fizera, olhou para ele, revirou-o nas mãos, parou e me fitou por alguns segundos; seu olhar se abrandou, levantou-se lentamente sem deixar de me fitar e se atirou, chorando, em meus braços, que eu lhe oferecera com imensa ternura. E conseguiu falar com a voz entrecortada:

"– Minha mãe, minha mãe Lia!... Estou possuído e sei que não são demônios, reconheci os espíritos maus dos que já morreram. Querem vingança...

"E eu lhe perguntei:

"– Como meu filho? Não compreendo! – e ele me esclareceu:

"– Uns foram criminosos condenados, outros injustiçados pelo povo, usurpados, desprezados injustamente, induzidos a cometer atos ilícitos por 'nobres' interesseiros. Há anos que isso vem acontecendo. São muitos os que choram, gritam e vociferam em meus ouvidos dia e noite. Além de me atormentarem, perambulam pela cidade, a se divertirem com a provocação de desavenças, estimulando a corrupção, a imoralidade que já existe e a perversão dos costumes...

"– E por que fazem isso com você, meu filho? – perguntei, falando-lhe ao ouvido. – Você sempre foi um bom filho.

– Eu me contaminei com atitudes reprováveis junto aos amigos devassos e, em minha mente, aos poucos, fixaram-se pensamentos estranhos; quando dei conta de mim, estava completamente dominado por eles, até que comecei a identificar e ver, com pavor, os espíritos com os quais me associei. Reclamam, exigem, cobram e se divertem. Por favor, mãe, ajude-me, não tenho forças!... Meus momentos de paz são aqueles em que sinto seu pensamento dentro de mim, em oração. Agora mãe, afaste-se e vá, vá depressa, pois sinto que estão voltando.

"Afastei-me alguns passos e vi nosso filho se contorcer todo e se arrastar de novo para o fundo da caverna. Voltei para casa muito triste, mas conservo acesa imensa esperança em sua libertação."

– Preste atenção, Lia, o nosso Benjamim não tem cura, é possessão demoníaca e...

– Ouça-me, Juel, ouça bem, o Salvador é nossa esperança. Os profetas falaram que ele nasceria em Belém Efrata e afirmo que ele já está entre nós.

– Lia, você é uma sonhadora!

– Não – respondeu, com vigor –, sou mãe, sou mãe! Repare que ainda há algumas estrelas no céu, mas há pouco ele estava fulgurante. Olhe logo acima da linha do horizonte... Uma estrela adquiriu estranho brilho azulado, diferente de qualquer outra. E ela lentamente desceu e pairou sobre a região próxima ao mar e agora vem se movimentando nesta direção. Veja, veja!

– Não vejo nada – esclareceu Juel, um tanto cético –, nada além das luzes amareladas dos candeeiros dos barcos de pesca fundeados aqui, ali e mais adiante...

Lia decididamente tomou o marido pela mão:

– Vem comigo, Juel, vamos à entrada da cidade, imediatamente!

À medida que o casal caminhava, apressado, pelas ruas de Gergesa, alguns transeuntes, observando a direção em que seguiam, resolveram acompanhá-los, porque perceberam que algo estranho estava para acontecer.

Após os preparativos da manhã, os doze, juntos com Jesus, iniciaram a viagem até alcançarem a parte mais alta da região.

Ao se aproximarem dos túmulos, nas cavernas, um dos discípulos observou:

– Alguém se aproxima e vem em nossa direção, Senhor.

– Vem ao nosso encontro, André, para testemunho e glorificação do Pai. Logo depois virão outros que, sem saberem, serão os arautos da Boa Nova para o despertamento dos escolhidos.

Enquanto isso, pelo mesmo caminho, na mesma direção, Lia se dirige ao esposo com alguma ansiedade:

– Olhe, Juel, alguns homens na mesma estrada e vêm para cá...

– São pessoas comuns dentre as muitas que transitam por aqui.

– Não, Juel, sinto em meu coração que é ele, pois percebo a sua luz! – Lia exclamou, ao tomar a mão do esposo e apressar o passo. – Vamos ao seu encontro!

Quando estavam bem próximos, ouviram altos brados saídos de um dos túmulos escavados na rocha:

– Jesus de Nazaré! Jesus de Nazaré! – gritou um homem despido, ainda jovem, que saiu de lá desgrenhado, barbudo, sujo e de olhar esgazeado. A passos firmes e decididos, parou bem perto, prostrou-se e continuou furioso:

– Que tenho eu contigo, Filho do Deus Altíssimo? Conheço os teus poderes, portanto, não venha me incomodar!

– Qual é o seu nome? – perguntou Jesus, impositivo, mas com serenidade.

– Meu nome? Meu nome é legião, porque somos muitos – disse, gargalhando. – Este é o meu domínio e submetemos não apenas este jovem tonto, mas toda a cidade – esbravejou mais e prosseguiu. – Legião de vivos e de mortos, não há como separar uns dos outros. Não perca seu tempo e não desperdice o meu, Jesus de Nazaré!

O Mestre estendeu a mão, apontou-lhe o dedo indicador e sentenciou, quase num sussurro de voz, quando, sobre o cheiro desagradável que acompanhava o pobre moço, predominou um perfume silvestre de flores novas:

– O Pai não deseja que os seus tormentos e os tormentos da legião amargurem mais o povo. Ordeno que, em nome do Altíssimo, retire-se desse jovem.

– Jesus, não desejo sair deste sítio – respondeu o espírito, profundamente abalado, sem, no entanto, os gritos e os estertores de antes.

– Aproveita este momento e suas dores serão aplacadas, seu coração descansará na minha paz e poupará séculos de solidão e de sofrimentos depuradores.

– Não! Mas nos permita irritar pelo menos essa manada de porcos que marisca por aqui – respondeu o espírito, mas sem a mesma agressividade anteriormente expressa.

– Retire-se e não mais volte a perturbar esse jovem. O que fizer daqui por diante compete apenas à sua consciência e decisão.

Quase de imediato, os porcos agitaram-se, grunhindo forte, correram em grande alarido, sem direção, para depois, além, precipitarem-se no mar. Os homens que os apascentavam fugiram, amedrontados, em direção à cidade.

Benjamim, livre do jugo espiritual, cambaleou extenuado, projetou-se ao solo e só não caiu porque Juel e Lia o ampararam, conduzindo-o ao chão, com cuidado. Lia sentou-se, colocou sobre ele a manta que trazia consigo, deitou-lhe a cabeça em seu colo e o acariciou com ternura:

– Levante-se, Benjamim! – ordenou o Mestre, ao estender-lhe a mão para que se levantasse. – Você está livre.

Juel, Lia e Benjamim ajoelharam-se, em lágrimas, abraçaram-se a Jesus e a pequena multidão que se formara, composta por transeuntes da região, comentava, admirada dos feitos daquele momento, pois, de longa data conheciam a fúria do 'louco da montanha, como o apelidaram. Outros louvavam a Deus, afirmando que Jesus "era aquele que haveria de vir" para a realização da mais esperada profecia.

Os guardadores de porcos ao assistirem, estupefatos, as ocorrências inusitadas, correram à cidade, pressurosos, alarmando o povo por onde passavam, chamando a todos para a sala do Conselho. Lá adentraram, esbaforidos, onde se achavam reunidos os anciãos e dignatários religiosos, e lhes contaram os alarmantes acontecimentos nos túmulos da periferia da cidade.

– Isto é muito sério! – exclamou Edil, o mais novo de todos. – Se este homem entrar na cidade, haverá transtornos...

– Não há dúvidas de que muitos se converterão depois deste feito – acrescentou um segundo homem, com certa afetação na voz – e serão inevitáveis as mudanças de comportamentos, e... vocês sabem onde quero chegar...

– Jamais esperei que ele aparecesse por aqui – interferiu outro –, pois imaginei que estivesse bem longe quando soube que sua fama alcançou a Síria e que multidões o seguiam, convertendo-se.

– Aqui só traria problemas – falou o mais exaltado. – Como vocês me conhecem, eu não seguro a língua, pois nossas economias, aliás, nossas fartas economias estariam abaladas. Vocês sabem de onde vêm... A boca miúda, o povo fala nos aproveitadores do poder, mas não tem coragem para enfrentamentos e falar abertamente em corrupção.

– Não posso considerar propriamente corrupção, prefiro não empregarmos este termo – Samuel, o mais velho, sofismou. – Não temos que alterar ou interferir na liberdade dos que se dedicam às festas, bebidas, jogo e prostituição. Não inventamos nem criamos estes fatos; já que existem, alguém tem que administrar e ser pago para tanto.

– Pois bem, Samuel – Edil voltou a se manifestar. – As pregações do profeta Galileu nos evidenciariam de modo negativo, você sabe como o povo gosta de novidades e de coisas místicas. A presença de um pretenso 'Salvador' alimentaria a busca da salvação, daí os sentimentos de culpa se exacerbariam e seriam transferidos contra nós.

– E o que faremos, então? – inquiriu alguém.

Samuel, o mais velho e o mais ardiloso de todos, cofiou a barba já grisalha e acrescentou:

– Como há consenso quanto aos transtornos que a presença de Jesus de Nazaré causará à vida da cidade, tão 'pacata e tranquila' e, consequentemente, à 'nossa tranquilidade' – falou ele acentuando intencionalmente essa expressão –, uma vez que somos responsáveis pela preservação da paz comunitária... Sem mais delongas, proponho o impedimento de sua entrada em Gergesa, como decisão deste Conselho. E mais, que seja de imediato, antes que os fatos tomem proporções alarmantes, pois há o perigo da cidade se contaminar.

A notícia da libertação de Benjamim se espalhou rapidamente pela cidade e grande quantidade de povo procurou os 'principais', que se achavam reunidos em Conselho, temerosos de que fosse exposta a conivência coletiva com a corrupção e a charlatanice.

Samuel, dirigindo-se ao povo com eloquente veemência, sofismando, convenceu todos ao declarar, com ar de pretensa sabedoria, que quem lida, tem autoridade e expulsa demônios daquela categoria tem que ser demônio maior, esbravejando, colérico:

– Não podemos deixar que esse homem contamine a cidade e traga para junto de nós os espíritos imundos que vivem nos túmulos! Que fiquem por lá! Vamos todos dizer isso a ele!

A multidão o ovacionou num ato de aprovação do seu discurso. Samuel, então, tomou a iniciativa de se dirigir ao local indicado pelos guardadores, com todo o Conselho à retaguarda, para encontrar-se com Jesus e os discípulos; celeremente buscou a região das cavernas e, sem quaisquer rodeios, interrompeu Jesus, que pregava aos presentes:

– Jesus de Nazaré! Dizem que você é o Mestre – adiantou-se Samuel, com rispidez. – Os sacerdotes, os principais da cidade, os anciãos e todo o povo, aqui representados, não querem, não permitem a sua presença em Gergesa. Autorizado pelo Conselho da cidade, falo em nome da população, como seu representante legal. Tenho autoridade para isso!

– Retirem-se! – exclamou um. – Não voltem mais aqui! – vociferou outro. – Fora! – acrescentaram mais alguns, em coro.

Jesus apenas levantou os braços calmamente, na altura dos ombros, com as palmas das mãos voltadas para frente, e nada respondeu. Foi o suficiente para que todos se calassem, acompanhando a finalização dos últimos diálogos.

Quando o Mestre voltou-se para aquela família, a mãe de Benjamim, genuflexa, louvou-o com sincera gratidão:

– Senhor, Filho do Altíssimo, meu coração de mãe sabia que o Cristo de Deus, enviado do Altíssimo, salvaria meu filho das garras dos espíritos malignos...

– Lia, levante-se! De longe vi a luz do seu clamor de mãe, o seu amor o curou.

– Estou curado, Senhor, sinto-me revigorado – acrescentou Benjamim. – Em minha demência entrevia a sua chegada e, agora liberto, quero segui-lo, tornar-me seu discípulo e espalhar as verdades do Reino. Pisarei por onde pisarem seus pés, comerei do pão e beberei do vinho que estiver em suas mãos...

– Benjamim, você poderá se alimentar do pão endurecido e beber do vinho amargo que sorverei nos próximos tempos, adiante, mas toma-os aqui mesmo, em Gergesa, como testemunho da presença de Deus, na sublime tarefa de semear a Boa Nova. Meus passos serão os seus e os Espíritos da Luz o acompanharão em nome do Pai Celeste.

Samuel e seu séquito de revoltosos, por não encontrarem qualquer reação belicosa, como esperavam, retornaram sobre os próprios pés para a cidade.

Após as despedidas, Juel e Lia retornaram à cidade, ansiosos por mostrarem Benjamim curado e saudável, decididos a espalhar as notícias da mensagem do céu trazida pelo Enviado.

Os doze seguidores do Cristo saíram dos arredores de Gergesa e caminhavam em silêncio em direção ao Mar da Galileia, com ar de certo desapontamento, o que não ficou despercebido por Jesus que, todavia, não fez qualquer abordagem, a fim de deixá-los meditar e refletir durante o tempo que fosse necessário.

No barco, em mar calmo, sentiram fome e dividiram, entre si, os alimentos que haviam trazido em seus alforjes. Jesus também se alimentou e parecia distraído, quando Tiago se dirigiu a ele:

– Mestre, pena não termos entrado na cidade de Gergesa, seria muito proveitoso...

Jesus voltou-se para Tiago, mas como nada dissesse, Judas de Queriote o interpelou:

– Por que, Senhor, acontecer aquilo com centenas de porcos, já que sua comercialização tem peso na economia da cidade? Foi um grande prejuízo...

– Compreendo, Jesus – interferiu André, despertando o interesse dos demais –, que aquele jovem endemoniado necessitava ser 'limpo', que a família tão unida merecia ter de volta o convívio do filho, mas pensando naquela comunidade tão intransigente e refratária, sinto que o proveito de nossa longa viagem foi pequeno.

João, por sua vez, demonstrando preocupação, opinou:

– Penso, amigos, que apesar da hostilidade daqueles líderes da cidade, eles não representavam o pensamento do povo. Também concordo com André, poderíamos ter chegado até eles e muitos seriam convertidos ao Evangelho.

– E o que você conclui disso tudo, Simão, filho de Jonas?

– Mestre – respondeu Simão, com entusiasmo –, estava meditando a respeito dos fatos acontecidos à entrada da cidade. Não me preocupei com nenhum dos fatores observados pelos meus companheiros, mas pensei nos espíritos perturbados que receberam a oportunidade de sair das trevas, de constatarem a força do Bem e da bondade celeste favorecendo a todos.

"Quanto às ponderações de André, um empreendimento destes jamais ficará em vão, porque sinto haver um objetivo maior do que nossa capacidade de perceber ou compreender. Não sei como explicar, apenas sinto que Gergesa ou, no todo, as Dez Cidades não serão mais as mesmas."

Simão se calou porque o vento mudou para sudeste, com maior intensidade, o que exigiu vigorosas manobras diferenciadas com o travessão, cordame, velas e leme, a provocar o alongamento e a força das cristas das ondas, embora tal manobra tenha imprimido maior velocidade no deslocamento do barco. Depois que as manobras foram estabilizadas e concluídas, a realinharem o barco na rota correta, embora ligeiramente adernado, o que era de se esperar em semelhante situação, Jesus retomou a conversa:

– Pedro, repito que não foram unicamente a sua razão, sua inteligência que revelaram essas coisas, mas a inspiração que vem de meu Pai, presente em toda parte. – E, se dirigindo a Tiago, Jesus continuou:

– Tiago, é preciso que se esclareça a razão de não ter sido necessário entrarmos na cidade, pois nossa palavra seria levada pelo vento, tal a cumplicidade entre a intemperança do povo, dos seus administradores e a 'legião' de comparsas espirituais interessados em manter o mesmo estado de coisas, por interesse. A libertação de Benjamim logo seria esquecida. Agora, ele se mostrará aos familiares, às pessoas de sua relação, a todo o povo que o conheceu como o louco da montanha e que o ouvirá, com interesse, sobre as esperanças da Boa Nova.

– E o que você tem a acrescentar, Judas – perguntou ao apóstolo que parecia inquieto –, além das suas inquirições iniciais?

– Percebi, meu Senhor, que alguns porcos não se lançaram montanha abaixo, pareciam mais tranquilos, e outros até adormecidos. Achei muito estranho...

– Grande parte daqueles porcos, Judas, achava-se acometida de grave moléstia contagiosa; portanto, o prejuízo econômico nada representa ante a integridade saudável do povo. Uma doença a se espalhar pela população, neste momento, não a faria se redimir. É preciso que meu Evangelho, ao alcançá-los, dê-lhes oportunidade para as reflexões em torno da imperiosa transformação moral.

– Agora compreendo, Mestre.

– O Pai não é somente justo, é também misericordioso – continuou Jesus, dirigindo-se a todos. – Os planos do Pai, tantas vezes insondáveis, alcançam toda humanidade, habitantes de todas as moradas do Seu reino infinito.

"Benjamim tem, hoje, despertada a espiritualidade que se achava oculta na alma, como gema preciosa, agora retirada do cascalho rude. Ele é o mensageiro escolhido e sua palavra de fé e de esperança, com a força de sua juventude, alcançará toda Decápolis, uma vez que se tornou o exemplo vivo da libertação pelo Evangelho."

O barco prosseguiu no seu itinerário e, ao se aproximar da praia, a certa distância calculada pela experiência, Simão estabilizou a posição do leme, mandou que recolhessem as velas e as amarrassem ao mastro e, habilmente, deixou que o barco, livre e de forma gradativa, perdesse velocidade até que, suavemente, encalhasse a proa nas areias da parte mais profunda.

9
A mulher de Sicar

—Por que, Senhor, é tão difícil a implantação do reino de Deus na Judeia? – perguntou Simão, com simplicidade. – Tantos o procuram apenas por interesse? Querem a cura de seus males ou um meio fácil de ganharem a vida sem esforços?

Como a pergunta de Simão Pedro despertara a atenção dos doze que, espontaneamente, haviam se reunido em grupos de dois ou três, o Mestre respondeu:

– Simão, responda-me, por favor: quais são os interesses imediatos das crianças?

– Apreciam os folguedos, exigem alimentos sem se preocuparem como são adquiridos, praticam peraltices e não se aproximam das responsabilidades...

– Sim, mas isto na primeira infância. E depois, com o passar do tempo?

– Naturalmente são conduzidas aos primeiros aprendizados e às primeiras responsabilidades junto às profissões dos pais como as dos oleiros, pescadores, vinhateiros, tecelões, agricultores, dos carpinteiros...

– Assim também, Simão, comportam-se os homens, crianças espirituais ante os compromissos para com a vida e para com Deus. Embora demonstrem fidelidade à Lei Celeste, vão aos templos, participam dos ritos obrigatórios e só, achando-se justificados perante a ordem divina.

Jesus se volta de imediato para Bartolomeu e o interroga:

– O que lhe atormenta, Bartolomeu, neste momento?

– Mestre – respondeu, um tanto titubeante –, são coisas sem muita importância que me ocorreram ao ouvi-lo.

– Compartilha conosco – insistiu Jesus –, pois o que você está pensando é preocupação de todos.

– Reconheço que os homens da atualidade se comportam como crianças espirituais; e nós, os seus seguidores, o que nos diferencia deles? Sei que nem sempre alcanço a profundidade dos seus ensinamentos, mas que ficam claros quando suas explicações nos atendem ao entendimento. Sinto que apenas levantamos a pequena ponta do véu que cobre o clarão da grande verdade.

João, por sua vez, interferiu com o entusiasmo próprio da idade:

– Conversávamos, eu e Tiago, e concluímos ser um privilégio a escolha ter recaído sobre nós para sermos discípulos do seu Evangelho, entre tantos homens de sabedoria como os escribas e os doutores do Templo...

– Judas, este não é o seu pensamento a respeito, tanto quanto não é o de André e o de Mateus.

– Eles compartilham comigo, Senhor, a ousadia de dizer que é sacrificial a sua escolha ter recaído sobre nós, uma espécie de penitência.

– Por que essa conclusão? – incentivou Judas a prosseguir. – O que os leva a pensar assim?

– Antes, éramos pessoas comuns do dia a dia, cada um com sua função, com suas famílias, amigos, vizinhos e até com alguns desafetos. Agora, somos vistos com desdém por alguns, enganados de boa fé ou interesseiros por outros e, para a maioria, somos infantis atrás de utopias, que abandonaram tudo, irresponsavelmente, para seguir um louco que se arvora em profeta, um sonhador distante da realidade do povo que se permeia entre a opressão dos conquistadores e os interesses escusos dos escribas, das classes dos sacerdotes, dos saduceus e dos fariseus...

– Mestre! – animou-se Pedro, o zelote. – Não vejo como privilégio ou um sacrifício; no entanto, aprendi que. no plano divino, há uma finalidade para tudo, e conosco não deveria ser diferente.

– E você, Felipe, o que pensava há pouco? – interpelou Jesus, com expressões de acolhimento.

– Também tenho dúvidas a respeito: por que fomos escolhidos? Não sei o que pensar, porém compreendo que o Senhor depositou confiança e esperanças em cada um de nós e que sua sabedoria conhece as razões. Todavia, estou certo de que, com o tempo, tudo será compreendido.

Quando o silêncio se fez mais expressivo, Jesus olhou aqueles simples e nobres companheiros e comentou:

– Eu lhes tenho dito que a seara é grande e que os trabalhadores são poucos. Acrescento que muitos são os chamados e poucos, muito poucos são os que têm condições para serem escolhidos. Não há privilégios ou privilegiados e as escolhas recaem sobre aqueles que atenderam aos reiterados convites que faço há séculos, no curso das vidas sucessivas. A sabedoria do Pai me permitiu retirar Abrão, toda a sua família e seus haveres da região de entre rios, onde habitavam, na proximidade de povos idólatras, para lhes oferecer uma terra promissora, distante, não só para garantir o futuro de sua descendência que em muito se multiplicaria, mas também sustentá-los na fé imorredoura num Deus único, preservá-los e isentá-los das influências da adoração a falsos deuses. Jacó, mais adiante, após Isaac, asseguraria a fidelidade a Deus e a descendência de seus filhos, que tutelaram as doze tribos. Aqueles filhos, por fim, ouviram, assimilaram e compreenderam o meu convite e seus corações espirituais muito me rejubilaram, pois por mais de uma vez voltaram ao palco da vida terrena para o exercício do amor, acompanhados por mais de quinhentas almas dedicadas que, no momento, habitando a Galileia, aguardam o momento propício para a divulgação da luz que jamais se apagará.

Jesus silenciou por alguns instantes e seu rosto parecia mais iluminado, além do que deveria estar, à fraca luz dos candeeiros, no início da primeira vigília daquela noite sem luar.

Os discípulos, por sua vez, mantiveram-se calados, a refletirem sobre aquelas últimas palavras, tentando compreendê-las.

– Descansem – prosseguiu o Mestre –, pois amanhã, na primeira hora, partiremos para Samaria.

Aos poucos adormeceram, com as mentes e os corações inundados de conjecturas, de paz e de esperanças, enquanto Jesus permaneceu olhando aquelas almas boas qual mãe carinhosa a velar pelos filhos adormecidos.

* * *

Numa casa da pequena Sicar, na Samaria, um diálogo difícil se desenrolava:

– Traga-me água, mulher – falou Oniel, de forma rude e com excessiva autoridade. – Estou com muita sede!

– Aqui está na sua caneca – apressou-se Miriam, solícita por atender àquele homem rude e tosco.

– Quero mais!

– Não há mais, Oniel, nossos odres estão vazios – respondeu, temerosa. – Essa é a última porção de água, guardei-a para você.

– E por que você não providenciou a água com antecedência? Por acaso não sabe que tenho muita sede?

– Não houve tempo, Oniel, os serviços da casa são muitos. Arrumei-a toda e você chegou mais cedo da lida do que de costume. Mesmo assim, preparei o seu banho, sua alimentação e reservei esta caneca. O poço fica na entrada da cidade e demanda várias idas e vindas para encher os odres. Acho-me muito cansada. Você não poderia, por hoje, buscar pelo menos uma ânfora?

– Você enlouqueceu? – exaltou-se Oniel, visivelmente irritado. – Isto é serviço de mulher e você está aqui para me servir!

– Mas eu o sirvo com dedicação!...

– Dedicação?... Não!... Por interesse, pois eu já lhe dou casa e comida, belos vestuários e perfumes...

– Perdoe-me, Oniel, mas os belos vestidos e perfumes a que você se refere eu os vi à venda nos quiosques da praça dos bazares, por qualquer preço, e são de baixa qualidade.

– E estes que você está usando?

– Eu encomendei ao mercador itinerante que os adquire nas caravanas que vêm do Egito e da Núbia. Aqueles já se estragaram há muito tempo...

– Com que dinheiro você comprou? – perguntou Oniel, em tom de desconfiança.

– Com as economias que fiz, por bastante tempo, inclusive para adquirir os sais que perfumaram o seu banho de hoje. Sou-lhe grata por me dar abrigo e jamais deixarei de ser, mas não se esqueça de que empenhei minha condição de mulher e é o que tenho feito, por toda a minha vida. Expus-me à execração pública e ofereci duas joias preciosas ao me colocar sob seu abrigo: meu coração e minha dignidade. E se não fosse por amor, eu não o teria feito...

Oniel, sem argumento, encerrou o diálogo que Miriam tentava manter de forma educada, apesar da grosseria com a qual era tratada:

– Chega de conversa e vá buscar água!

Miriam pegou o manto e o colocou sobre a cabeça, acomodando-o em volta do pescoço. Tomou uma das ânforas e saiu envolvida por imensa tristeza, cabisbaixa e pensativa.

"Nunca deixei de ser escrava", dialogava com seus próprios pensamentos. "Primeiro, sob as exigências rígidas de meu pai; na adolescência, as imposições do Talmude; quando adulta, a cobrança da sociedade; e nos meus casamentos, o peso das almas tenebrosas ou torturadas dos homens... Quando pensei que desfrutaria da liberdade ao me colocar, por inteira, nas fontes perfumadas do coração, o que vivo hoje? Rogo a Javé que me socorra, pois sem esperanças a vida não tem qualquer significado para mim. O que fazer Senhor, o que fazer?", interrogava, apreensiva.

Miriam saiu de casa mergulhada em suas tristes reflexões, tomou a rua e caminhou, entre os olhares maliciosos dos homens e de desdém das mulheres, até chegar ao poço.

* * *

A viagem para a Samaria tornou-se cansativa em virtude do calor reinante e, por volta do meio dia, chegaram às proximidades de Sicar, na Samaria.

– Entrem em Sicar – ponderou Jesus – e comprem os alimentos de que precisamos.

– O senhor não virá conosco? – replicou João.

– Não, João, ficarei aqui ao lado do poço para descansar.

E Pedro, adiantando-se, argumentou:

– Mestre, sabemos que os samaritanos são gente de vida duvidosa. Não seria proveitoso se a sua palavra alcançasse a muitos de uma só vez?

– Simão Barjonas, o Pai Celeste já indicou 'com o seu dedo' quem, com propriedade e inspiração, há de anunciar a chegada da Boa Nova para esta cidade. Recomendo-lhes entrar em Sicar com espírito de boa vontade, com respeito e atenção, mas com segurança e humildade, uma vez que serão observados não apenas na condição de estrangeiros, mas também pela conduta, pois hão de esperar atitudes de arrogância e de superioridade da parte de vocês. Ignorem os olhares estranhos, demonstrem naturalidade sem afetação.

Com a saída dos discípulos, Jesus acomodou-se ao lado do poço e pôs-se a cismar.

Mal haviam entrado na cidade, foram acompanhados por alguns curiosos, que aos poucos cresceram em número, por identificá-los como judeus. Um deles, conhecido como um dos 'principais' da cidade, os abordou, dirigindo-se a Simão Pedro;

– Quem são vocês e o que querem aqui? – inquiriu, de forma um tanto ríspida.

– Somos discípulos de Jesus de Nazaré, o Cristo, e queremos apenas, meu irmão, comprar alimentos. Feito isto, nos retiraremos da cidade.

– O Cristo?... E você, que é judeu, chama de irmão a um samaritano? Por quê? – perguntou ele, com certo espanto.

– Irmão sim, amigo, pois aprendemos com Jesus que somos todos filhos do mesmo Pai e não temos razões para chamá-lo de modo diferente – acrescentou Simão, sem qualquer afetação.

– Jesus de Nazaré, aquele dos milagres? – perguntou com admiração. – Só pode ser ele, pois sua fama já chegou até nós. Ninguém mais ousaria ensinar tais coisas de irmão e amigo. Grandes sempre foram as diferenças entre judeus e samaritanos e, no entanto, ele foi capaz de romper com esta triste tradição. Só pode ser ele. Comprem seus alimentos em paz, amigo; e por favor, gostaríamos muito de vê-lo...

Miriam, de coração apertado, caminhava cabisbaixa e pensativa na ida para buscar água. Somente notou a presença de Jesus quando se achava bem próxima do poço e parou, surpresa com aquela inesperada presença. Ele se levantou devagar e olhou-a nos olhos.

A mulher de Sicar, inicialmente perturbada, aquietou-se e registrou estranho sentimento que, ao invadi-la, fez com que se diluísse, por completo, a tristeza, a decepção e a angústia que sentia.

– Miriam, por favor, dá-me de beber...

– Como sabe meu nome? – perguntou Miriam, admirada, e pensou, observando os seus modos, a voz, as vestimentas, mas sobretudo a limpidez do olhar: "este homem não é samaritano, só pode ser da Judeia".

– Não o conheço e nunca o vi por estas bandas da Samaria.

– Eu sei de muitas coisas – prosseguiu Jesus. – Por isso estou aqui.

– Mas o senhor é judeu e eu sou samaritana, acaso desconhece o tratamento que os judeus dispensam aos samaritanos? – perguntou, admirada. – Como então pede de beber a mim?

Jesus olhou-a mais uma vez, o que a levou a baixar os olhos.

– Olhe para mim e ouça: se conhecesses melhor a infinita bondade do Pai a favorecer ao homem, em tudo, por ser Todo Poderoso, Todo Justiça e Todo Amor, e quem é o que te diz: dá-me de beber, tu lhe pedirias e ele te daria água viva!

Miriam, um tanto aturdida com essas palavras, argumentou:

– Mas senhor, tu não tens com que tirar água viva deste poço que é tão fundo... Onde, então, tens essa água viva? Sou mulher simples e não compreendo estas coisas. O nosso pai Jacó nos deu este poço, ele mesmo bebeu dessa água, seus filhos, seu gado, antes de dá-lo, e toda essa região, ao seu filho José. Depois de sua morte até hoje, a água nunca faltou. Será o senhor maior do que ele?

– Todos enquanto viverem e os que viverão sempre voltarão a ter sede – esclareceu Jesus –, mas aquele que beber da água que eu lhe der nunca mais terá sede, porque se lhe fará uma fonte que saltará para a vida eterna...

– Senhor! – exclamou ela, pressurosa e vivamente interessada. – Dá-me dessa água para que nunca mais tenha sede. Durante toda a minha vida vim a este poço e, embora reconhecida ao pai Jacó, acho-me tão cansada!... Dá-me dessa água – insistiu, com um profundo suspiro e olhar suplicante.

– Eu te darei, sim – respondeu Jesus. – Contudo, volte à cidade, traga teu marido e darei aos dois...

Miriam ruborizou-se e, com a voz mais sumida, respondeu:

– Não tenho marido, Senhor.

– Disseste bem: não tenho marido, pois sei que já tivestes cinco maridos e não é teu quem contigo está morando. Isto é verdade.

– És profeta? – interpelou, com visível espanto, e repetiu. – Acaso és profeta? Então, por favor, esclareça-me: nossos pais adoraram a Deus nestes montes e ouvimos que a salvação virá de Jerusalém. Onde, senhor, depositar a força da nossa fé? Aqui ao lado deste poço do pai Jacó ou no cimo destes montes onde Javé segurou a mão de Abrão que, por fidelidade e honra a Ele, imolaria seu filho Isaac? – perguntou a samaritana de Sicar, com sinceridade na voz. – Desejo orar, mas como não tenho acesso à sinagoga...

– Miriam, ouça com atenção: os templos são construções humanas de pedra, adobe, argamassa e madeira; depois de prontos, vêm os ornamentos nobres e os artigos de fé nas simbologias dos altares. É chegada a hora em que nem nestes montes nem em Jerusalém adorareis o Pai. Vós adorais o que não conheceis porque os ídolos não passam de obras do artesanato humano e nós adoramos o que sabemos, pois o Pai é espírito. E agora, os verdadeiros adoradores o adorarão em espírito e verdade, porque Ele procura os que assim o adoram.

– Eu sei que o Messias a quem chamam de Cristo há de vir, e quando ele vier, anunciará tudo e ensinará todas as coisas...

Após alguns momentos de silêncio, o Mestre disse;

– Eu que falo contigo, Miriam, sou o Cristo.

Miriam espantou-se e, após serenar o coração, acrescentou com emoção:

– Creio em ti, senhor, e preciso dos teus dons – disse, com os olhos úmidos.

– O que desejas? Pede que o Pai te concederá, pois tens fé.

– A libertação de minha alma acabrunhada e triste, o que sempre ansiei desde a minha juventude conturbada, mas...

– Mas... Sei o que dirás, é a tua preocupação com teu relacionamento de agora. Nada temas, pois Oniel verá a tua transformação, assim identificando as próprias tribulações e as torturas íntimas, nunca reveladas. Ele cederá aos encantos de uma nova luz. Vá agora, Miriam, e fale ao povo o que aqui aconteceu.

– Senhor – retrucou a mulher –, todos em Sicar me conhecem e não me darão crédito. Eles já têm seu juízo a meu respeito.

– Repito, nada temas. É esse juízo que fazem de ti que os despertará para a concretização de suas esperanças, uma vez que verão a verdade estampada no teu rosto e nas tuas palavras, pois sabem que és incapaz de mentir.

Neste instante, o diálogo foi interrompido pela chegada dos discípulos, que se admiraram do Mestre estar a conversar com uma samaritana, mas nenhum deles fez qualquer interpelação.

Miriam deixou um dos cântaros ao lado do poço e partiu feliz, a passos ligeiros.

Os discípulos, vendo-o a sós, pediram-lhe que comesse do que lhe haviam trazido. Ele, porém, respondeu:

– Uma comida tenho para comer, que vós não conheceis.

– Será que aquela mulher ou outra pessoa lhe trouxe algum alimento? – os discípulos perguntaram entre si

– A minha comida – respondeu Jesus – é fazer a vontade daquele que me enviou e realizar a sua obra. Vocês comentaram que ainda há quatro meses para que se comece a ceifa. Entretanto, observem que as terras e os campos já se branqueiam para a ceifa. Afirmo-lhes que o que ceifa recebe o resultado do seu trabalho e ajunta fruto para a vida eterna, a fim de que assim tanto o que semeia quanto o que ceifa, ambos se regozijem.

– Não compreendi, Senhor, o alcance deste seu ensinamento.

– João – replicou o Mestre –, nisto é bem verdadeiro o ditado que um é o que semeia e outro o que ceifa. Eu vos enviei a ceifar onde vós não trabalhastes; outros trabalharam e vós entrastes no seu trabalho. Assim como o campo se prepara para oferecer ao ceifeiro o resultado daquele que semeou, o mundo alcançado pela mensagem do Pai ao longo dos séculos, através dos profetas e neste instante, é o campo de trabalho que lhes ofereço para nosso regozijo.

De rosto afogueado pela pressa, ao calor do dia, a mulher samaritana voltou a Sicar e foi diretamente para o grupo que se formara na praça para comentar a conversa mantida com os discípulos.

– Ouçam, ouçam todos! – exclamou ela com entusiasmo. – Eu vi e falei com Jesus de Nazaré à beira do poço, ele disse tudo o que tenho feito, sabe de tudo o que já vivi, fala como ninguém da paz e da esperança.

– Porventura não é este o Cristo? – exclamou o principal da cidade. – Vamos todos até ele! Vamos, vamos!... Alguém chame Oniel!...

Em breves instantes, o grupo chegou, seguido por Oniel, assentando-se ao redor sobre as pedras, em troncos caídos, e Jesus começou a falar para aquela gente.

Miriam, ao ouvi-lo, percebeu a paz daquele instante e sentiu a festa da Natureza: o céu parecia mais suave, o pio de alguma ave lhe trouxe mais alegria, as nuvens esparsas pareciam ter mais significado. Oniel, a certa distância, olhava-a com outra expressão no rosto, bem mais amena. Vendo a multidão em torno, chegou a olhar para Jesus com certa simpatia.

"Sim" – pensou Miriam –, "aquele é o Cristo". E mergulhada em profunda paz, orou fervorosamente, por gratidão, de olhos fixos no Mestre.

Jesus fez pequena pausa, olhou significativamente para Miriam e, com seu olhar, conduziu sua atenção até Oniel, que a observava de forma discreta. Logo em seguida, voltou a ensinar:

– O reino dos céus é comparado a...

E durante dois dias, Jesus e os discípulos conviveram com o povo de Sicar.

10
Um toque de esperança

Sentada na relva à beira do rio, aquela mulher vagava por seus mais recônditos pensamentos sobre os fatos da vida, da sua vida.

Olhava as águas cristalinas do Banias a molharem seus pés no remanso da curva que se fazia abaixo do encachoeiramento, oriundo das encostas do Hermon, que se ostentava magnífico mais distante, uma das nascentes sonoras, vivas e alegres.

À sua volta, a partir das margens, o verde do relvado contornado pela exuberância das copas do arvoredo, ao sabor do vento tranquilo da tarde, e o Sol a coar-se pelas frestas da vegetação refletia-se na superfície das águas mais calmas daquele recanto, como miríades de diamantes em movimento, um cântico de luz em plena natureza.

Serápia, nos seus quase trinta anos de idade, ainda apresentava beleza nas expressões do rosto, embora abatido e pálido, de malares um tanto acentuados e os profundos olhos castanhos a emoldurarem as tristezas da alma.

Estava tão absorta que não percebeu a chegada de mulher de meia idade e de olhar bondoso, Thalita, sua mãe.

– Serápia, minha filha, já passou da hora de comer alguma coisa, vamos para casa, você está aqui há muito tempo...

– Não tenho fome, minha mãe, gostaria de ficar mais um pouco neste local, que é tão bonito e que me pacifica a alma.

– Trouxe romãs, maçãs e figos que você tanto aprecia. Coma, eu lhe faço companhia. O que se passa em seus pensamentos? Conte-me, pois sempre soube ouvi-la.

– Aqui é meu refúgio, mãezinha, e você sabe o porquê. Retiramo-nos do movimento do vilarejo para este sítio, há alguns anos, desde que meus problemas começaram. Foi muita humilhação, desprezo e apodos que nos levaram a isso. Lembra-se de como eu gostava de ver as pessoas, o movimento do mercado a céu aberto; nas ruas, as vozes monótonas dos vendedores cantando seus produtos, a alegria dos meninos correndo para lá e para cá e a interminável conversa das mulheres?

– Lembro-me sim, minha filha, você sempre me trazia novidades, inclusive dos cochichos dos anciãos, dos rabinos circunspectos com ar de santidade, como se estivessem sempre a vigiar alguma coisa, o colorido das tendas dos viajantes e andarilhos que não dispensavam o prazer de contar as histórias e fanfarronices de suas viagens.

– A propósito, você que vai ao povoado com frequência, tem notícias das minhas boas amigas, com as quais eu brincava?

– Judith casou-se com um mercador, uma excelente criatura, e aparenta ser feliz; Lia, a mais nova, é muito dedicada ao pai já com certa idade e é muito tranquila, ainda residindo no mesmo lugar. Vejo-as sempre, tratam-me com alegria ao me verem e perguntam por você. Mas me fale de suas reflexões.

– Até isso me tiraram, minha mãe. Meu irmão me ignora e meu pai me evita e me desconhece por vergonha.

– Comamos um pouco enquanto conversamos mais.

Enquanto se alimentavam, Serápia abriu seu coração:

– Você já sabe das humilhações que sofri, principalmente a execração pública, inclusive por meu pai Arafe, para demonstrar falsamente a sua vergonha e ficar a cavaleiro da situação, excluindo-me de sua vida. Meu marido, seguindo a lei, deu-me carta de divórcio.

– Não os culpe, minha filha querida, as coisas são assim desde que o mundo é mundo e tudo está previsto na lei de Deus. Apenas seguem a tradição.

– Eu a respeito muito, minha mãe, mas não concordo, há alguma coisa errada nas Escrituras. Ou Moisés, ao escrever o Levítico, não interpretou direito a inspiração de Helohin, ou o Levítico não veio de Helohin.

– Cala seus lábios! – espantou-se Thalita. – Não blasfeme!

– Como explicar, então, as diferenças estabelecidas entre os direitos do homem e os direitos da mulher, quando sabemos que todos são filhos de Deus? Nas sinagogas, há um lugar secundário separado, à parte, para as mulheres; nas ruas, elas têm que caminhar separadas do companheiro ou dos homens, em geral. Até na hora da alimentação devem ficar separadas do homem, de pé, para servi-lo.

Serápia respirou fundo, sensibilizada, e prosseguiu:

– A mulher sempre foi legalmente submetida a todas as punições, até à pena capital. E o pior, minha mãe, algo que é próprio da mulher, sua exclusividade por direito divino, os normais fluxos de sangue, conferiram-lhe a condição de impura. E quando isso se transforma em doença? O rabino me exortou, citando o Levítico: "na necessidade de santidade pessoal em resposta a um Deus santo, o pecado deve ser expiado através da oferta de sacrifícios próprios". Ousou afirmar que é castigo do céu. Parece-me que escreveram isso de seu entendimento e usaram o nome sagrado de Helohin como autenticação.

– Minha filha, não pense assim, acredite. A impureza da mulher vem de longe, por transgredir as ordens de Helohin no paraíso, ao se deixar envolver pelas artimanhas da serpente e, a seu turno, contaminar o homem. Logo ela, que foi destinada a ser companheira dileta dele para a eterna felicidade.

– Em tudo isso há uma coisa sensata, mãe querida: "para ser sua companheira", não escrava e submissa. Nestes doze anos, a quantos tratamentos me submeti: banhos de ervas irritantes, bebidas estranhas e amargosas, orações especiais intermináveis e até exorcismos com flagelações para tirar o suposto demônio do meu corpo! Rabinos, médicos sem conta, oráculos e pitonisas nos usurparam as rendas e, finalmente, a ordem de conformação por ser, meu problema, o pagamento de pecados de ancestrais.

– Não sei como lhe consolar, Serápia, mas a compreendo.

– Contudo, acredite também como verdade, que jamais perdi a certeza permanente da presença de Helohin em nossas vidas; Ele, o nosso Criador e nosso sustento – aduziu a filha, com segurança e emoção na voz. – Trago no coração a certeza, a fé de que um dia serei curada, não sei quando nem onde. Isso faz parte de minha alma.

– Calma! Você está muito nervosa por causa desses anos todos de enfermidade, agora vamos para casa repousar.

Mãe e filha retomaram o caminho de casa, pelo meio do bosque, uma amparando a outra, deixando pra trás, cada vez mais distantes, os murmúrios do rio nas pedras, quando o sol teimava, inutilmente, em permanecer acima do horizonte avermelhado oposto ao Hermon, contornando em ouro as bordas de algumas nuvens esparsas.

No dia seguinte, Thalita se levantou cedo, quando Arafe, seu marido, já saíra para a lida, colheu leite de uma das cabras e o mel na colmeia, assou o pão no forno de barro, preparou alguns cereais para o desjejum.

O sol surgiu por detrás do Hermon e Serápia ainda não se havia levantado, o que era incomum. Ela estava adormecida com leve sorriso no rosto.

– Acorda, minha filha, o que está acontecendo? Venha se alimentar.

– Depois eu lhe conto, mas agora preciso de sua ajuda, como sempre todas as manhãs, para a minha primeira higiene.

Thalita ajudou-a a se levantar e, no momento da alimentação matinal, retomou a conversa:

– Agora me conte o que aconteceu, o porquê daquele sorriso no rosto quando ainda adormecida.

– Um sonho. Um sonho muito estranho. Eu já havia adormecido, mas despertei do lado de fora da casa com uma sensação de leveza muito grande. Não sentia frio nem as dores que me acompanham; observei a beleza estrelada do céu no escuro da noite. Nunca o vira assim. Repentinamente, apareceu ao meu lado um homem muito bonito, a me envolver em muita paz. Parecia feito de luz de luar. Não tive medo algum e perguntei quem era e ele, de imediato, respondeu que seu nome era Emanuel e que estava ali para ajudar na cura que se daria por minha fé. Conversamos por um tempo que não sei mensurar e não me recordo de todo o diálogo. Quando o dia começou a clarear, ele me disse que deveria se retirar, mas que era necessário que eu fosse ao seu encontro. Então você me acordou. Porém, recordo-me de algumas palavras que ele falou: *Uleh, Kineret*, e muito claramente *Aldeia de Naum*. Por isso sinto alegria.

– Fico feliz, Serápia, porque seu sorriso voltou e renovaram-se suas esperanças. Agora preciso ir ao povoado para o escambo: levar o leite, algumas cabras, o mel, os queijos e as favas que colhi logo cedo. Não me demorarei porque tenho as pessoas certas para as negociações.

– Por orientação dele, vou me alimentar com leite quente com cevada e gengibre, cereais e muito repouso para meu fortalecimento.

Horas mais tarde, Thalita retornou do povoado e chamou pela filha, antes mesmo de entrar em casa. Estava muito alegre ao lhe informar que seu primo Issacar, condutor de caravanas, havia chegado após longa ausência e que viria mais tarde para cear e pernoitar.

– Estou feliz porque vocês eram muito amigos, como irmãos, e ele sempre tem muitas coisas e histórias para contar. Afirmou que tem importantes novidades.

Serápia ficou séria, silenciosa, e nada falou, o que foi percebido por Thalita.

– Não fique assim, filha, Issacar sempre soube do seu problema de saúde e nunca deixou de respeitá-la e tratá-la com muito carinho, fazendo questão de ignorar os preconceitos do mundo. Ele é diferente dos outros.

Ao fim do entardecer, no azul da noitinha, quando as aves noturnas, esvoaçando, começavam a piar, o primo querido chegou trazendo sua alegria jovial. Após os cumprimentos tradicionais, Issacar e Arafe, seu tio, sentaram-se à mesa tosca já posta e as duas, mãe e filha, permaneceram de pé para servi-los, como mandava a tradição.

Terminada a refeição, Arafe levantou-se e, sem qualquer despedida retirou-se para seus aposentos enquanto Issacar fez com que as duas se sentassem ao seu lado para comerem juntos.

Após alguns minutos de animada conversa, Thalita pediu para que Serápia contasse seu sonho e, à medida que se desenrolava a narrativa, Issacar ficava mais atento, mais sério e com a testa franzida.

– Por que você está tão silencioso – perguntou Thalita –, com toda essa seriedade?

– Porque me causa enorme espanto a narrativa da prima. Eu retornaria hoje mesmo com nova caravana, mas alguma coisa me deixava inquieto, pois meu coração insistia em que eu ficasse aqui em Cesareia de Felipe e somente me tranquilizei quando tomei a decisão de permanecer. Passei a responsabilidade para outro condutor, já fui contratado para guiar outro grupo daqui a três dias. Foi quando nos encontramos. Agora compreendo mais a presença de Javé em tudo.

– E esse espanto todo, a que vem? – insistiu Serápia, sem conter a curiosidade.

– Prestem muita atenção: o rio Banias, que atende a nossa região, desce do Hermon, encontra o lago Huleh, ou as Águas de Meron, onde quatro rios se encontram e formam um único rio que leva o nome de Jordão. Mais adiante, ele chega ao lago Kineret, que é conhecido como o mar da Galileia ou lago Tiberíades, ou ainda lago de Genesaré, tudo como no seu sonho, prima. E o que me espanta também é o nome Aldeia de Naum, mais conhecida naquela região como Capernaum, próxima ao lago Kineret.

Serápia, bastante emocionada e ansiosa, acrescentou:

– Tenho certeza meu primo, que há mais alguma coisa que você ainda não contou. Conte, por favor.

– Você tem razão, minha prima – prosseguiu Issacar, com acentuação quase solene na voz. – O mais surpreendente foi o que eu vi com meus próprios olhos: primeiro, um novo profeta de nome João, cercado por multidão cheia de esperanças, num vau do rio Jordão, em Adamã, em Betânia Além Jordão, conhecida também por Betabara, bem defronte a Jericó, a anunciar a chegada do Messias esperado desde o tempo dos profetas. Impressionante o seu vigor e a sua veemência a infundir certezas no povo. Tempos depois, um homem de Nazaré foi batizado, anunciado e confirmado por João como o Ungido, o Cristo de Deus. Tempos depois, viajando pelo deserto da Judeia em direção à Galileia, acampei com uma caravana à sombra de um grupo de palmeiras, como de hábito, e vi aquele mesmo nazareno sob uma palmeira mais distante, sentado ereto na areia com as pernas cruzadas, uma das mãos abertas repousando sobre a outra e de olhos fechados, muito sereno. Não sei se adormecido ou meditando. Foi extraordinário.

– E o que tem de extraordinário nisso, Issacar?

– Thalita, quando voltei muitos dias depois, de retorno para a Judeia, o nazareno estava no mesmo lugar e na mesma posição. Duas das crianças do nosso grupo foram até ele, que despertou e disse que tinha fome. As crianças o trouxeram até nossa tenda e ele se alimentou comigo. Estendeu o braço e o rebanho de ovelhas que eu conduzia se aproximou como a um chamado silencioso. Tomou uma delas, a que estava muito enfraquecida, colocou-a nos braços e a acariciou, soltou-a e ela, mais alegrinha, saiu a correr acompanhada das outras. Fui conversar um pouco e ele me disse que também possuía um grande grupo de ovelhas. Quando perguntei onde se achava o rebanho, ele fez um largo gesto, como se dissesse: "Está por aí!" e acrescentou: "algumas estão dispersas à minha espera e outras estão perdidas pelos caminhos, mas eu as encontrarei e já vou ao seu encontro". Em seguida, levantou-se, agradeceu, despediu-se e se foi, solitário, na direção da Galileia. No outo dia, Thalita, aquela ovelha que ele havia tocado com tanto carinho produziu mais leite do que as demais.

Issacar fez um breve silêncio, desejando que suas palavras pudessem ser bem compreendidas, para prosseguir, logo depois:

– Quando me dirigi àquela região, o vi fazer coisas assombrosas, milagres: limpar a pele de leprosos, fazer coxos andarem, libertar pessoas endemoniadas, mudos e coxos voltarem a falar e a andar, mas não é só isso: a ensinar que a conquista do reino do céu pode ser alcançada por qualquer pessoa, desde que tenha fé. Com simplicidade, a todos chama de irmão, sem preconceitos ou discriminação de raças, de crença ou de poder. Dizem que ele é o Messias, como falaram os nossos profetas.

A seguir, Issacar descreveu aquele homem a quem vira e Serápia, chorando, não teve dúvidas:

– É ele o homem que me visitou em sonho! Estou decidida: vou à sua procura, porque ele me aguarda. Assim ficarei curada para sempre. Essa é minha fé!

– Eu a acompanharei por onde quer que vá, filha.

– Conheço muito bem toda a região, eu as levarei até lá – completou o primo. – A viagem não é tão longa para quem está habituado, mas será muito penosa para você, prima, são quase duzentos e vinte estádios, cerca de quarenta quilômetros de distância, de Cesareia de Felipe ao Grande Lago.

Issacar, com visível entusiasmo, contaminou as duas e deu as determinações segundo sua experiência:

– Faremos nossa própria caravana. Iremos devagar, considerando a saúde de Serápia. Tenho minhas próprias bestas de cargas, tenda e carroça; preparem pães de cevada sem fermento, mel silvestre, queijo, carne de ovinos em defumação. Levaremos também duas ou três cabras para que não falte o leite. Água e frutas as há em abundância pelo caminho. Serão apenas de seis a oito dias de viagem, sem pressa.

A viagem foi cansativa, deixando Serápia mais enfraquecida. Entretanto, com a robustez de espírito, não se lamentava com murmurações ou se quebrantava. Issacar e Thalita, prestimosos, paravam a qualquer sinal seu de maior cansaço.

Chegaram sete dias depois, à tarde. Issacar armou a tenda próximo ao casario do centro urbano, mas não muito distante do mar do Tiberíades e, naquele mesmo dia, ficaram sabendo por pescadores que Jesus teria vindo do outro lado do lago, após ter curado um terrível endemoniado em Gergesa, convertido a muitos samaritanos em Sicar, na Decápolis, acalmara terrível tempestade à noite, no lago, e que, no momento, encontrava-se na casa da sogra de Pedro, seu discípulo, e a libertara de uma enfermidade. Souberam, também, que pela manhã viria até àquelas redondezas.

– Meu coração se acelera de ansiedade, minha mãe, de alegria e de esperanças. Ele está aqui em Capernaum e eu o verei.

– Verá sim, minha filha. Seus desejos serão atendidos.

– Soube a pouco que ele atende a todo mundo – completou Issacar.

Pela manhã do dia seguinte, após o desjejum, saíram às ruas de Capernaum em direção ao lago. Numa das ruas, Serápia, muito enfraquecida, parou para descansar e sentou-se num desvão de porta. Logo ouviram crescente o vozerio do povo e o movimento de pessoas apressadas numa das ruelas. Em seguida, a movimentação chegou bem próximo, foi quando perceberam Jesus à frente do povo naquele mesmo local. Ele parou para atender ao carinho de uma criança e muitos o cercaram.

– É ele, minha mãe, tão perto de nós e não vai me ver – falou, quase chorando –, mas eu vou até ele.

– Espere um pouco, filha, pois você está muito debilitada.

– Eu vim para isso, andei tanto... por tantos dias... o que são uns passos a mais? Não farão diferença alguma. Bastará tocá-lo para que eu me cure, será o suficiente – disse Serápia, entre ansiedade e emoção. – Assim, ele não precisará tocar em mim.

Thalita, com extremo carinho e preocupação com a filha, insistiu:

– Mas você não pode tocá-lo, veja quanta gente que está à sua volta. Se fizer isso, irá comprometê-lo, a sua aparência sempre denunciou o problema que carrega, não pode, minha querida, não seria justo.

– Vejo que ele se cobre com o *talit*, o xale das orações, então tocarei apenas no *tzitzit*, as franjas do xale. Fique aqui com Issacar, devo ir sozinha, com meu próprio esforço.

Serápia se levantou com a ajuda do primo e seguiu devagar, passo a passo, em direção à multidão, sem perder de vista o Mestre. Misteriosamente, as pessoas, ao buscarem melhor posição para o verem, abriram espaço por detrás de Jesus, a permitirem a aproximação da enferma.

Ao chegar bem perto se abaixou, apoiou-se num dos joelhos e estendeu sua mão, lentamente, em direção ao *talit* que caía até um pouco abaixo da cintura de Jesus. Com as pontas do indicador e do polegar, levemente tocou uma das franjas, guardando a sensação de que tocava a delicadeza de uma asa de borboleta. Cerrou os olhos.

Uma onda de imensa felicidade tomou conta de todos os seus sentidos e, quase em êxtase, percebeu ligeiro estremecimento que percorreu todo o seu corpo; de imediato, o seu fluxo de sangue estancou. Não resistiu e ajoelhou-se com a cabeça curvada para o chão, num ato de humildade e de reconhecimento.

– Alguém me tocou! – exclamou Jesus de Nazaré, num tom que amenizou o vozerio da turba até que silenciassem. Todos negaram que o houvessem tocado e Pedro, com seus companheiros, informou:

– Mestre, toda essa gente o aperta e oprime e, de algum modo, toca-lhe. E dizes: "Quem me tocou?"

– Pedro, alguém me tocou porque senti que de mim saiu uma virtude – insistiu Jesus. E, virando-se, viu aquela mulher temerosa que não teve como se ocultar.

– Estou curada! Estou curada! – exclamou com alegria e declarou à vista de todo o povo, a causa por que lhe havia tocado e como imediatamente fora curada.

– Serápia, ouvi os seus lamentos, você atendeu ao meu convite e veio – e segurando em suas mãos, ajudou-a a erguer-se. – O Pai não deseja ninguém em prostração, porém erguido de pé, fortalecido pela força da fé e da esperança.

E concluiu:

– Filha, a sua fé a salvou; vai em paz.

Thalita, Serápia e Issacar abraçaram-se em prantos, cercados por algumas pessoas que desejavam conhecer toda a história. Enquanto extravasavam seu contentamento, não perceberam que Jesus voltara a dar atenção a Jairo, o chefe da sinagoga de Capernaum que, profundamente entristecido com a enfermidade da filha que estava à morte, prostrara-se aos seus pés, a pedir que impusesse as mãos sobre a menina a fim de salvá-la.

Entrementes, simpática mulher de nobre aparência destacou-se do grupo:

– Serápia! Serápia! Não é este o seu nome? Eu o ouvi chamá-la assim.

– Não reconheço a senhora.

– Sou Joana, a mulher de Cusa, o intendente do rei Herodes, não tenha receios, há tempos acompanho Jesus de Nazaré, vi o que aconteceu com você e tenho visto muita coisa... Vem comigo?

– Senhora, estou com minha mãe Thalita e com meu primo Issacar.

– Não importa, Serápia, venham todos à minha casa – Joana se expressava com sinceridade, entusiasmo e alegria. – Estou admirada com o testemunho de sua fé, temos muito que conversar a respeito de Jesus e seus ensinamentos da Boa Nova. Ele é o Messias e tudo está acontecendo como previram os profetas. Se vierem e se hospedarem comigo, dar-me-ão muita alegria.

Para surpresa de muitos, aquela mulher nobre abraçou-se às duas desconhecidas, uma de cada lado e, em companhia de Issacar, seguiram por outras ruelas estreitas e silenciosas de Capernaum.

Contam em algumas tradições cristãs que em Jerusalém, durante a via dolorosa em direção ao Calvário, Serápia rompeu a vigilância dos soldados e, com um pano que ela mesma havia tecido, ainda enferma em Cesareia de Felipe, enxugou o rosto ferido de Jesus, cuja imagem ali ficou indelevelmente impressa. A partir desse episódio, ficaria conhecida como Verônica.

Até hoje um pano, como o lendário impresso com a imagem do rosto martirizado de Jesus, é apresentado como estímulo à devoção de cristãos.

11
O fasntasma do lago

A viagem dos setenta, de dois em dois, às localidades, vilas e aldeias onde tencionava visitar mais tarde, fora extensa e cansativa. Não obstante, retornaram felizes pelo cumprimento, à risca, da missão designada. Como eram muitos os que iam e vinham, tomavam-lhes o tempo até de se alimentarem.

Os doze discípulos apresentaram minucioso relato a respeito do que haviam feito e ensinado e dos últimos acontecimentos, inclusive sobre a morte de João, o Batista. Jesus os convidou a buscarem um lugar mais tranquilo a fim de repousarem.

Escolheram um dos barcos e, ao sopro contínuo do vento e ao impulso dos remos, a embarcação seguia tranquila, para o outro lado do lago, a região nordeste, quando se perceberam seguidos por centenas de outros barcos menores. Assim, foram acompanhados por peregrinos de várias regiões: Betsaida, Dalmanuta, Corazim, Além Jordão que, ansiosamente, desejavam ouvir e aprender as boas novas trazidas pelo Messias, depois de verem tantos feitos.

Na outra margem, em terra firme, prosseguiram seguidos durante muito tempo, numa extensa região de relvado.

– Mestre! – Felipe abordou Jesus, que ia à frente. – É grande a multidão que o segue.

– Sempre estive à procura de muitos e há momentos em que muitos deverão vir ao meu encontro.

– São caminhantes persistentes e estão esfomeados.

– Felipe, onde vamos comprar alimentos? Alimentem-nos, então.

– Não há comida para tantos, mas um jovem traz alguns pães e peixes.

– Façam com que se assentem em grupos de cem em cem e de cinquenta em cinquenta. Peçam, em oração ao Pai, a benção do alimento com fé e determinação; partam tudo em dois pedaços e deem a cada grupo; mandem que dividam também entre si e assim por diante. O Pai os abençoará.

Todos ficaram maravilhados ao verificarem que os pedaços de pães e peixes, sempre divididos em dois, de mão em mão, multiplicavam-se. Momentos depois, quando todos estavam saciados, Felipe retornou:

– Querem conclamá-lo para que se torne rei, Mestre.

– Então, Felipe, já anoitece; despedirei a multidão, vou ao monte para meditar e orar em silêncio. Procure Simão Pedro para que reúna a todos os nossos e retornem.

Já estava escuro quando se fizeram ao mar e içaram a vela. Duas candeias suspensas, uma na proa e outra na popa, iluminavam suficientemente o barco.

Pedro e André, os mais experientes em navegação noturna, consultaram a disposição das constelações e as estrelas mais proeminentes àquela época do ano. A estrela dos navegantes brilhava intensamente na cauda da Ursa Menor e se destacava. Finalmente, depois de alinharem a proa do barco para a rota definida, com João no comando do leme, seguiram rumo a Betsaida, mais a noroeste.

O mar não mais se apresentava calmo nem o vento brando, o que os levou a procedimentos náuticos mais acentuados do que antes, enquanto algumas nuvens cobriam o manto estrelado do céu.

O silêncio noturno, nesse momento, tornou-se invadido pelas batidas compassadas das ondas a açoitarem o costado, pelo chiado da espuma se desfazendo a cada investida e pelo uivo do vento no cordame do mastro onde as velas, necessariamente recolhidas, foram enroladas. Aqueles homens valorosos ficaram apreensivos com a progressiva mudança climática e João, para distrair os companheiros, cantarolou velha canção praieira no ritmo cadenciado das batidas dos remos, que passaram a ser utilizados em contraponto com os gemidos resultantes dos atritos nas forquilhas de apoio.

Tomé, sempre interessado em todos os acontecimentos inusitados, apresentou uma dúvida relativa ao fenômeno da multiplicação dos pães e dos peixes e acrescentou:

– Encontrei somente uma única explicação e não vejo outra.

– A que você está se referindo, Tomé? – perguntou Tiago.

– Refiro-me aos poderes de Jesus de Nazaré, confirmados diante da multidão, como estivesse a lhe dizer: eu sou o ungido por Javé, não mais duvidem. Você concorda, Simão Pedro?

– É mais que isso: é a Providência Divina e sua solicitude para com Jesus, o Messias, nosso Mestre. São dois os fatos que se completam: a Providência Divina em ação e o caráter amoroso do Enviado. Lembram-se de Moisés no deserto quando os alimentos ficaram escassos diante da fome de todo um povo? Javé supriu uma vez, com a presença do maná por toda a planura, ao amanhecer, e a outra com a queda das codornizes aos bandos.

Bartolomeu, que até então permanecera calado, comentou:

– Desculpem-me por interromper o diálogo, mas cometemos um deslize. Todos os barcos retornaram, aqui estamos nós e não levamos em conta o retorno de Jesus. Esquecemo-nos dele e ele nunca esqueceu de nós.

Ouviram-no sem que ninguém se atrevesse a fazer qualquer comentário.

Era a hora da sexta vigília, por volta das três horas da madrugada e a cerca de trinta estádios, aproximadamente quatro quilômetros da margem leste. As ondas continuavam de rijo no costado e o vento contrário exigia maior esforço para avançar, causando grande apreensão em alguns dos discípulos e o de soçobrarem, em outros.

– Vejam lá atrás de onde viemos! – espantou-se Judas, ao observar uma fraca luminosidade ao longe. – Deve ser outro barco, está aumentando e vindo rapidamente.

– Não deve ser barco porque a claridade é esbranquiçada e a luz das candeias é amarelada.

Quando a luminosidade se tornou mais intensa, uma forma vaporosa aproximou-se, levitando à distância de alguns metros. Esbranquiçada e difusa, diferente daquela das candeias, configurou-se como forma humana a deixar os navegantes muito aterrorizados com aquela aparição fantasmagórica. Sim, só podia ser um fantasma – pensaram eles, em alarido, sem lugar para onde fugir. Entretanto, o grande pavor se atenuou ao ouvirem:

– Tenham bom ânimo, amigos, nada há que temer, sou eu, Jesus de Nazaré, quem lhes fala.

O Mestre aproximou-se e subiu ao barco para ter com eles; as ondas se acalmaram, os ventos amainaram-se, dissiparam-se as nuvens escuras e o firmamento voltou a se apresentar com mais fulgor...

Recolheram os remos, soltaram a vela, novamente, libertando-a do mastro, prenderam a ponta livre na extremidade do travessão e deixaram que ela se estufasse, por inteiro. Jesus respeitou-lhes o silêncio, acomodou-se próximo à popa, adormeceu e permaneceu assim durante todo o restante da travessia, enquanto João, na voga do leme, cantarolava alegre canção praieira marcada pelo compasso monótono das vagas no costado, até que a vontade do vento favorável os conduzisse para terra firme.

12 Migalhas para cachorrinhos

– Para onde iremos, Mestre? – perguntou Simão Pedro, quando se dirigiam para os barcos. – Vamos a algum lugar especial?

– Tomemos os barcos; vamos para a margem oriental do Tiberíades e rumaremos para Betsaida.

Já navegavam mar adentro, por algum tempo, quando Jesus pediu que mudassem o rumo para o ocidente, na direção de Genesaré.

Simão Pedro, que sustinha o leme, avaliou a intensidade do vento, a posição relativa do sol e, manejando o leme com habilidade, mudou de direção para bombordo, aos poucos, a realizar uma curva alongada a fim de que as ondas, antes frontais à proa, não se quebrassem com força no costado esquerdo e a embarcação oscilasse muito e viesse a adernar.

Genesaré, uma região fértil a noroeste do lago com nogueiras, oliveiras abundantes, videiras sem conta, palmeiras de várias espécies, contava com população simples, de gente amorosa que cria em Jesus. Mal ele desceu do barco e percorreu a circunvizinhança, os moradores o reconheceram e lhe trouxeram muitos enfermos para serem curados. Porque eram generosos, preocupavam-se com os seus conhecidos, assim, Jesus andando por toda a região, por onde quer que fosse, aldeias e povoados apresentavam-lhe enfermos de toda sorte.

Como tinham notícias da cura da mulher com fluxo de sangue, em Capernaum, pediam-lhe, fervorosos, que os deixassem tocar em suas vestes e, ao fazerem, eram imediatamente libertos de seus males.

Como em toda parte, os discípulos muito se empenharam no auxílio à população, ajudando os que tinham dificuldades para se locomoverem, organizando o atendimento e as prioridades da forma que lhes era possível, prestando informações a respeito da Boa Nova. Simão Pedro, André e João, com muita paciência e boa vontade, cercados por grupos de pessoas formados ao redor de cada um, principalmente jovens que se aglomeraram identificados com João, atendiam à curiosidade e ao interesse daqueles que desejavam saber as histórias dos feitos do seu Mestre. As narrativas os deixavam maravilhados.

Um rapaz de gestos francos e de olhar arguto interrompeu o discípulo e pediu para falar:

– João, eu me chamo Jonas e queria saber: sendo tão jovem como nós, por que e como seu Mestre o convidou para acompanhá-lo?

– Jonas, meu amigo, não fui convidado por Jesus de Nazaré. Eu e meu companheiro André tivemos notícias de que alguém falava como Messias, realizava muitos feitos e pregava sobre a chegada do reino dos céus; então, fomos até à distante Betabara. Lá encontramos, às margens do Jordão, o profeta João, que batizava as pessoas que publicamente se arrependiam dos seus erros. Ele constantemente profetizava a vinda de alguém a respeito do qual não era digno de desatar os laços das suas sandálias.

– E o que aconteceu? – Prosseguiu Jonas, com ansiedade, quando João fez breve pausa. – O que você viu, João?

– Nós acompanhamos João Batista e nos tornamos seus discípulos. Mas certo dia Jesus chegou, entrou no rio e pediu a João que o batizasse também, igualando-se aos demais, embora não tivesse pecados para confessar. João Batista, como era conhecido, recusou-se e falou: "Eu sou o que devo ser batizado por ti e tu vens a mim?" E ele respondeu com muita serenidade, dizendo a João Batista que fizesse o que havia de ser feito para marcar o início da sua missão. Quando ele se foi, João nos liberou e disse que, dali por diante, deveríamos ir com ele. Nós o acompanhamos, vimos tantas coisas que confirmaram ser ele o Messias esperado e nunca mais nos separamos dele.

– Estamos encantados e tenho certeza de que falo por todos. Gostaria muito de seguir os passos do Messias, João, mas de alguma forma nos é difícil deslocarmo-nos daqui. Como fazer isso?

– Seguir o Mestre, Jonas, nem sempre é andar lado a lado com ele – respondeu João, com segurança. – Aprender e exemplificar as lições do seu Evangelho é também um modo seguro de seguir seus passos, mesmo distante dele.

– E qual o maior ensinamento que vocês aprenderam nessas andanças?

– Ele nos ensinou que maior que tudo o que está na Torá, ou seja, toda a Lei e tudo o que os profetas disseram, é amar a Deus sobre todas as coisas e amar ao próximo como a si mesmo. Nada é mais importante do que isso.

Com um sorriso no rosto e novo brilho no olhar, Jonas e seus amigos se despediram de João e se foram.

Enquanto o Mestre concluía os últimos atendimentos do dia e iniciava a sua exortação a respeito do reino de Deus para um grupo de ouvintes que havia permanecido no local, os discípulos conversavam entre si:

– Simão Pedro, meu irmão – interpelou um deles –, você não achou estranho a repentina decisão de Jesus de mudar de rumo? E por que você não perguntou nada a respeito?

– Não perguntei nem vocês o fizeram – respondeu Simão Pedro, com sabedoria –, porque chegaram às mesmas conclusões: Jesus não faz nada sem sentido. Tudo, em suas atitudes, encontra uma causa bem definida. Ele vê onde ninguém vê, ele sabe das coisas com antecipação, e decisões, para nós repentinas, como pareceu a mudança de rota de Betsaida para Genesaré, estão no seu campo de larga visão. Tudo o que tem acontecido aqui, toda a sua doação de amor por si só se justificou. Sua decisão foi sábia. Com Jesus, meus irmãos, nada mais é estranhável.

– E você acha que devemos silenciar sempre, diante de suas decisões repentinas sem qualquer pergunta? – interrogou Simão, o Zelote.

– Não lhes disse que devemos silenciar, pois a falta de questionamento pode indicar indiferença ou desinteresse. Devemos perguntar sempre que houver dúvidas em nosso aprendizado. Eu lhes disse que não restavam dúvidas porque havíamos chegado às mesmas conclusões e, considerando o pouco tempo de viagem restante, logo saberíamos as razões da mudança de rota. Nunca deverão restar dúvidas relativas aos seus ensinamentos, porquanto não poderemos carregá-las para o futuro, quando eventualmente nos surgir a exigência de esclarecê-las. Agora vamos ouvi-lo com atenção; afinal de contas, somos seus discípulos.

Concluída a missão em Genesaré e em lugarejos das proximidades, ninguém manifestou desejo de questionar quando ele informou da ida às proximidades de Sidom e Tiro, na distante Fenícia, anexada à Síria, bem ao norte da Galileia. Somente Tomé resolveu interpelar:

– Mestre, essa região é muito distante, será uma viagem cansativa e seus costumes são bem diferentes, presos à adoração de ídolos. Valerá à pena?

– Para o alívio das dores, Tomé, não há cansaços, e para atender corações não há distâncias. Quando percorríamos toda a Galileia, quantos da Síria nos invadiram, com imenso sacrifício, para ouvirem a proposta celeste de redenção, trazendo consigo seus enfermos. É hora de irmos até lá e consolidar o que foi iniciado com eles em nossa terra.

Ao chegarem, o Mestre desejou permanecer incógnito, para algum descanso, após o assédio de adversários, antes de iniciarem a viagem, vindos a mando das autoridades de Jerusalém com acusações de transgressão das antigas tradições dos anciãos, acusando os seus discípulos de profanos por não observarem as cerimônias e rituais. Nessa hora, entanto, foi reconhecido por uma mulher grega e sirofenícia de nascimento, uma vez que, tempos atrás, ela estivera na Galileia com todos aqueles que o procuraram provindos de Sidom e de Tiro.

E a mulher gritava, presa de grande angústia, em rogos por sua filha:

– Filho de Davi, tenha misericórdia de mim. Minha filha está em grande sofrimento, assediada por um espírito maligno.

Jesus permaneceu em silêncio, mas como ela insistisse, ele esclareceu:

– Deixa primeiro saciar os filhos, porque não convém tomar o pão dos filhos e lançá-lo aos cachorrinhos. É imprescindível que eu atenda primordialmente às ovelhas de Israel, pois as origens gregas de suas crenças nos ídolos de pedra e de barro a impediriam de aceitar a presença de alguém que representa o Deus único; a opressão sofrida por Israel, cujas lembranças criaram barreiras, até hoje, em seus corações. Assim, vejo-me compelido a atender, em primeiro lugar, aos judeus, porque não é chegada a hora de atender aos gentios.

A mãe sirofenícia humildemente colocou-se aos seus pés e disse que compreendia tanto o direcionamento da sua condição de Messias, quanto não ser ofensiva a designação de cachorrinhos dada comumente aos gentios pelo povo de Israel. Porém, não podia desistir de sua intenção e prosseguiu:

– Mestre, sou apenas mãe com imensa preocupação pela saúde da filha e não tenho interesse nas diferenças religiosas.

Depois de breve silêncio, acrescentou, suplicante, com sinceras lágrimas nos olhos:

– E você, o enviado do seu Deus, tem tanto para oferecer e, por mais que ofereça, sobra-lhe tanto para dar... E digo mais: sim, Senhor; mas, também os cachorrinhos comem, debaixo da mesa, as migalhas dos filhos.

O Mestre olhou fundo em seus olhos e a abençoou, impondo-lhe a mão sobre a cabeça:

– Oh!, mulher, grande é a tua fé! Seja isso feito para contigo como tu desejas. Vá, sem receios, ao encontro de sua filha.

– Sou-lhe muito grata, Mestre; e, de agora em diante, serei sua fiel seguidora.

E saiu quase a correr em direção ao lar, entre ansiosa e incontida emoção. Em lá chegando, encontrou sua filha de pé, à porta, de braços abertos a sorrir, esperando por ela. E em meio ao longo e precioso abraço entre as duas, a filha pôde balbuciar:

– Estou liberta, minha mãe!... Estou liberta!...

13 Dez promessas

– É inegável, Simão Pedro, que Jesus tem predileção por Betânia.

– Por que você fala dessa maneira, Judas de Queriote?

– Porque nós o temos acompanhado a tantos lugares e regiões, inclusive a Biblos, a Sidom e à Síria, tão distantes... Mas, com muita frequência, vamos à Betânia.

– Não tenho explicações para essa sua observação, mas o que fica evidente é o ponto de partida que, na maioria das vezes, é Capernaum. Com relação a Betânia, não havia reparado nisso porque, para mim, é um lugar a mais entre tantos outros daqueles que necessitam da presença dele. Por que não lhe faz uma consulta a respeito?

– Você tem razão e é o que farei. Lá está ele junto aos moços, vamos ao seu encontro?

Judas e Pedro não quiseram interromper o entretenimento dos jovens adolescentes, alegres e vivamente interessados no diálogo com Jesus.

– Mestre, muita gente afirma que você é o Messias de Javé para a salvação do nosso povo – perguntou um jovem de olhos vivazes. – É verdade?

– Você sabe o que é Messias, Elion?

– É um enviado por Deus, como sempre falaram os Profetas, para salvar nosso povo, libertá-lo dos dominadores.

– E a que conclusão você chegou? E por quê?

– Eu sei que você é o Messias que haveria de vir, porquanto nem os rabinos nem os sacerdotes nos ensinam como ensina os caminhos do céu e nenhum deles faz os seus milagres. Nós ouvimos os comentários na sinagoga e em toda parte; percebemos tudo, conversamos... – e Elion, baixando a voz prosseguiu. – Mas temos que ficar bem ca-la--dos... Não é, amigos?

A concordância foi geral, com assentimentos de todas as cabeças.

– Eu lhes afirmo que eu sou o Cristo, mas entendam que a libertação que ofereço é diferente daquela que todas as gentes esperam. É por isso que sou o Enviado.

– Então Mestre, esclareça-nos – rogou Aaron, o que aparentava ser o mais novo –, não temos a quem perguntar sobre esses assuntos sem reprimendas, principalmente a respeito de Jesus, o Galileu.

– Ouçam, então: se eu desejasse fazer uma rebelião popular para promover a libertação do jugo romano, seria inútil. As legiões romanas, compostas por seus exércitos, são poderosas em número, em armas e ,em mobilidade, são bem treinados. Qualquer atitude nesse sentido seria um desastre, todos seriam destroçados e o domínio prosseguiria. Não é isso que o meu Pai deseja.

– Ainda não entendi – interferiu Ayala, desta feita, uma jovem de cabelos e olhos negros. – Que tipo de libertação é essa, sem juntar muita gente para isso, pois não consigo ver de outro modo? Pelo que o Mestre afirmou, teremos que viver assim o resto de nossas vidas?

– Sou Layla! – falou uma jovem de aproximadamente quinze anos, levantando a mão para se identificar. – Comentaram em minha família seu ensinamento "sede vencedores da iniquidade" e também "eu não vim trazer a paz, mas a espada".

– Ayala e Layla, referi-me às iniquidades que o homem transporta ocultas no coração e que, portanto, não se mostram; a espada vem simbolizar o instrumento da guerra que cada um deve travar na intimidade da alma, pois quando qualquer criatura que passa a compreender o meu Evangelho estabelece conflitos entre a acomodação de continuar no erro e na injustiça e buscar a paz interior pela mudança de atitude, isso não se consegue sem lutas íntimas. Para os adultos, acrescentarei que numa mesma família ou mesmo numa cidade, evidenciar-se-ão sérios conflitos por causa do Evangelho. Há os que alcançaram as luzes da Boa Nova nos ensinamentos que trago e há aqueles que as repelem com intensidade. A propósito, vocês acabaram de dizer do silêncio a que são submetidos em respeito àqueles que lhes são superiores nas famílias e nas sinagogas. Colocarei algumas questões para que reflitam.

E, depois de breve silêncio, Jesus prosseguiu:

– Hanan, se eu lhes perguntar como foi que Javé revelou a Moisés sua missão, o que você deverá fazer, de imediato, para uma resposta sem consultar as Escrituras?

– Pensar e pensar para ter alguma conclusão... – respondeu, depois de alguns segundos, com expressão inteligente –; era o que eu responderia, Mestre.

– Raizel e Josué! O que vocês aprenderam na sinagoga quanto ao modo de tratar o próximo e os inimigos?

– "Amarás o teu próximo e odiarás o teu inimigo".

– Por favor, Elisha, responda-me: quais os dois maiores mandamentos da Lei de Deus, o primeiro contido em Deuteronômio e o segundo em Levítico, como ensinado em suas aulas?

Elisha pensou um pouco e respondeu que o primeiro era "amarás o Senhor teu Deus de todo o coração, de toda a tua alma e de toda a tua foça", mas que não se lembrava do segundo. Jocedeb, aparentemente distraído, completou rapidamente: "não te vingarás nem guardarás ira contra os filhos do teu povo; mas amarás o teu próximo como a ti mesmo".

– Esther – Jesus se dirigiu à mais velha das jovens –, fale para nós o motivo de sua preocupação, sei que é justa.

– Não consigo entender esses dois ensinamentos das Escrituras tão contrários entre si. Como ter no coração amor e ódio ao mesmo tempo? O inimigo também não é próximo?

Ben-Amim, provavelmente o mais velho dos jovens, aparentado entre dezesseis e dezessete anos de idade, o qual até então estivera silencioso e distante do grupo, mas visivelmente atento, aproximou-se devagar, o que não passou despercebido por Jesus que, de imediato, o introduziu na conversa, ao lhe pedir que esclarecesse o assunto. E ele o fez com segurança.

– Da mesma forma que Esther, também já me preocupei com isso. Agora, sinto que inimigos não são somente os nossos opositores, a dominarem pela espada, e que amigos não são, com exclusividade, os que compartilham ou nos favorecem no campo da amizade. Creio que são os sentimentos maus ou bons que vivem em nossa alma; ou nos aborrecem ou nos fazem felizes.

– Ben-Amim, regozijo-me pela compreensão que apresenta e pela maturidade do seu espírito. Entra na minha alegria, mas chegou a hora de se libertar da tua maior inimiga, expulsando de ti a melancolia. Alegre-se, também!

Dito isso, Jesus relanceou os olhos, mirando a cada um, e perguntou:

– Nas contradições que surgem e nos aprisionam na vida, diante do que nós deduzimos hoje, o que é preciso buscar ou conhecer para a libertação? Quem pode responder?

Layla, com ar de felicidade, levantou a mão pedindo a vez, levantou os dois braços para o alto e exclamou com tal vibração na voz, que emocionou a todos já imensamente sensibilizados pela presença de Jesus:

– A Verdade, Jesus de Nazaré... A Verdade!... – e acrescentou, num tom mais coloquial, com sinceridade: – Queremos ser discípulos do Messias!

As expressões comuns de agitada alegria, própria dos adolescentes, foi aos poucos mudando de caráter, sendo substituídas por expressões de vivo interesse, seriedade, esperança e comoção, imensamente sensibilizados pela presença íntima e carinhosa de Jesus que, na condição de Messias, jamais pensariam ter tão próximo.

Neste momento, Hanan, como a interpretar o pensamento de todos, interrogou o Mestre:

– Por que veio ao nosso encontro quando estávamos distraídos, brincando, conversando? – e acrescentou: – Mestre, eu queria ser seu discípulo.

– Eu também – repetiram os demais, cada um por sua vez. E todos perguntaram:

– Poderemos ser seus discípulos, Mestre? Gostaríamos tanto...

Jesus derramou seu olhar sobre todos e lhes confidenciou:

– Vocês também são meus discípulos, escolhidos por mim; é por isso que vim a esse encontro. Deus lhes reservou missão redentora, mas ainda não é chegada a hora. Hoje, vocês estão na condição de silêncio, mas amanhã, no futuro, suas línguas se soltarão. Hão de encontrar dificuldades para a implantação do reino de Deus nos corações humanos, mas aquele que perseverar até o fim será salvo, isto é, desfrutará das alegrias do espírito que se sobrepõem às dores do mundo. Em breve, não me verão mais, porque já se aproxima a hora de minha partida para junto do meu Pai. Mas acreditem com fervor, não se entristeçam, pois onde estiverem, eu estarei também a acompanhá-los na vida.

– Como poderá isso acontecer, Mestre? – questionou Layla. – Como é estar conosco sem que o vejamos?

– Layla, que perfume é este que estamos a sentir, com intensidade, desde que amanheceu o dia?

– Todas as figueiras estão floridas e é de lá que ele nos chega.

– E o que faz agitar as folhas dos arvoredos a nos trazer o perfume das figueiras em flor?

– É o vento, Mestre. Já compreendi. Não o veremos como não vemos o vento nem o perfume, mas poderemos senti-lo; isso é bom!

Jesus levantou-se, abraçou e abençoou um por um e os despediu. Assim permaneceu por algum tempo, com o olhar fixo naqueles jovens que se retiravam em animada conversa, até que desaparecessem por entre as alamedas das figueiras floridas.

Por fim, virou-se para os discípulos com olhar inquiridor.

Judas, acompanhado por Simão, em sua simplicidade sem quaisquer preocupações com as grandes questões da Boa Nova naquele momento, dirigiu-se ao Mestre:

– Conversando com Simão, há poucos instantes, sobre nossas inúmeras viagens por tantos lugares até às terras distantes nas proximidades da Síria e da Fenícia, parece-nos que em maior número de vezes visitamos Betânia, como se houvesse alguma preferência de sua parte...

–Você tem razão, Judas. Em todas as localidades onde nos fizemos presentes para disseminação das claridades da Boa Nova, muitos exigem prodígios; outros interrogam sobre questões pueris cujas respostas, as mais simples, estão nas Escrituras, tão cortejadas por eles; alguns buscam soluções mágicas para as coisas mais corriqueiras, cujas soluções estão no trato do dia a dia; outros tantos tentam me enredar em contradições diante das leis do sinédrio e das leis de Roma. Recordem-se de que não fui aceito em minha própria terra; algumas vilas e cidades, temerosas do confronto com a Verdade, impediram-me o acesso a elas.

– E em Betânia, Mestre, isso não acontece?

– Em Betânia, com sua simplicidade, os homens e mulheres não me honram com os lábios; nada exigem mesmo quando seus anseios e necessidades se evidenciam; assimilam o meu Evangelho com alegria, tratam-me com naturalidade, sem desnecessários endeusamentos ou falsa aceitação, mesmo certos de que sou o Messias. Lá, não encontrei falsos seguidores oportunistas, mas os que me seguem são simplesmente amigos. Betânia é respeitada por sua origem nobre, honestidade e religiosidade.

– E os sacerdotes e os rabinos, eles não contam?

– Simão, os sacerdotes e escribas, os fariseus e os saduceus, os rabinos e os herodianos não contam por se acharem em toda parte. Apesar do modo de pensar diversificado, têm uma unidade comum – o egoísmo e o orgulho.

– Mas creio que todas essas localidades, onde habitam os impenitentes, serão punidas como Sodoma e Gomorra...

– Engana-se, Judas, no que diz espeito ao Pai. A justiça é inseparável da misericórdia. São aves de um mesmo ninho que se recusam a voar e a buscar o próprio alimento.

– Por que essa recusa à Boa Nova, Mestre, com o espaço do céu aberto, livre em todas as direções?

– Porque é mais cômodo ser como um filhote de pássaro voluntariamente preso ao ninho a saltar de um galho para outro com o mínimo movimento de asas, chilreando sempre de bico aberto à espera do alimento trazido pela mãe. Isso não exige o esforço permanente de exercitar as asas, levantar a cabeça acima do horizonte, sondar e alcançar o espaço além e, sobretudo, tomar decisões com segurança. A atrofia temporária é inevitável.

– O que fazer, então? O que fazer, Mestre? – perguntou Pedro, lamentando-se.

– O que estamos fazendo: semear para o futuro. Não punição ou castigo, pois eles já se evidenciam por si mesmos por retardarem as sublimes alegrias da libertação. Para muitos, a simples visão do céu deslumbra em demasia e a intensidade da luz cega e lhes é insuportável. Contudo a nossa semeadura se faz no momento certo e favorecerá aos que se interessam pelo encontro e conhecimento da Verdade, o desvelar do potencial e da força das próprias asas. Com a descoberta de si mesmo, esse pássaro, o espírito imortal, fará a recomposição dos adormecidos componentes de voo, para o exercício da perseverança na busca do céu interior.

14
Em presença do futuro

Nas proximidades do 'monte alto', enquanto Jesus alertava quanto aos cuidados com o 'fermento dos fariseus', alguns discípulos conversavam animadamente a respeito de assuntos do dia e outras trivialidades; especificamente, um pequeno grupo composto por Pedro Tiago e João trocavam impressões. João então comentava:

– Como o tempo tem passado rapidamente, já estamos há duas semanas após o *Rosh Hashanah*, o ano novo judaico, portanto, em plena Festa dos Tabernáculos.

– A respeito disso – observou Tiago –, não compreendo o seguinte: nosso Mestre sempre condenou os atos exteriores excessivamente exigidos pelos anciãos a predominarem, até sobre o bom senso de como lavar as mãos antes das refeições, trabalhar em dias de sábados; entretanto, não deixa de se fazer presente nas festas do povo judeu, principalmente no Templo de Jerusalém.

– Devo lembrar-lhe, Tiago – respondeu Simão Pedro, com sabedoria –, que ele também disse não ter vindo para destruir a Lei, mas para cumpri-la.

– Neste caso, não há uma incoerência quando diz uma coisa e faz outra, logo em seguida? Por exemplo: afirmou que não veio destruir, mas cumprir a Lei, e quase sempre fez contraposições às Escrituras. Assim, não deveria ter feito observações relativamente ao lavar as mãos ou ter curado no sábado.

– João, cumprir a Lei, para Jesus, significa fazê-la cumprir com o seu verdadeiro significado. O lavar as mãos para não se contaminar com alimentos ou pretensas impurezas do espírito não pode se sobrepor às injúrias, expressões do ódio, palavras inadequadas, ou seja, tudo o que sai pela boca, mas que tem origem no pensamento e no coração que, na verdade, é o que contamina a alma. O trabalho, explicou-nos ele, é uma das sábias leis da Natureza, e o sábado não é mais sagrado do que qualquer outro dia que venha a impedir alguém, sob esse pretexto, de se movimentar para salvar uma ovelha ou um filho em dificuldade.

– Acredito que as festas judaicas comemorativas – asseverou João –, tão simbólicas, têm mantido a unidade do povo pelo cultivo de suas lembranças mais significativas. A Páscoa, o Pentecostes e a dos Tabernáculos são as mais importantes. De todas as sete festas segundo a Torá, criadas por Deus, tenho predileção pela beleza da Páscoa, que celebra a libertação da escravidão do Egito, o Êxodo. Ela ocorre na primeira lua cheia da primavera. O povo judeu, ao fazer essa celebração, exulta de alegria para comemorar a libertação do Egito, o Êxodo torna-se uma nova criação de Deus. O que você acha, Tiago?

– Quanto à festa da Páscoa, acho justa, mas não tenho qualquer interesse pelo Yon Kippur, o Dia do Perdão, um dia inteiro de jejum em expiação dos pecados: todo o povo implora de Deus o perdão e a purificação. É o único momento, no ano, em que o sumo sacerdote entra na sala Santo dos Santos. Não gosto porque ele faz aspergir o Santuário com o sangue da vítima, um bode. Depois, impõe as mãos sobre a cabeça de outro bode, o expiatório, e assim o faz carregar os pecados do povo para depois ser expulso para o deserto. Acho um engodo...

– Não seja tão radical, Tiago! – exclamou Simão Pedro. – As tradições são muito vivas. Os sacrifícios de animais são heranças distantes do longo convívio com outros povos. No entanto, apesar de serem costumes pagãos, não desmerecem nem diminuem a força da crença no Deus único. Fora essa restrição, você tem preferência por alguma festa?

– Destaco com admiração a Festa dos Tabernáculos, é a de maior significação. Lembrando os quarenta anos de peregrinação pelo deserto, é a festa mais exuberante e a mais ligada à família, porque há o envolvimento de todos e com criatividade. Em cada lar, também pelos caminhos e na entrada da cidade, constroem-se pequenas cabanas de ramos, muito variadas e ao gosto de cada um.

Tiago parou para refletir um pouco, deixou que o seu olhar vagasse para distante, indefinido, como a evocar uma saudade não vivida e prosseguiu:

– Elas ainda representam os tabernáculos que se armaram durante as dezenas de anos de andanças, privações, renúncias e sacrifícios. Nelas, viveram nossas famílias, choraram e amaram, tiveram seus filhos e os filhos dos seus filhos... Ao fim da tarde, acendem os grandes candelabros dourados que podem ser vistos de toda a Jerusalém...

Tiago calou-se, deixando viva impressão nos companheiros e, em seguida, inquiriu Simão Pedro, que esclareceu:

– Quanto às festas, amigos, nada se compara ao encanto do *Rosh Hashanah*, o Ano Novo. É o aniversário do mundo e acredito ser a celebração mais importante do ano. Logo ao inicio do por do sol, por toda parte e em todos os lares, acedem-se velas, fazem-se refeições festivas com doces durante a noite e, durante o dia, momentos de preces que incluem, nas duas manhãs, o clamor do toque de conclamação do *shofar*. No Templo, os cânticos sacros, evocativos, mas alegres para espantar as tristezas do ano findo e renovar esperanças. Em lugar do trabalho de todo dia, as danças festivas se multiplicam com vestimentas vistosas ao som de vários instrumentos: os címbalos e o tamboril, o adufe e a harpa, os pífanos e flautas, a sambuca e o saltério.

Jesus havia concluído sua pregação há algum tempo e, de longe, observava os três amigos integrados e felizes. Aproximou-se, respeitou-lhes os diálogos, esperou que fosse notado e, nomeando-os, solicitou:

– Pedro, Tiago e João! Preciso que venham comigo, pois necessito de 'suas virtudes', acompanhem-me, por favor, vamos subir o monte.

– Mestre, esse monte é bastante alto, iremos até o cimo?

– Não ,João, somente até o primeiro patamar, a trinta ou quarenta côvados de altitude, aproximadamente cento e cinquenta metros, o suficiente para nos afastarmos de tudo e de todos a fim de, no isolamento, cultivarmos melhor comunhão com o Pai, na tranquilidade e na paz das alturas. Então, vêm comigo?

– Vamos!

Os três amigos e o Messias subiram e, depois de algum tempo, alcançaram um platô. O Mestre pediu que se acomodassem ali mesmo e que permanecessem a uma distância de 'um tiro de pedra'. Eles o atenderam, tiraram suas mantas de dentro dos alforjes, forraram pedras maiores soltas no chão e se sentaram bem próximos uns aos outros, permanecendo envolvidos pelo silêncio ambiente, a desfrutarem da intimidade com o Messias. Momentos depois, caíram em profundo sono e não se deram conta por quanto tempo, mas quando despertaram, viram que Jesus também se sentara num pequeno desnível do solo.

De olhos cerrados, parecia orar, quando se tornou envolto por luz opalina e, em menos de um minuto, seu rosto resplandecia como o sol e suas vestes tornaram-se brancas como neve, luarizaram-se; por detrás, aos poucos, formou-se uma névoa translúcida, a insinuar-se como forma humana.

Vozes indistintas, a princípio, fizeram-se presentes no ar e, em seguida, dois espíritos se corporificaram junto a Jesus, ante os olhares pasmos dos três amigos que, após segundos de estupefação, comentaram entre si o acontecimento:

– Durante toda a minha vida nunca vi coisa tão bela, Simão Pedro, e jamais pensei que algum dia fosse vivenciar algo semelhante.

– Penso o mesmo que você, Tiago, e sinto que os outros companheiros não estejam aqui para presenciar o que estamos presenciando – acrescentou Simão Pedro.

João, tocado por nobres emoções, permaneceu sem nada dizer, mas colocando o dedo indicador entre os lábios, pediu silêncio quando identificaram, pelo diálogo estabelecido, os espíritos presentes.

– Moisés, Elias, é imensa a minha alegria ao vê-los aqui comigo nessa hora – falou Jesus, levantando-se e abraçando os dois espíritos recém-chegados.

As materializações eram tão intensas e tão vivas que Simão Pedro, em sua simplicidade, também se levantou, dirigiu-se para o grupo dos três, penetrou a extensa atmosfera luminosa e acrescentou:

– Mestre, bom é estarmos aqui, e nossa alegria transborda porque nosso coração exulta. Se desejar, farei aqui três tendas, uma será sua, outra para Moisés, outra para Elias. Assim. compartilharemos, daqui mesmo, com a Festa dos Tabernáculos.

Moisés e Elias olharam para Simão Pedro com expressões de imensa simpatia e o Mestre respondeu:

– Não é preciso, meu amigo, agradeço sua dedicação, mas aguardem um pouco mais.

Quando Simão Pedro voltou para junto dos companheiros, Moisés se dirigiu a Jesus;

– Sabemos de sua lucidez espiritual e da plena consciência de sua missão prestes a se concluir, nesta fase. Entretanto, estamos aqui para compartilhar, pois a investidura do corpo físico sempre favorece mais agudamente as tristezas e as dores da alma.

– Daqui para diante, estaremos de forças conjugadas – asseverou Elias, com bondade na voz –, como intermediários das virtudes oriundas da Vontade Celeste, a fim de lhe oferecer suporte ante as dores da incompreensão, da ingratidão, do desdém e da rejeição; tristes filhos da ignorância que se acumula nos corações, em Jerusalém.

– Você não desconhece que, apesar da nossa presença e das luzes celestiais que o envolvem, a solidão e o cálice amargo dos momentos finais, antes da luminosa libertação, serão somente seus – concluiu Moisés. – Serão o seu testemunho perante a história, cuja era nova começa agora.

Jesus olhou para os dois espíritos de tal forma que não foi necessário verbalizar sua gratidão. E os três prosseguiram com novas abordagens:

– Temos acompanhado o desempenho de Judas de Queriote ao seu lado. É mais uma chance para o início de sua redenção espiritual, uma vez que sua atitude de fuga é reincidente – comentou Moisés, o que foi corroborado por Elias.

– Os registros mais significantes datam da época de Davi quando, na vestimenta física de Aitofel, tornou-se seu excelente conselheiro pessoal. Todavia, inconformado com a política do rei, diferente de sua vontade, bandeou-se para o lado de Absalão, filho do próprio Davi, e propôs arregimentar exército para atacar o reinado do Salmista. O mais triste é que, como Absalão não atendeu seu ao conselho e temendo represálias do rei, Aitofel voltou para a cidade, arrumou suas coisas e cometeu suicídio.

Jesus aguardou que silenciassem e objetou que agora, noutra roupagem física, Judas ainda não havia se libertado da compulsão de fugir da vida quando os interesses lhe são adversos, acrescentando:

– Saibam que, apesar do ato repetitivo, foi-lhe dada essa oportunidade para a assimilação e vivência do Evangelho ao meu lado, para conhecer, aprender, vivenciar e sobretudo amar a mensagem da Boa Nova. As consequências do seu ato são previsíveis, mas agora, com dilatada visão do significado da vida e sensibilidade mais acurada, o sentimento de culpa e o arrependimento profundo o conduzirão à vida espiritual associados à dor avassaladora. Com verdadeiro e inamovível propósito de redenção, o que, até então, não fizera com propriedade, responderá, com alegria e fé, ao redentor programa de unificação de um reinado composto de futuros feudos nascentes e dispersos, sem hegemonia, em terras no hemisfério norte e a oriente do grande oceano, para onde retornará em aproximadamente mil anos. Depois disso, naquela região, deverá ressurgir a Boa Nova negligenciada, adulterada ou esquecida.

– E as consequências previstas, como pudemos identificar – aduziu Moisés –, além do ressarcimento ante a Lei Divina, Judas nos próximos mil e oitocentos anos atenderá ao programa de reabilitação em sucessivas existências, na obscuridade humilde e sacrificial, mas redentora. Seu corpo físico, em algumas incursões reencarnatórias, terá os registros dos seus atos. Entretanto, é previsto que, pela consciência ampliada dos atos passados e do presente, em paralelo aos anseios de recomposição moral e psíquica, voltará ao palco do mundo para exercer, na plenitude de sua consciência, o Bem ao próximo, mesmo nas condições de limitação física.

Elias, voltando à participação no diálogo, acrescentou:

– Nos oitocentos anos seguintes, deverá se predispor à complementação com viva atuação de vivência do seu Evangelho, na obscuridade social, sem destaques de monta, em serviço de doação ao próximo, em pequenas cidades, aldeias de campesino, de pessoas voltadas ao pastoreio e ao campo em várias localidades da nova região a ser edificada.

– Sim, meus amigos – complementou Jesus. – Entretanto, na fase de unificação, Judas estará novamente a comandar exércitos, como fizera outrora na posição de Aitofel ou de Saul com segurança, porém sob as luzes de santa humildade. Assim, arregimentará para si avançadas possibilidades mediúnicas e, sob a inspiração de nobres espíritos, cingir-se-á de autoridade moral para exercer comando. Contudo, não poderá isentar-se de sofrer os duros golpes da traição. Seu coração amargará por muitos séculos, embora enobrecido no curso do tempo, o juízo enganoso das futuras gerações que o colocarão na triste condição de traidor, até que suas consciências libertas da ignorância compreendam, em definitivo, o não julgueis.

Pedro, Tiago e João, abençoados por aquele momento único, sem alcançarem o avançado teor da conversação, permaneciam em respeitoso silêncio, deslumbrados e embevecidos, quase em êxtase espiritual, sentindo-se apequenados, mas dominados por indizível felicidade. Pensavam em como contar ou descrever, com fidelidade, o que estavam a contemplar, sem feri-los ou magoá-los por não estarem também presentes.

E o diálogo tomou outra direção.

– E quanto aos exilados remanescentes, Jesus? – perguntou Moisés. – Não me refiro àqueles que ainda estão domiciliados nas terras do Oriente, do Egito e do hemisfério norte, mas especificamente àqueles outros que se mesclam nessa região.

– Da imensa caravana alocada em várias regiões da Terra, principalmente a grande leva daqueles que haviam aportado no Egito e na Índia, que cumpriram com amor e fidelidade as missões em seu exílio, sem murmurações, retornaram redimidos e felizes às suas origens, cumprido o tempo previsto de exílio. Entretanto, do imenso rebanho que aportou na Palestina e que se constitui, para mim, o grupo das 'ovelhas perdidas da Casa de Israel', considerável grupo de hebreus já respira o verdadeiro sentido de libertação levando-se em conta, inclusive, os quinhentos que se arregimentaram sinceros na Galileia, os primeiros cujos corações se adornaram verdadeiramente das luzes do Evangelho e, por amor, deixar-se-ão imolar como cordeiros no altar do sacrifício, sem fanatismo, mas com plena consciência da eternidade da vida e de seus atos em favor do Bem.

Jesus fez breve silêncio, como a refletir, e prosseguiu:

– Essas almas alcançarão as luzes da vitória pela força de sua fé e de sua renúncia, destemidas e heroicas nesses primeiros séculos do florescimento da árvore do Evangelho. Com coragem e esperanças, arrostarão o peso do sectarismo religioso e a força do poder temporal que se abaterão vigorosamente, qual malho destruidor; no entanto, cantarão hosanas ao Pai Celeste. Suas lágrimas jamais lhes queimarão as faces pelos sulcos do medo e das angústias, porém rolarão impulsionadas pela força de sua vontade libertadora. À medida que se libertarem, serão conduzidas a um orbe transitório para repouso, até que as condições cíclicas favoreçam a remoção e traslado finais.

– Há grande quantidade de reincidentes contumazes, cegos, indiferentes e suficientemente orgulhosos para admitirem seus erros.

– Os demais reincidentes, Moisés, permanecerão por mais tempo no autoaprisionamento. Contudo, jamais dispensarão os cuidados e a atenção dos seus dedicados tutores que, como se fossem amorosos pais, estimulam, orientam, admoestam, corrigem e os acompanham.

Jesus fez pausa de poucos segundos e prosseguiu no halo de sua transfiguração, que se tornou mais diáfana:

– Afirmo-lhes que, ao lado do acendimento das candeias do Evangelho, a partir das terras de Israel, a libertação dos exilados me traz imenso contentamento ao coração.

– Temo, Jesus de Nazaré, pela sobrevivência do Evangelho para o mundo a partir das terras de Israel, um lugar perdido, limitado pela tutela de um império dominador e muito poderoso. Reconheço o vigor moral e o valor intrínseco dos seus escolhidos. São apenas doze com passos e deslocamentos limitados. Mesmo os futuros quinhentos da Galileia terão suas limitações, poucos são os judeus que detêm cidadania romana.

– Esses escolhidos, Elias, são os pilares que sustentarão em seus ombros, braços e corações, o edifício da Boa Nova, ao alimentarem esse fogo sagrado com o calor de suas próprias mãos e vidas. Todavia, já está entre os 'vivos' da Terra, ainda na fase de criança, o meu 'vaso escolhido', o arauto do Evangelho para os espaços além das fronteiras de Israel, cuja voz se ouvirá em toda parte, inclusive no seio do Império, antes que a silenciem.

– Ainda resta uma questão que gostaríamos fosse considerada: os seus algozes – perguntou Elias –, como estarão nesse contexto tão complexo?

Jesus pensou por alguns instantes e, por um momento, seu olhar pareceu perdido no espaço além, com um sensível toque de tristeza.

– Os meus algozes, tanto os judeus quanto os romanos, são algozes deles mesmos, por rejeitarem deliberadamente a Verdade. Não conseguirão sufocar a luminosa semente que o Pai decidiu fosse semeada sobre a Terra. O grande Império Romano perderá sua hegemonia mundial quando, globalmente, a Boa Nova estiver disseminada no mundo, à exceção das terras orientais, com suas crenças definidas. O Império se dividirá em dois. Uma parte estará sob forte influência oriental, enquanto a ocidental tomará rumo próprio, onde a Boa Nova preservada, sob dominação dos poderes humanos, não escapará das infiltrações do pensamento e atitudes judaicas, predominantemente escribas, fariseus e saduceus, ali reencarnados, apostando em sua vaidade, orgulho e egoísmo a agregarem seus rituais, suas liturgias, suas vestes, seus cultos e seus dogmas. É necessário que assim seja a fim de que, no curso dos séculos, saturem-se de si mesmos, o que lhes acumulará grandes dores.

Jesus, após uma pausa, relanceou o olhar sobre os visitantes e continuou, reflexivo:

– Por vontade e direção do Pai Celeste, o pequeno grupo dos doze que escolhi junto aos setenta, acrescido gradativamente, de tantos outros que se agregarão convertidos, em sucessivas existências acompanharão, bem de perto, no seio do pensamento religioso vigente, o desenrolar da história. Serão fieis à vigência do amor e da caridade, para que se mantenha acesa a chama imortal da Verdade, na tumultuada fase que se seguirá. Ora considerados santos ou místicos da fé, ora martirizados pela ignorância, ora com magistral liderança a oferecerem inspiração aos milhões de devotos sob suas asas, uma vez que muitos a conspurcarão, interpretando o meu Evangelho a favor de crença sectária, impositiva e dominadora de consciências com autodenominação de universal, profundamente associada aos interesses temporais de reis e imperadores do mundo. Esses missionários vigilantes, como o trigo a abençoar o joio, saberão manter invioláveis e inalteráveis a simplicidade, a essência do pensamento celeste, até que eu volte para restaurar e fazer que se recorde a pureza da mensagem esquecida.

Passados alguns minutos de conversação audível, os três espíritos cerraram seus olhos e se calaram, como se orassem em intensa concentração. Contudo, Pedro, Tiago e João, atentos, não perceberam que o diálogo prosseguia em avançado processo de interação mental, quando Moisés prosseguiu:

– Verificamos que a grande massa dos judeus 'puros', conservadores, permanecerá fiel aos princípios da Torá considerados intocáveis e isso manterá a sua unidade, como nação; porém, em seu orgulho, continuarão a aguardar o Cristo, o Messias salvador.

– Os homens chamariam de profecia, considerando o futuro, se tomassem conhecimento a respeito do que nos é possível visualizar agora, no estado presente, a síntese do desenrolar dos acontecimentos. Acompanhem-me – solicitou Jesus a Moisés e Elias –, visualizem comigo e entenderão.

E sob a enérgica pressão psíquica do Cristo, ampliou-se-lhes a consciência ante os acontecimentos da história. Os fatos e as cenas se desenrolaram em realidades claras também para os dois luminares:

– Um grande contingente do império romano se constituindo em vigorosa nação segundo os conceitos do mundo, conservando na lembrança tanto a simbólica imagem da águia dominadora, quanto as formas arquitetônicas da governança, a influenciar tantas outras nações emergentes, estabelecendo-se nas terras do norte do grande continente entre os dois oceanos, um a oriente e outro a ocidente.

"Dos milhares que se libertaram do Egito e vagaram por quarenta anos em busca da 'terra prometida', o êxodo, acrescidos de nova geração que avassalaram, invadiram, destruíram e subjugaram povos e aldeias das regiões por onde tiveram que passar usando o nome de um Deus, que apelidam de Deus dos Exércitos, Javé, arregimentam para si, em milênio adiante, tristes e dolorosas humilhações, ingentes sacrifícios sob diversas formas de torturas físicas, morais ou psicológicas a estarrecerem o mundo.

"Àqueles antigos hebreus em provação, mescla-se outro contingente de romanos como tripulantes da mesma embarcação em mar tempestuoso que, associados por similaridade de ações, produziram, em seu conceito orgulhoso de heroísmos e de vitórias militares, a subjugação, a destruição de raças e povos, as guerras de pura demonstração de poderio, tanto em terra quanto no mar. Os envolvidos nessa trama – imperadores, senadores, famílias patrícias e, por conivência e conveniência, a população plebeia – mergulham em sérias expiações, marcadas por um programado desbaratamento e desintegração familiar, por dolorosos holocaustos conduzidos para a sua dizimação em massa e, entre eles, dois grandes conflitos globais bélicos, políticos e sociais."

– Vemos que a humanidade ainda se acha muito próxima de seu nascimento – acrescentou Moisés –, apenas alguns milênios contados nos movimentos de translação da Terra.

– Tempo bastante longo na contagem dos homens – acrescentou Jesus. – Todavia, um suspiro de tempo, um breve momento na consciência universal.

– Penso nas constantes recidivas das consciências desfiguradas da humanidade – insistiu Elias, em tom pesaroso –, atitudes que a aproximam do barbarismo; eu mesmo há pouco tempo também usei o nome do Altíssimo para justificar fidelidade a Ele – o que levou Jesus a concluir, com tranquila sabedoria:

– Elias, ao lado dos que conduzem as calamidades morais, cresce um grande contingente que não as aceita como outrora o fariam e, diante das grandes atrocidades, demonstram senso de justiça e clamam por ela. Entretanto, ainda desejam que a justiça se faça com a mesma intensidade com que o ilícito foi cometido, como se a eliminação sumária dos acusados também eliminasse a causa. Ante os sucessivos erros de conduta, a bondade Celeste, ilimitada, é tão onipresente que oferece sucessivas oportunidades de reparações e nos faz saber que são numerosas e infinitas as portas para a redenção do espírito. Essas portas sempre se abrirão, uma a uma e quantas forem necessárias, para sua libertação definitiva.

– Mas a Boa Nova, assentada no Evangelho, vê-se que só terá enfrentado ignorância, interesses e distorções particularistas, e nós sabemos que ela encerra sobretudo o Amor.

– Afirmo-lhes, meus amigos, que quando os futuros habitantes, principalmente das nações que se tornarem mais proeminentes no hemisfério Norte da Terra e, a oriente do grande oceano, saturarem-se nos embates religiosos, filosóficos e conflitos de diversificadas ordens, o Pai Celeste terá reservado as regiões exuberantes do hemisfério sul, daquela localização ocidental, ainda virgens e habitadas por povos primitivos e simples. No futuro, habitará um povo alegre sem raça definida resultante, que receberá em caráter de miscigenação, sem perderem suas características, aqueles que necessitarem de oportunidades reencarnatórias. Há um momento em que o espírito saturado, individual ou coletivamente, não suporta carregar consigo a incompatibilidade com a perfeição da Lei Divina implantada em cada consciência.

Jesus aproximou-se de Elias e de Moisés, envolvendo-os com seus braços, um de cada lado, e falou aos seus ouvidos:

– Agora devo voltar aos meus condicionamentos no corpo. Contudo, guardo na minha intimidade a presença de vocês com imensa alegria,

Da névoa translúcida que se formara, uma voz, que os discípulos atribuíram a Javé, se fez ouvir: "este é como um filho muito amado em quem me comprazo. A ele ouvi..."

A intensidade do impacto da onda de amor foi tão grande e envolvente que Simão, Tiago e João não resistiram, deixando-se vergar até ao chão, cobrindo os rostos com as mãos, sentindo-se indignos e tementes a Deus, ante aquele momento tão majestoso e único.

Jesus, ainda com o rosto envolvido por suave claridade, tocou Pedro, Tiago e João, fazendo com que se levantassem; eles abriram os olhos e não viram mais ninguém além do Mestre, que lhes pediu:

– Ergam-se e lembrem-se, para sempre, de que a bondade divina não exige que nenhum de seus filhos lhe seja temente, mas confiante e obediente à sua soberana vontade.

O Mestre calou-se por um instante e prosseguiu falando baixo, expressivamente, como a evitar que alguém ouvisse:

– Não contem para ninguém o que presenciaram aqui, até que o Filho do homem tenha sido ressuscitado dos mortos.

Desceram a planície e, aos poucos, o monte foi ficando para trás. Caminharam em silêncio, pois nada havia mais a falar, para que apenas a lembrança boa, como um passarinho que ao anoitecer se aquieta no calor do ninho, permanecesse na concha do coração.

15
A essência do nardo

Saíram do templo, onde haviam deixado o Mestre a seu pedido, e alcançavam os arredores de Jerusalém para reencontro junto ao grande e secular Sicômoro no início da estrada para a Pereia, conhecida referência para costumeiros viajantes. Ali esperariam a sua chegada. Todavia, guardavam preocupações por terem deixado Jesus sob mais uma ameaça, desta vez dos sicários do sumo sacerdote, sem esboçarem qualquer ação para protegê-lo. Simplesmente acataram seu pedido e agora carregavam sentimentos de culpa.

Deixavam para trás as últimas casas do vilarejo nos arrabaldes de Jerusalém quando se depararam, atônitos, com seu Mestre sentado à sombra do sicômoro à beira do caminho que surgia à frente.

Ao perceber a chegada dos seus amigos, levantou-se, abraçou um por um e apenas disse: "Vamos!" E seguiram calados, respeitando o silêncio do Rabi.

Subiram a região do Monte das Oliveiras e desceram por íngreme estrada para Jericó, a fim de alcançarem o lado ocidental do rio pelo Vale do Jordão até Betabara, onde João fizera batismos ao sul da Pereia, distando cento e sessenta *estádios* de Jerusalém, cerca de trinta quilômetros.

Após algumas horas, quando a viagem tornou-se mais descontraída e cantarolavam, alegres, hinos de louvor e de gratidão, compostos por eles mesmos para tradicional melodia muito comum na Galileia, decidiram parar para uma breve refeição e, para isso, sentaram-se à vontade, no chão, sobre troncos caídos, sobre pedras restantes de antigo muro, forrando-as com as mantas de tecido grosso ou de pele como tapetes, que transportavam para tais eventualidades. Inevitavelmente os diálogos se sucederam.

Tiago Menor perguntou ao Mestre o que os esperava em Pereia.

– Quem pode responder à pergunta de Tiago?

– Acredito que uma população interessada em seu ministério o aguarda, Senhor. Alguns viajantes que se achavam nessa mesma estrada há pouco nos viram e o olharam detidamente, penso que para se juntarem aos de Pereia. Recordo-me de ter visto alguns deles, nesta manhã, no templo de Jerusalém.

O diálogo fez com que os demais se aproximassem e se sentassem ao redor, mais perto, e Jesus prosseguiu em sua provocação, a estimular o raciocínio dos seus discípulos:

– O que motivaria uma população a aguardar nossa chegada? Afinal, poderíamos ser um grupo de viajantes comuns e em grande quantidade, entre tantos outros, no trânsito para Pereia por Jericó.

Como o grupo permaneceu meditativo, Simão Pedro olhou em torno e, como ninguém se manifestou, respondeu:

– Seu nome e seus feitos já se espalham por todas as regiões, Senhor. Em Betabara e em outras localidades das tetrarquias, há muita gente enferma, sem esperanças de curas. Contudo, tenho sentido que, muito mais que isso, há corações vazios guardando suas dores no fundo da alma.

– Desde criança – prosseguiu João –, observo que, após as cerimônias na sinagoga, quando os rabinos se referiam aos profetas, as conversas giravam sempre em torno dos seus sentimentos de anseios de libertação, por se acharem escravizados às opressões, com o imenso desejo da chegada do Messias em cumprimento aos clamores dos profetas. Ao lado da esperança muda, percebo o silêncio temeroso de prosseguirem comentando sobre as profecias, com receio de que jamais sejam cumpridas, pois, passados mais de quinhentos anos, não se cumpriram. A fé vacila porque não se sustenta. Seus conceitos de libertação se relacionam ao domínio do império sírio e, agora, do império romano. Assim, sob o domínio do orgulho de raça, jamais aguardariam um libertador cujas armas seriam a paz, a concórdia, o amor e a espiritualidade.

Alguns outros discípulos se manifestaram da mesma forma que João, com algumas variações. Quando silenciaram, Jesus aguardou um pouco e acentuou que todos estavam com a razão, estavam certos.

João, que se encontrava bem próximo, virou-se e interferiu, dando asas à sua irreverência juvenil, mas não sem respeito:

– Mestre, é somente isso o que o Senhor tem a dizer-nos: "estão todos com razão"?

Jesus afagou-lhe os cabelos anelados e sorriu compreensivamente diante da simplicidade do discípulo jovem e irrequieto, porém inteligente e muito dedicado. Levantou-se e dirigiu-se a João, embora falando para todos:

– Meu filho, em Pereia inauguraremos uma importante fase para a sementeira da Boa Nova. Gradativamente, o planejamento celeste vai-se cumprindo e a semeadura se expandirá para onde nossa palavra e nossos passos não poderão alcançar. No amanhã, o campo contará com multiplicadores fiéis: são os carpinteiros destinados a aparar as arestas das almas; os pastores a tangeram as ovelhas desgarradas na direção segura do redil; os lavradores das terras do coração e os oleiros das moldagens e construções do Bem. Assim, meu filho, mesmo que algumas sementes se percam pelos caminhos, por vezes fortuitos, ou por estabelecerem relação do profundo egoísmo e orgulho do 'povo escolhido' consorciado, por interesses inconfessáveis, com o maior império do mundo, anulem a voz do Bom Pastor ou destruam a vida do 'Filho do Homem' – e é o que farão –, as harmonias do seu cântico de amor terão alcançado a acústica delicada e sensível das almas em ressonância com os acordes da fé e da esperança.

Enquanto ele falava, João se levantou devagar, em atitude de respeito, e um a um os demais o imitaram visivelmente sensibilizados com aquele cântico de amor do seu Mestre. Num impulso natural e espontâneo, foram se abraçando sob o olhar amoroso de Jesus que, por sua vez, fez breve pausa ao observar aquela atitude e completou, afirmando:

– Os meus discípulos serão reconhecidos por muito se amarem!

À entrada de Pereia, foram recebidos com alegria por alguns nativos do vilarejo, que os saudaram com boas-vindas.

Joachin Barjoás adiantou-se e esclareceu, sem qualquer afetação, bajulação ou falsa modéstia, diante daquele que considerava Messias:

– Rabi, temos alimentos para oferecer a todos durante o tempo que aqui permanecerem. Minha família e as famílias dos meus vizinhos Hilquias, Belial e Hazaal, não dispomos de acomodações adequadas em nossas casas; porém, os nossos celeiros e abrigos de ovelhas têm boa cobertura e os protegerão do frio da noite. Temos também várias peles já curtidas e beneficiadas e poderão ser utilizadas como oferecimento de Hazaael, que é tecelão, e somente serão comercializadas na próxima estação.

– Sejam todos abençoados – respondeu o Metre, ao abraçá-los. – Aceitamos sua generosa oferta, o que nos conforta o corpo, mas que nos reconforta ainda mais de contentamento as almas.

O abrigo das ovelhas era espaçoso, cercado por estacas com pequeno espaço entre si, fincadas no chão e presas por travessas horizontais. A área restrita às ovelhas era separada da área maior, ambiente de tosquia onde ficavam estoques de peles beneficiadas, ferramentas, forragem e outros apetrechos, no momento oferecida como abrigo para os recém-chegados. Duas candeias dependuradas em esteios iluminavam fracamente o ambiente.

Os discípulos adormeceram quase que imediatamente, dominados pelo cansaço da viagem. Apenas João permanecia desperto a se encantar com os murmúrios da noite: o pio melancólico de aves noturnas da região, identificando os machos em desafios por territórios ou para convites de acasalamento.

Há alguma distância do cercado, João percebeu a suavidade da cena ante seus olhos quando a Lua, que conquistara algum espaço acima da linha sinuosa das montanhas distantes, subia silenciosamente a pratear a cabeleira dos trigais. Jesus, sentado em tosco banco de madeira, quase de perfil, deixava ver sua silhueta em contraluz, quase totalmente obscurecida; nesga de claridade desenhava estreita faixa de contorno, evidenciando uma linha de luz sobre os cabelos e a testa, o nariz, a boca e o queixo coberto pela barba, descendo pelo ombro, braço e mão apoiados no joelho. A candeia mais próxima descansava sua frouxa claridade amarelo alaranjada e insinuava a forma do troco.

O discípulo estava magnetizado pelo quadro vivo entre o singelo e o majestoso, único e inesquecível e, ao sentir tão grande amor, chorou por dentro da alma, na inútil tentativa de impedir que as lágrimas transbordassem dos olhos. Assim, julgou ouvir a voz do Mestre, quase inaudível:

– João, meu filho, adormeça e descanse!

E ele adormeceu.

Pela manhã, o balido das ovelhas e as vozes dos pastores despertaram o grupo, e logo os anfitriões trouxeram leite de cabra, mel silvestre, pães, ovos e outros alimentos feitos de trigo e de cevada. Alguns moradores chegaram e todos se alimentaram juntos, com a alegria de uma grande família, em animada conversação a respeito do cotidiano de cada um.

O Messias, que até então se mantivera distante e calado, levantou-se de onde estava, do mesmo banco da noite anterior, o que levou João a concluir que ele não se deitara nem dormira, aproximou-se e sentou-se junto deles. Num misto de doçura e serenidade, expressou-se com segurança e firmeza, conforme a dinâmica que os temas abordados exigiam.

Discorreu a respeito da 'salvação' e de quantos seriam salvos, ao atender ao questionamento de um dos presentes que se havia impressionado com sua doutrina; esclareceu a respeito da necessidade da perseverança em superar as dificuldades, referindo-se à entrada pela porta estreita, uma vez que a outra porta favorece os desvios da conduta quando muitos que desejarem alcançar o 'reino dos céus' não poderão fazê-lo, mesmo declarando que pregaram nas ruas e no Templo a 'palavra da salvação', que o conheciam, que comeram e beberam em sua companhia.

Esclareceu que a negligência ou o adiamento do 'andar enquanto é dia' resultará no encontro da porta fechada, quando o Senhor não os reconhecerá por não terem identificado a verdade oferecida e, consequentemente, praticado as iniquidades cujos interesses são opostos aos do Senhor.

Enquanto isso, na sede da tetrarquia, na Judeia, nos dias da pregação, Herodes Antipas se reuniu com seus assessores e fariseus:

– Ele saiu de Jerusalém e está em Pereia, a arregimentar grande úmero de simpatizantes e seguidores. Livrei-me de João, o Batista, e agora seu sucessor vem me perturbar.

– Mas ele está em Pereia e não mais na Judeia, governador.

– A minha jurisdição vai além das fronteiras e alcançam Pereia.

– E o que propõe, governador? – perguntou um fariseu, seu acólito.

– Vão até Jesus e insinuem que eu programei sua prisão e condenação por liderar e arregimentar seguidores contra o Império. Façam essa ameaça.

– E por que não faríamos isso lá mesmo onde se encontra, já que seus domínios avançam até Pereia?

– Não pretendo ter mais esse incômodo em minhas mãos. Prefiro deixar isso por conta do seu próprio povo, ignorante e orgulhoso. Isso o levará, de imediato, de volta a Jerusalém, onde o sinédrio, sob a direção de Caifás, anseia colocar as mãos nele.

Os fariseus saíram do palácio, em demanda a Betabara, e conversavam entre si.

– Teremos que fazer isso? – perguntou Joiada. – Nós o vimos, ouvimos e reconhecemos que ele está com a Verdade. Ele, sem engano, é o Cristo.

– Não poderemos fugir dessa missão, Abimael, pois Herodes tem o velho conceito sobre a posição política e ideológica dos fariseus, por esse motivo nos designou.

– Façamos a nossa parte – interveio Abdias, conciliador e ponderadamente. – O Messias saberá o que fazer.

Não foi difícil aos três mensageiros encontrarem Jesus, pois a aglomeração de pessoas deu-lhes a indicação.

Jesus percebeu os três recém-chegados e, ao olhar para eles, inquiridor, estimulou o diálogo. De início, pediram para conversarem em particular.

– Viemos à sua procura para lhe informar que Herodes, o tetrarca, tentará matá-lo, por isso seria prudente evadir-se com seus discípulos o mais rapidamente possível.

– Tememos pelo fim de sua missão – atalhou Abdias. – Nós o admiramos e compreendemos sua doutrina, é maravilhosa, mas não temos condições de nos libertarmos do farisaísmo, como instituição, nem de Herodes. Entretanto, somos livres para apreciar sua filosofia, mas não temos possibilidades de um rompimento definitivo, por enquanto.

– Vimos o que ele fez com João, o profeta. João não fez qualquer sinal como você tem feito, mas tudo o que ele pregou a seu respeito é verdadeiro – acrescentou Abimael.

– Saiam daqui depressa – interferiu Joiada –, porque depois que levarmos a resposta a Herodes, ele enviará gente para prendê-lo e aos seus.

– Herodes é como uma raposa e conheço a sua astúcia, pois deseja que eu me amedronte e fuja para Jerusalém e caia nas garras do lobo. Digam a ele que ainda permanecerei por três dias. Hoje e amanhã curarei enfermos, expulsarei espíritos perturbadores, ensinarei a Boa Nova e no terceiro dia terminarei.

– Mas se lhe dermos esse recado, ele não hesitará em prendê-lo, Senhor, e mandará executá-lo de imediato.

– Podem ir seguros de que ele não ousará tocar-me, por ora, para não ser impopular. Ele prefere passar essa responsabilidade para adiante. Depois, irei a Jerusalém porque nunca se espera que um profeta morra fora de lá.

E, voltando-se para o povo, falou com um misto de tristeza e compaixão:

– Jerusalém, Jerusalém, que matas os profetas e apedrejas os que te foram enviados! Quantas vezes quis eu reunir teus filhos como a galinha ajunta os do seu próprio ninho debaixo de suas asas e tu não quiseste! E em verdade vos digo que não mais me vereis até que venhas a dizer: "Bendito o que vem em nome do Senhor!.

Dias depois, voltavam das vilas e aldeias próximas a Betabara e, por causa do grande número de enfermos de toda sorte, o dia pareceu mais longo do que os anteriores. João se apressou e renteou com o Messias e, como sempre, a demonstrar seu fino senso de observação, considerou:

– Mestre, dos setenta e três novos discípulos, notei que três foram dispensados, aqueles que, a meu ver, pareciam os mais interessados, à exceção de Jessé, o líder. O que teria acontecido?

– Ninguém que tenha posto a mão no arado e olhe para trás é apto para o reino de Deus. Não desconheci o interesse e propósitos sinceros dos três. Contudo, pesam-lhes outras prioridades e não seria justo fazê-los atrelarem-se aos árduos caminhos da Boa Nova, no momento, quando seus corações e consciências ficariam presos à retaguarda e isso lhes seria muito penoso.

– E quanto aos pretendentes a discípulos que dispensou, não os deixou entristecidos, Senhor?

– Fiz-lhes a promessa de que, por onde forem ou estiverem, teriam minhas palavras guardadas em suas almas e em seus corações, o que lhes propiciaria tornarem-se arautos da nova fé. Compreendeu, João?

– Compreendi Mestre.

– Era imprescindível que não se sentissem sujeitos a conviverem com sentimentos de inépcia ou de incapacidade aos olhos de Deus.

Veio a noite e, com ela, o repouso merecido e necessário, antecedido por conversas amigáveis e avaliações propostas pelo Mestre do rendimento do dia, findas as quais buscaram suas costumeiras acomodações.

João permaneceu desperto por mais algum tempo e se lembrou de uma das noites anteriores quando registrou, para sempre, nas dobras mais profundas da alma, a visão magnífica da silhueta de Jesus desenhada por contornos de luar. Agora, em quarto minguante, o astro noturno não estava visível no céu àquela hora, a favorecer a amplitude do véu da noite incrustado por miríades de estrelas.

Horas depois, com lenta obediência, a noite não resistiu à contínua e persistente força do Sol e, temporariamente, cedeu o espaço à madrugada, que também se afastou com a promessa de que retornaria após o entardecer.

– O dia da Festa da Páscoa, em Jerusalém, aproxima-se; faltam seis dias. Iremos participar dos festejos, Mestre?

– Iremos, Bartolomeu, e pela última vez, porque lá 'abaterão' o 'Filho do Homem' qual ovelha levada para o sacrifício como oferenda. Quanto a isso lhes alertei inúmeras vezes, a fim de que compreendam que os desígnios de Deus, em seu determinismo, não podem ser alterados.

Os outros que ouviram a conversa evitaram fazer qualquer comentário a respeito de um assunto que muito os constrangia, a morte de Jesus.

– Vamos primeiro a Betânia porque Simão, o que fora leproso, nos preparou uma ceia em seu lar. Desta forma, poderemos também rever nossos queridos amigos Lázaro, Maria e Marta.

Simão, o 'leproso', não cabia em si de contentamento por receber o Messias em sua casa para expressar gratidão por tê-lo livrado de tão perniciosa e humilhante enfermidade.

O ambiente era espaçoso, onde se encontravam, junto a Simão, a família de Lázaro e vários judeus convertidos definitivamente após o retorno de Lázaro à vida. O contentamento se expressava em todas as fisionomias, nos gestos e nas conversas em que os presentes ainda assim agiam com naturalidade, sem os exageros de tratamento, os bajulatórios que normalmente ocorrem na presença dos considerados ilustres ou de destaques na sociedade. Deste modo, a ceia se transformou numa grande reunião de íntima fraternidade familiar.

Como a área era aberta e visível da rua, os transeunte observaram o acontecimento com admiração e comentavam entre si: "porque nunca haviam feito, em suas casas, reunião tão agradável quanto aquela, sem preocupação com aspectos de religião, mas com espontaneidade e alegria?"

Quando um dos convidados encerrou sua conversa com Jesus e Maria, Simão aproveitou para inquirir sobre qual pecado teria cometido para ter enfrentado, por tantos anos, tão doloroso sofrimento, sabendo-se que vivera dignamente e com retidão de caráter.

– Simão, meu amigo, a lepra é moléstia que contamina com facilidade e qualquer pessoa está sujeita à contaminação. Portanto, nem você nem seu pai ou sua mãe pecaram nesta vida, como fala a tradição; no entanto, numa existência anterior você cometeu atos que macularam sua alma. Quando houve a sua 'ressurreição' para a vida atual, seu novo corpo recebeu as marcas do passado que surgiram, com exatidão, na mesma idade com que outrora você se contaminara. Porém, sua conduta retificada por propósitos sinceros e sua demonstração de fé permitiram que ficasse definitivamente limpo.

Estimulados pelas perguntas de Simão, a partir daí outras dúvidas começaram a surgir, a fim de que fossem esclarecidas por Jesus, que as atendeu sem enfado, a começar por Lucas:

– Mestre, aquela mulher que sofria de persistente fluxo de sangue, durante doze anos, tocou-lhe as vestes com cuidado para que não fosse percebida, mas o ouvi dizer que sentiu sair de si uma virtude. O que significa?

– Antes, porém, respondam-me: o que lhes disse a respeito de sua íntima relação de semelhança com Deus?

No outro extremo do grupo, após breve silêncio sem qualquer manifestação, Tomé respondeu:

– Vós sois deuses!

– Isso é uma verdade, Tomé, e quando afirmei "vós sois deuses", quis dizer, também, que o Pai Celeste dotou a todos independentemente de suas virtudes, que podem ser transmitidas ou absorvidas por outrem.

– Como pode isso acontecer? – replicou André. – Não consigo atinar com isso.

– Aproxime-se, André.

Quando André se aproximou, Jesus esclareceu que as virtudes estão por todo o corpo, mas a exteriorização e alcance dependiam de algo mais. Tocando-lhe a testa com a mão esquerda, falou:

– Com isso! – e, ao tocar-lhe com a mão direita espalmada do lado esquerdo do peito... – E com isso aqui também.

André concluiu que havia compreendido que dependeria, concomitantemente, do pensamento associado ao coração. Todavia, Jesus conclamou a João que completasse.

– Mestre, sinto que é muito mais do que do pensamento e do coração; é preciso força de vontade definida pela fé e o poder do sentimento expresso pelo amor.

– João, a inspiração e a intuição são outras tantas virtudes, como dotes generosos do Pai Celeste a todos, como a que você recebeu agora.

Tiago Maior, a seu turno, ao interpelar o Mestre, estabeleceu relação com a pergunta de André, concluindo, então que seria diferenciada da mulher hemorroíssa, a ação que curou o cego, quando Jesus usou a pasta de saliva misturada à terra, aplicara aos olhos do homem e, posteriormente, por sua orientação, mandou que os lavasse no tanque.

– Se não fossem as virtudes que o Pai determinou, alojadas no solo, no ar, nas águas; os vegetais de tantas espécies e tamanhos, da gramínea ao sicômoro, nem mesmo os animais e toda a raça humana não se multiplicariam e não teriam vida. O que se misturou às propriedades e nutrientes vitais da terra foram minhas virtudes mais íntimas que, por minha vontade, fizeram-se visíveis aos seus olhos, do mesmo modo que toquei a língua e os ouvidos do surdo mudo. O Pai atende aos anseios dos filhos, mas nada lhes impõe; por isso, as curas não se efetivam se os enfermos não tiverem as condições identificadas pela vontade e a predisposição de receber e assimilar os recursos divinos pelos vigorosos valores da fé.

– Creio, Senhor, que esse esclarecimento ainda não nos faz compreender quanto à cura do servo do centurião que, por estar distante, não tinha como pedir ajuda ou demonstrar a sua fé; nas mesmas condições, o filho do intendente de Herodes, apenas uma criança, que se encontrava em Capernaum e cujo pai o procurou ansiosamente em Naim.

– Não existe distância que impeça o alcance das virtudes, cuja ação depende da vontade sob o impulso do sentimento, Barnabé. O centurião e o 'régulo' foram os intermediários das bênçãos celestes por causa de sua humildade e dos corações sensíveis. Se tivessem consciência de sua fé e dos dons celestes, das virtudes vivas ainda adormecidas em suas almas, eles mesmos teriam curado tanto o servo, quanto a criança.

– Então, nós também teremos condições de curar? – perguntou Tadeu.

– E de expulsar espíritos infelizes? – acrescentou Judas.

–Têm condições não só de curar e de expulsar espíritos, mas também de oferecer, com propriedade, as sublimes claridades do Evangelho, a fim de favorecerem e estimularem a cura maior, aquela que leva à transformação da alma. Porém, é necessário amadurecimento; se conservassem o mínimo de fé, teriam curado o menino endemoniado, cujo pai me procurou após lhes ter apresentado o enfermo, sem sucesso.

E, voltando-se para os demais participantes da ceia, propôs que lhe indicassem as diferenças entre as duas lições de fé que lhes oferecera: a primeira, "pedi e obtereis, buscai e achareis, batei e abrir-se-vos-á"; a segunda, "se tiverdes fé como um grão de mostarda, direis a este monte: passe daqui para acolá e ele passará. Nada vos será impossível".

João se levantou, aguardou alguma manifestação e, como ninguém demonstrou qualquer intenção nesse sentido, falou com certeza e seriedade:

– A primeira lição se refere à fé na Providência Divina, a certeza de que Ele, como Pai, pode atender; a segunda lição, tão importante quanto a primeira, diz respeito à confiança em si mesmo, nos propósitos de firmes realizações, e acredito que a segunda deve ter apoio da primeira; quando isso acontece, as duas tornam-se indissociáveis. Não obstante essa certeza na solicitude da Providência Divina, deverá haver, invariavelmente, discernimento de quem pede e o que pede ao Pai.

No momento em que os questionamentos pareciam encerrados, Simão, o Zelote, levantou-se calmamente e, com disciplina, aguardou que Jesus lhe fizesse algum sinal de assentimento.

– Todos sabem que pautei minha vida como Zelote e, como tal, preservo a Lei e observei sua afirmativa, Senhor: "Não vim senão para as ovelhas perdidas de Israel". No entanto, estivemos em Tiberíades, cidade gentia; constantemente navegamos de Capernaum para a outra margem do lago, alcançando a Samaria; fomos mais longe, a Sidom e Tiro, e recordo do diálogo com a mulher Cananeia; visitamos Decápolis e recebemos a recomendação de evitarmos aquelas aldeias.

– Também lhes disse, Simão, em sentido simbólico, que não deveríamos dar pérolas aos porcos. Nada obstante, aquelas localidades, com seculares vinculações à cultura helênica, às crenças em vários deuses e outros atributos, não ofereciam condições de se mesclarem com a pureza da Boa Nova, por isso essas cidades eram gentias em 'população e em espírito'. Não foram desprezadas, contudo, pois lá se encontram umas tantas outras ovelhas perdidas de Israel a aguardarem o chamado do Bom Pastor.

"Diferente foi a situação das cidades de Decápolis, com prioridade para Samaria que, por ocorrências históricas e por interesses exclusivistas, desde a morte de Salomão, permitiram a idolatria e favoreceram a guerra com os judeus, o que gerou profunda inimizade. Assim, era necessário deixar a semente do amor e da fraternidade pela ação da Providência, tanto junto à mulher samaritana, em Issacar, quanto ao lado do obsidiado de Gadara. Ambos se transformaram em arautos sinceros e convincentes do meu Evangelho."

– Mestre, ouso insistir nos questionamentos, uma vez que sinto necessidade de compreender cada vez mais as razões de tudo.

– Seus questionamentos são também pertinentes, Simão, e refletem o seu caráter de zeloso das coisas de Deus. Prossiga sem receios.

– Trata-se de sua permanente referência a Deus, como Pai, simplesmente, ao invés de nomeá-lo, como todo mundo, por Elohin, Adonai, Jeová ou Javé.

Jesus cerrou os olhos mais demoradamente do que de costume e, ao abri-los, demorou mais alguns segundos e esclareceu:

– O que posso dizer, Simão, é que todas essas denominações se referem a Deus; entretanto, é preciso compreender as peculiaridades.

"*Elohin* significa 'deuses'. Por entenderem como herança distante das influências idólatras de outros povos, com o passar do tempo simplificou-se para "Deus", o Criador de todas as coisas; *Jeová* ou *Javé* é a tentativa sonora de pronunciar as quatro letras de seu nome próprio *YHWH* (**Y**odh, **H**e, **W**aw, **H**e). Escrevia-se, mas não se pronunciava. Assim, pode-se compreender o diálogo de Moisés, no monte Sinai, com o Espírito: 'Eis quando eu for aos filhos de Israel, e lhes disser: O Deus de vossos pais me enviou a vós; e eles me disserem: Qual é o seu nome? Que lhes direi? E disse Deus a Moisés: **Eu Sou o que sou**. Disse mais: Assim dirás aos filhos de Israel: **Eu Sou** me enviou a vós'. A partir de então, passou a ser considerado o exclusivista *Deus dos Exércitos*.

"Entenda, Simão, que *Elohin*, verdadeiramente, não traduzia a multiplicidade dos deuses da idolatria pagã, mas simplesmente um grupo dos espíritos ou anjos luminosos auxiliares na condução do povo judeu; porém, *Javé*, espírito eleito pela beleza dos seus próprios atributos, aquele que amorosamente me nomeia filho, assumiu perante a Providência Celeste a sagrada missão de incansável condutor de um povo orgulhoso exilado na Terra, mas crente num Deus único.

"A consciência mais profunda de Deus na história do povo judeu é aquela cujo respeito é tão grande que seu nome é impronunciável e proibido. Daí, as quatro letras, simplesmente: *YHWH*. É por isso que está escrito na Lei que não se deve falar o nome de Deus em vão."

Jesus calou-se e, ao dirigir-se a todos, prosseguiu de forma solene:

– Deus, mais do que todas as denominações, o Criador de tudo o que existe, bom e misericordioso, o cuidador de todos os povos e nações, independentemente de raça ou credo, ele é e será sempre o *Pai*.

Bartolomeu, cuja voz era a mais forte dos doze, desta vez com moderação, expressou-se numa espécie de lamento. Primeiro, manteve-se cabisbaixo e, em seguida, levantou a cabeça e olhou para o mestre:

– Creio que falo em nome de todos, mas carregamos certo constrangimento no coração. Por que estão sempre a tentar prendê-lo e levá-lo à morte em todos os lugares onde os seus feitos se fazem claros e abundantes? Os demônios são expulsos, os paralíticos voltam a andar, os surdos ouvem e os cegos veem, as pessoas de má vida se tornam melhores e o seu coração só fala de amor em lições inesquecíveis. Não conseguimos compreender...

O discípulo respirou fundo e prosseguiu em desabafo:

– Inúmeras vezes o ouvimos nos alertar que seria entregue nas mãos dos judeus para ser sacrificado e morto em Jerusalém. Finalmente, vamos para lá, a fim de participar da Festa da Libertação e faltam somente seis dias. Isso tem que acontecer por que as escrituras devem ser cumpridas, obrigatoriamente? Isso foi escrito há mais de quinhentos anos... Parece-me que há alguma coisa errada...

Jesus olhou para Bartolomeu e estendeu seu olhar sobre todos os presentes, respondendo:

– Meu coração se sensibiliza e se alegra, mas é preciso que compreendam o móvel das ações humanas adoentadas por secular egoísmo. A minha presença visível já era esperada por toda Israel e, há três anos, tenho comparecido junto às dores, às angústias de toda ordem, mas também junto àqueles da Boa Nova, em busca do alimento espiritual que consola e que anima.

"As verdades que trago não são diversas daquelas leis fundamentais de comportamento moral contidas na Torá e no constante alerta dos profetas, leis que provêm da Paternidade Celeste, mas bem diferenciadas das que se referem aos atos exteriores. Essas leis somente têm significado para o mundo de relação do dia a dia, exigida por Moisés a título de disciplina para um povo que havia aprendido somente a ser escravo de um soberano totalitarista e que, após a libertação, deveria, em longo estágio de transição até hoje, ser escravo de uma legislação rígida, pois se assim não fosse, qualquer mudança expressiva seria danosa. E essa escravidão persiste acomodada à vida do povo, porém comandada e mantida, consciente e intencionalmente, com sofismas e interpretações convenientes pela hegemonia das castas sacerdotais e administrativas, coniventes com o Império de Roma, em detrimento de toda Israel, por se considerarem herdeiros da fé.

"Eu os incomodo em demasia porque se evidencia para o mundo o que ocultam por não cumprirem a Lei divina que pretendem interpretar e por exigir cumprimento, o que deveriam fazer com respeito e honestidade, mas não o fazem.

"Bartolomeu, meu filho, os fatos não têm que obrigatoriamente acontecer porque estão determinados nas escrituras, à semelhança da exigência de um soberano poderoso e autoritário. Ao contrário, estão nas escrituras porque hão de acontecer, uma vez que os profetas registraram o que o Pai lhes revelou por conhecer o coração de cada um e da coletividade como um todo; como se comportariam num longo período, na contagem do tempo para o homem, mas presente para a consciência Divina que, tudo vê e que tudo sabe.

"Em verdade lhes digo que o Pai é como o Senhor da vinha que, do alto da montanha vê além das curvas de todos os caminhos e de todas as ações de seus servidores: de onde vêm, para onde vão, o que fazem e até onde são capazes de chegar. Que seus corações não se turbem, porque podem destruir 'o filho do homem'; contudo, jamais eliminarão o espírito e a ideia cuja semente se dissemina com a rapidez necessária."

– E nós, Senhor, como ficaremos sem sua presença? – lamentou-se Mateus, sem esconder a amargura na voz. – O que será de nós?

– Serão os dignos continuadores da lavoura. A semente foi lançada, brota e reverdece, mas para que dê flores e frutos, é necessário que os continuadores prossigam a eliminarem as ervas nativas, a manterem a adubação e a poda. Deverão suportar o frio do inverno e os calores do verão extremos que danificam a produtividade. Surgirão insetos vorazes na forma de negadores, detratores e carrascos, mas eu os alerto a respeito da necessária confiança e da expressividade da fé.

– Mas é a sua presença que traz ânimo, coragem e nos estimula a fé.

– Já lhes disse, Mateus, que a fé sem obras é morta. Se eu não me for agora, todos viverão à sombra de minha presença e nunca poderão produzir de si mesmos. Não lamentem, rejubilem-se e conservem o bom ânimo. E quando eu for e vos preparar o lugar, voltarei e vos receberei para mim mesmo, para que onde eu estiver estejais vós também.

"Guardem a alegria e a esperança por serem a candeia que jamais se apaga, pois o óleo que a alimenta nunca se extingue e esse óleo vocês têm em abundância e, mais ainda, asseguro-lhes que, no tempo certo, o Pai enviará outro Consolador, que ficará para sempre.

"No momento, o Espírito da Verdade não pode se apresentar porque o mundo ainda não tem condições de compreendê-lo, não sendo de capaz de vê-lo e de senti-lo. Vocês, porém, conhecem-no, pois habita em suas almas.

"Em breve, o mundo não mais me verá, mas vocês sempre me verão porque eu vivo e vocês também viverão. Se eu não me for agora, todos permanecerão à sombra de minha presença e nunca poderão produzir com a realização da própria experiência. Se Abraão tivesse permanecido em Ur, sem obedecer a proposta de Javé, toda a sua descendência teria perecido, contaminada com as crenças nos deuses sanguinários. E as sementes que caem e vivem ao pé da árvore sempre fenecem."

Enquanto Jesus exortava, pacificando as almas dos seus amigos silenciosos, estimulando-os à confiança e à alegria, vinha do fundo da sala um perfume delicado e sutil, de início, que trazido pela aragem inundou o ambiente. A fragrância de bálsamo de nardo puro maravilhosamente dominou a ceia; foi aí que perceberam que Maria quebrara o vaso de alabastro e transportava-o, com cuidado, pelo meio dos visitantes até chegar-se a Jesus. Todos silenciaram com admiração.

Calmamente, ungiu-lhe a cabeça e os pés, que passou a enxugar, em seguida, com seus longos cabelos.

Judas e mais dois outros discípulos, embora com respeito, consideraram:

– É desperdício, um perfume tão caro... Seu valor poderia ser dado aos pobres, pois trezentos denários representam trezentos dias de trabalho...

Com um gesto, Jesus impeliu-os ao silêncio e repreendeu, com voz pausada e palavras bem marcadas, mas com severidade:

– Ainda não aprenderam que serão julgados com a mesma medida com que julgarem? Dias atrás, na casa do fariseu, uma mulher que consideraram de má vida, chorando, ungiu-me com o unguento de nardo que conduzia num vaso de alabastro. Lavou-me os pés com suas lágrimas e os enxugou com seus cabelos; beijou-me os pés e ungiu-me com o unguento perfumado e ninguém, até então, dera-me água para os pés cansados das longas caminhadas. A partir dali, ela transformou-se definitivamente, apesar do constante assédio dos comparsas adúlteros.

"Em Sicar, não fui poupado pelos murmúrios dos meus em críticas inoportunas por causa do diálogo com a mulher samaritana à beira do poço de Jacó. No entanto, foi ela quem se tornou a defensora do meu Evangelho e sensibilizou o povo de Samaria.

"E agora, por que molestam Maria? Ela silenciosamente fala de seu amor e devoção. Os pobres sempre, sempre estarão às suas portas para uma boa ação em qualquer época, mas a mim nem sempre terão, porque retornarei ao Pai e Maria traz essa consciência no fundo da alma, mais do que qualquer um; e, ao derramar o perfume de nardo sobre mim, o faz para o meu sepultamento.

"Digo-lhes, ainda, que onde for pregado o meu Evangelho, em todo o mundo, será contado, também, o que ela fez para a memória sua. Guardem no coração este momento, pois nunca mais acontecerá, porque ele é único."

Jesus pediu a Maria que guardasse o restante do nardo, dizendo-lhe que ela sabia o porquê, calando-se em seguida. Maria, ajoelhada aos seus pés, levantou a cabeça e, com os olhos umedecidos, conseguiu balbuciar:

– Meu Jesus!... Meu bom amigo!...

Misteriosamente, uma aragem invadiu o salão e as ondas de perfume de nardo se intensificaram, escapando para além das portas e janelas, a alcançarem o exterior. Alguns transeuntes que por ali passavam impregnaram-se, atônitos; pararam e, em se aproximando, perceberam, extasiados, além da fragrância estranha, suave claridade no interior daquele cenáculo.

16 Um peregrino feliz

Dois dias antes de se dirigirem a Betânia, quando retornavam da peregrinação nos arredores da aldeia de Betabara, em Pereia, um homem veio-lhes ao encontro e parecia apressado. Trazia recado das irmãs Maria e Marta para informar que Lázaro estava bastante enfermo e padecia muito:

– Retorne e diga que irei até elas – respondeu Jesus –; a enfermidade de Lázaro não é para morte, e sim para que vejam a glória de Deus e autenticada a missão que o Pai confiou ao 'Filho do Homem'.

Passados dois dias, Simão Pedro, preocupado, interpelou seu Mestre:

– Senhor, já se passaram dois dias desde que rebemos o recado de que Lázaro, o seu amigo, estava muito doente e o vejo tranquilo.

– Simão, hoje mesmo, ainda nessa manhã, seguiremos para a Judeia, novamente.

– Mas ainda agora os judeus tentaram apedrejá-lo e, mesmo assim, o Senhor retornará para aquele lugar?

– Nosso amigo Lázaro adormeceu, desse então, mas vou para despertá-lo.

– Mas, se ele dorme, Senhor – deduziu Simão Pedro –, ele estará salvo e descansando; penso que não deve haver preocupações maiores.

– E por quanto tempo ele ficaria repousando? Durante todos esses dias? Não se trata do repouso do sono, e sim do espírito. Para o mundo, porém, Lázaro morreu.

– Esclareça melhor, Mestre, não compreendo. Ele está vivo e morto ao mesmo tempo?

– Trata-se de morte aparente, o corpo dorme como se estivesse morto e seu espírito não o abandonou, nem foi expulso. Alegro-me que vocês lá não estivessem, a fim de que se consolidasse a sua crença. Vamos ter com ele.

Tomé, então, decididamente falou para os companheiros que acompanhavam o diálogo:

– Se ele vai, então, também vamos para morrer com ele!

Betânia, distante quinze estádios de Jerusalém, aproximadamente três quilômetros, favoreceu a presença de muitos judeus para o reconforto de Marta e de Maria por causa de seu irmão falecido. Quando também lá chegaram Jesus e os doze, Lázaro já havia sido sepultado há quatro dias. Maria ficou em casa e Marta, aos prantos, foi ao seu encontro à entrada do vilarejo:

– Senhor, se você estivesse aqui, meu irmão não teria morrido, mas creio, com firmeza que tudo o que pedir a Deus, ele lhe concederá.

– Acalme-se, Marta – falou Jesus, condoído com a dor da amiga –, o seu irmão ressurgirá.

– Compreendo, Senhor – respondeu Marta, entre soluços –, que todos ressurgiremos no último dia do final dos tempos, mas meu irmão se foi agora.

– Eu sou a ressurreição e quem crê em mim, ainda que morra, nunca morrerá. Crê nisso, Marta?

– Eu creio, Mestre, e creio que o Senhor é o Cristo, filho de Deus que deveria vir ao mundo, mas como pode isso acontecer?

– Refiro-me, sobretudo, à consciência da imortalidade da alma, pois mesmo morto o corpo, o espírito verá a si mesmo e se sentirá com a consciência de sua individualidade eterna.

Marta não compreendeu muito bem, contudo confiava no Messias; retirou-se, foi ao encontro de Maria e chamou-a em particular, porque havia muita gente na casa, para segredar-lhe que Jesus a chamava. Ela se levantou e foi para onde Marta o deixara, pois ele ainda não entrara no povoado; entretanto, os judeus a acompanharam, achando que ela iria chorar no túmulo do irmão.

– Senhor! – exclamou Maria, também aos prantos, lançando-se aos seus pés e repetindo o que Marta havia dito. – Se você estivesse aqui, meu irmão não teria morrido!

Jesus, comovido com a tristeza de Maria e dos judeus que a haviam seguido perguntou onde era o túmulo e pediu que o levassem até lá.

Ao chegarem à entrada, perceberam a comoção de Jesus com a dor de Marta, de Maria e dos judeus que nem eram seus parentes, mas que lhe devotavam grande apreço e comentaram: "Vejam como ele o amava"; outros insistiam que, como havia aberto a visão aos cegos, poderia, desta feita, trazer Lázaro à vida.

Jesus, decidido, ordenou que removessem a pesada pedra da entrada. No entanto, Marta objetou que o irmão sepultado há quatro dias deveria estar cheirando mal.

– Marta, não lhe disse que, se você acreditar, verá a glória que vem de Deus? O mau cheiro não pertence a Lázaro, e sim aos mortos que lá se encontram há tempos.

A pedra foi removida por vários homens e, naquele momento significativo, diante de multidão comovida e silenciosa, Jesus orou com os olhos cerrados:

– Graças lhe dou, Pai, por me ter ouvido. Sei que sempre me ouve os clamores e, se lhe dou graças e lhe peço, é por causa dessa multidão, a fim de que, crendo no seu enviado, creiam em Sua presença divina.

E apontando para a entrada do túmulo, ordenou em voz alta e firme:

– Lázaro! Vem para fora!

A multidão, sensibilizada e em prantos incontidos, viu quando Lázaro saiu do túmulo, caminhando com ataduras a envolverem cada uma das pernas, cada braço, o tronco e a cabeça coberta por lençol.

– Libertem-no das ataduras e o deixem ir!

Marta e Maria abraçaram-se a Jesus, exultantes de alegria; e aos judeus, que a tudo presenciaram, era impossível não crer no Messias, mas alguns deles foram pressurosamente procurar os fariseus para relatarem os acontecimentos. O que era membro do sinédrio partiu, sem demora, para Jerusalém, a fim de se encontrar com o sumo sacerdote e apresentar a mensagem dos rabinos a respeito dos feitos vistos, da conversão de muitos outros judeus e da certeza da permanência de Jesus naquela localidade por mais algum tempo, o que propiciaria alguma providência por parte das autoridades da capital.

Era a oportunidade que Caifás esperava. Convocou uma reunião de emergência do sinédrio com os principais sacerdotes e, como sempre fazia, com a presença de fariseus.

A discussão começou acalorada e um deles alteou a voz para reclamar, muito aborrecido:

– Quero saber, agora, que providências serão tomadas, de imediato, porque a supremacia do sinédrio está abalada, desprotegida.

– E por um filho de carpinteiro! – completou outro, tão exaltado quanto o primeiro. – Ele opera muitos sinais, faz milagres e nos expõe ao ridículo, acintosamente, diante do povo: os sacerdotes, os fariseus, os escribas, os rabinos...

Um terceiro homem deu um soco na mesa próxima, exasperando-se, ao afirmar que, se deixassem Jesus de Nazaré prosseguir, todos acreditariam nele, e informou que os romanos, aquartelados na Torre Antônia, andavam agitados e que poderiam, sem dúvida alguma, tomar de assalto o sinédrio para tornar extintos o Templo, Jerusalém e toda a nação.

Caifás, o sumo sacerdote daquele ano, levantou as duas mãos a impor silêncio e advertiu:

– Vocês nada sabem, esbravejam e parecem não raciocinar, pois não pensaram considerar que convém morrer um só homem pelo povo para que não perca toda Israel.

O sumo sacerdote tomou um ar sinistro e, simulando postura profética, uma vez que já planejara tudo, afirmou com voz solene:

– Jesus irá morrer pela nação, mas não somente pela nação, porque sua morte unirá todos os filhos de Deus que andam dispersos como num só corpo. E serão esses 'filhos unidos' por sua presença, que serão os mesmos que o condenarão por descobrirem que ele não será nenhum rei, nem o salvador que esperavam.

Depois desse discurso, decidiram pela eliminação de Jesus e de Lázaro, também. Caifás, tomando a dianteira, ordenou que o chefe da guarda reunisse alguns homens, fosse até Betânia e trouxesse os dois presos, mas que não se preocupasse, porque aquela gente pacata e os discípulos não ofereceriam resistência, que levassem dois sacerdotes e um escriba para fins de autenticação da ordem emanada do sinédrio. Em seguida, Caifás instruiu a todos os comparsas para que se Jesus, Jesus de Nazaré, o Galileu ou com qualquer nome que se apresentasse, aparecesse no Templo, que fosse informado, pois os guardas estariam em prontidão para prendê-lo. Era necessário que desta forma, como prisioneiro fora da Lei, julgado e decretado pelo sinédrio, fosse desacreditado pelo próprio povo.

Em Betânia, Simão, o leproso, assim conhecido por ter sido estigmatizado pela doença e anteriormente curado por Jesus, aproximou-se do grupo formado por Lázaro, Maria, Marta e os discípulos, para falar-lhes, a meia-voz, para que os judeus, fariseus e rabinos mais próximos não ouvissem, que o representante do sinédrio saiu às pressas pela estrada que leva a Jerusalém após reunião na sinagoga e, pelo tempo transcorrido, já deveria ter chegado ao seu destino. Consequentemente, logo estariam em Betânia para prendê-los.

Quando Simão Pedro perguntou como tomara conhecimento daqueles fatos, ele respondeu que, por dedução e por conhecer muito bem aquela gente. Explicou que, por ter sido um doente desprezado e ignorado, como era de costume, não segredavam suas conversas em sua frente.

Enquanto isso, há dois quilômetros dali, os emissários de Caifás vinham apressados, mas com a certeza de que Jesus permaneceria em Betânia por mais algum tempo, o que seria suficiente para encontrá-lo e prendê-lo.

– Partiremos logo – replicou o Mestre –, vamos para Efraim, porque ainda não é chegada a minha hora.

– Então não demorem, por favor, eles andam rápido – sugeriu Simão, o leproso, visivelmente preocupado com a segurança de todos. – Quando chegarem às proximidade da região mais desértica antes de Efraim, procurem pela casa de Eleanor, minha irmã, ela terá imensa alegria em recebê-los pelo tempo que for necessário.

Marta, Maria e Lázaro abraçaram longamente o Mestre e Lázaro beijou-lhe as mãos. Simão, com certa ansiedade pelas preocupações, insistiu, mais uma vez, que saíssem dali, considerando o curto tempo de viagem de Jerusalém a Betânia.

Os três irmãos, agora com a presença de Simão, abraçaram, com o mesmo carinho, cada um dos discípulos. Simão Pedro aproximou-se de Tomé para segredar:

– Compreende agora, meu amigo, a predileção do Senhor por essa região e essa gente?

E, logo em seguida, iniciaram a viagem.

Ao se aproximarem da bifurcação, onde um bosque de abetos dividia para a esquerda a estrada para Jerusalém e, à direita, para Efraim, João percebeu um grupo de homens apressados, alguns portando armas, vindo pela estrada da esquerda, e sugeriu que se apressassem para alcançar a estrada da direita, a fim de evitarem um encontro direto, desnecessário, com aquele grupo.

Do outro extremo, a comitiva de Caifás percebeu o grupo em sentido contrário ao deles e um dos fariseus pediu para acelerarem os passos, para mais rapidamente procederem à abordagem de averiguação. Ato contínuo, passou à frente, seguido pelos demais.

João, muito atento, observou a manobra deles e insistiu pela pressa para contornarem mais aceleradamente o bosque de abetos, seguindo pela estrada de Efraim antes do inevitável encontro, se continuassem lentos, e acrescentou:

– Temo por Lázaro, Senhor, a esta hora indefeso. Penso que deveria ter vindo conosco; se querem Jesus morto, Lázaro é a prova de que precisam para uma sentença.

Jesus, percebendo que as preocupações de João traziam inquietações e insegurança aos seus companheiros, em virtude dos murmúrios crescentes, fez com que parassem, reuniu-os ao seu redor, colocou a mão no ombro do jovem discípulo e considerou:

– Acalme-se, João, qualquer alteração em nossa marcha de viajantes comuns inevitavelmente chamará a atenção, assim como a deles chamou a sua e já lhes assegurei, por várias vezes, sobre o que me acontecerá em Jerusalém, mas afirmei que ainda não é chegada a minha hora e lhes pedi que não temessem coisa alguma. Os emissários que vêm adiante não nos incomodarão, pois estarão à nossa procura em Betânia e não em busca de um grupo saindo da localidade; quanto a Lázaro, sem nossa presença, não o molestarão por não terem como usá-lo na condição de prova. Para tranquilizá-lo, João, dividamo-nos em três grupos, separados e distintos uns dos outros, e sigamos indiferentes a eles e eles serão indiferentes a nós.

– E se nos seguirem até Efraim? – perguntou Bartolomeu, não menos preocupado do que João. – É certo que se informarão com os judeus que sabem do nosso paradeiro.

– A autoridade do sinédrio e de Caifás é tão vigorosa que os seus subordinados seguem, à risca, as ordens recebidas para não sofrerem sanções a possíveis erros. E as ordens dadas foram para uma operação de prisão em Betânia e não farão nada, além disso. Agora, em frente, o primeiro grupo de quatro, logo depois, o segundo de cinco comigo e, a seguir, o terceiro, a passos normais de quaisquer viajantes habituais.

Entrementes, na comitiva de Jerusalém, o líder ordenou:

– Esperem! Não nos apressemos, pois detemos a informação de que o Nazareno e os seus não têm intenções de sair da aldeia e, para não perdermos a ação da surpresa, vamos normalmente, sem despertar suspeitas.

Os dois grupos se cruzaram antes da bifurcação do bosque, com alguns cumprimentos costumeiros, e seguiram seus caminhos em sentidos opostos.

No centro urbano, Marta, Maria e Lázaro seguiram para casa pela rua empoeirada, abraçados e felizes, seguidos por Simão e pelos amigos judeus.

Enquanto isso, na estrada para Efraim, João, com o coração mais aliviado ante um perigo que considerava iminente, aproximou-se e, como sempre irrequieto, perguntou ao Mestre que permanecera em silêncio:

– Senhor, estou muito admirado; explique-me, por favor, como foi possível despertar Lázaro para a vida.

– Em breve conversaremos, meu filho, mas, no momento, aproveite a nossa paz, abra os ouvidos e os olhos e perceba o que nos cerca de grandioso, desde as coisas insignificantes às mais complexas – o som do vento, que vem do alto a agitar as folhas das palmeiras, e do chão a deslocar os montículos de poeira; o brilho do sol nos grânulos de areia irisados pelo sol; o chiado descompassado do cascalho sob as sandálias e o zumbido de um inseto; perceba as surpresas em cada curva do caminho. Assimila tudo e escuta, também com atenção, a sua alma, e deixa que essas harmonias celestes, como virtudes que pulsam em seu coração, expandam-se e irradiem até onde puderem e alcancem, desde a vida em torno aos ilimitados espaços celestes...

Aproximava-se o término da viagem, indicado pelo tempo transcorrido e pelos sinais de presença humana: vozes indistintas próximas, terrenos cultivados e animais domésticos no caminho e, um pouco mais distante, as proximidades do deserto onde encontrariam a casa da irmã de Simão, o leproso.

O calor se enfraquecia pouco a pouco com o acomodar-se do sol, que buscava o contorno das montanhas distantes, no oriente, para descansar por detrás, após o longo trabalho de atravessar o céu na curva do dia, mas ainda deixava viver, sobre a terra, a força de sua claridade.

No meio da estrada, depararam-se com um homem singular, parado e de pé segurando um cajado apoiado no chão, como se estivesse à espera de alguém. Velho e descalço com aspecto de ermitão; magro, mas rijo e de pele ressecada pelo sol; barba e cabelos longos e grisalhos, quase totalmente brancos; de braços, pernas e torso nus, cingindo-lhe, apenas, uma vestimenta de pele de camelo a contornar-lhe os quadris, presa na cintura e sustentada por uma tira de couro atravessada no peito e nas costas, do ombro à cintura.

Irradiando dos olhos serenos um brilho de humildade e de alegria, entoava esquecida canção, outrora cantada nos templos e sinagogas, emoldurando trechos do Salmo 42:

> Assim como suspira a corsa
> pelas correntes de água
> Por ti, ó Deus, suspira a minha alma.
> A minha alma tem sede de Deus,
> do Deus vivo;
> Quando irei e me verei
> Perante a face de Deus?
> As minhas lágrimas
> têm sido o meu alimento,
> dia e noite enquanto me dizem
> continuamente:
> O teu Deus onde está?
> Lembro-me destas coisas
> E, dentro em mim, se derrama a alma. [...]
> Contudo o Senhor durante o dia
> me concede misericórdia
> e à noite, comigo, está o seu cântico
> Uma oração ao Deus de minha vida...

Os discípulos foram-se aproximando do peregrino e, um a um, aos poucos, recordando-se do antigo cântico, juntaram suas vozes, que se espalharam harmônicas pelo ar daquelas horas tardias.

Em pouco tempo, atraídos pela sonoridade do cântico, homens e mulheres, velhos e crianças, moradores da localidade aproximaram-se. Eles também, por sua vez, em se recordando do velho hino de louvor e de evocação, somaram suas vozes em espontâneo coral, numa envolvência de ternura e desconhecida emoção.

O velho se aproximou de Jesus, beijou-lhe as mãos e sorriu. Jesus olhou-o nos olhos, beijou-lhe as faces encarquilhadas e sorriu também. O peregrino, de olhos umedecidos, disse somente: “Eu encontrei o Cristo de Deus, agora estou feliz e em paz”. A seguir, voltou-se para a estrada e seguiu seu caminho, cantarolando o antigo cântico do salmo quarenta e dois.

Quando o peregrino desapareceu, ao dobrar a curva distante, o Sol finalmente iniciou sua despedida, ao apagar o seu esplendor mergulhando além dos montes.

17
Sob a luz dos archotes

De longe, os discípulos localizaram a casa onde morava a irmã de Simão, o leproso.

Um pouco mais distante, na direção da região plana e desértica, as ondas de calor, ascendentes, faziam ondular e tremer a imagem do círculo de fogo em que se tornara o Sol, ainda pendente acima do horizonte, a permitir que as primeiras aragens do entardecer trouxessem a sensação de frescor perdida ao longo do dia. Assim, as folhas das palmeiras e das oliveiras puderam mostrar sinal de vida, pois até então permaneceram silenciosas e sem qualquer agitação.

– Deve ser aquela casa, Mestre, pois é a única que encontramos nas proximidades do deserto.

– É aquela sim, Tiago.

– O Senhor tem permanecido silencioso, nesta viagem; há algum tempo não nos traz lições do seu Evangelho.

– Nem é preciso, Simão, porque teremos, logo, sábias lições de vida, que exaltam a bondade, a coragem da fé, a força de trabalho e a sabedoria, e não serão por minha voz. Estejam atentos e guardem, no coração, as lições com as quais se depararão aqui, nesta parte de Efraim.

Eleonora, a irmã de Simão, tangia cabras para o abrigo e providenciava o alimento para elas quando os visitantes chegaram. O balido diferenciado das cabras alertou-a quanto à aproximação de estranhos. Ela se voltou e, de imediato, dirigiu-se para a cerca que separa as áreas externas e internas, retirou as travessas horizontais e convidou os visitantes para entrar:

– Entrem e sejam bem-vindos. Sei quem são e que vêm em paz. Meu irmão já mandara me avisar sobre a vinda de vocês. Sinto-me honrada e feliz por dividir meu abrigo e meu pão com todos. Vou providenciar água para que banhem os pés, mas me desculpem por não possuir serviçais que façam isso. No entanto, eu mesma o farei, com alegria.

– Não é preciso, Eleonora – objetou Jesus. – Desde os tempos de Abraão, por centenas de anos, esse costume se sedimentou como boas-vindas e como um ato de humildade de quem hospeda, ao entender que estejam cansados os pés dos viandantes.

– Então, Senhor...

– Não desprezamos nem desdenhamos sua oferta; entretanto, é importante a valorização do esforço próprio em favor de si mesmo, a começar pelos atos mais simples como lavar os próprios pés. Nós mesmos faremos e, por isso, receba nossa gratidão.

A casa de Eleonora era cercada por pequeno pomar, onde havia o cultivo de uvas e de azeitonas nos canteiros organizados e viçosos de hortaliças e de legumes nas proximidades de romãzeiras e melões.

No ponto ligeiramente mais elevado do terreno, destacava-se um poço e, ao seu lado, um reservatório de água de mesmo diâmetro.

– Moro aqui, Senhor, com meus cinco filhos, que me auxiliam na lida para a nossa sobrevivência – explicou-se Eleonora.

Na área interna, bem espaçosa, acomodavam-se os visitantes, quando chegaram, alegres e buliçosos, os cinco filhos da anfitriã.

– Mestre – observou Simão Pedro, sempre atento a tudo –, vejo que esta mulher é muito nova para ter cinco filhos e filhas a aparentarem ter as mesmas idades, talvez entre nove e dez anos.

– Isso representará a primeira lição a respeito do que lhes disse. Ela é afável, mas segura e gentil. Faça-lhe perguntas e ela não se fará de rogada para responder.

Eleonora, muito ativa e independente, diferentemente das mulheres sem destaque e submissas de sua época, ao perceber o diálogo, sorriu e perguntou, de modo que despertasse a atenção de todos, se poderia ser útil:

– Vocês têm alguma dúvida? Pergunto porque tudo aqui sempre desperta algum interesse em quem chega. Responderei com muito prazer.

– Vejo que a senhora tem cinco filhos e filhas saudáveis – antecipou-se Simão Pedro aos demais –; são alegres e laboriosos. No entanto, parece-me que têm a mesma idade...

– Estes são filhos do coração e, mesmo assim, considero-me mãe deles. Eu casei com as ânsias de uma maternidade abençoada com muitos filhos e não me constranjo em dizer que me descobri estéril. Meu marido utilizou-se da lei para me abandonar e, como era dono de várias propriedades, deixou-me esta, para mim de bom tamanho, não por ser generoso, mas porque era a menor de todas e não lhe faria falta.

"Estes meus filhos eram filhos de outras mães em situações calamitosas: ou despreparadas para a maternidade, difamadas, abandonadas ,ou perdidas no mundo e, mesmo antes da separação, eu já me empenhava, vez por outra, em trazê-los para que passassem algum tempo em minha residência. Enfim, depois de me colocar em situações humilhantes, na comunidade, ele se utilizou dessa situação para definir sua posição diante de um casamento que não mais queria. Quando ele exigiu que eu decidisse entre sua presença e a das crianças, uma vez que se sentia maculado pelas origens delas, eu não tive dúvidas e aqui estão elas, para a nossa alegria."

– É difícil a ação educativa dessas crianças? – inquiriu Simão, o zelote. – Aprendem apenas as coisas do cultivo da terra? E como fica a orientação religiosa, sempre tão exigida quanto aos preceitos da Torá?

– Não, amigo – respondeu Eleonora, com um sorriso nos lábios –, essa é a educação básica no lar e a importância do trabalho, perante Deus e si mesmas. Quando precisamos de algum serviço profissional para a casa, mobiliário ou outra especialidade, vem o profissional, como por exemplo um carpinteiro, um oleiro ou do cultivo da terra, com a condição de ensinar a sua arte. Não vou à sinagoga porque não seria aceita nos ofícios religiosos, mas as crianças vão com regularidade e os rabinos não têm condições para recusá-las. Em casa, eu complemento e corrijo as distorções intencionais. Elas assim guardam, no coração, com esperanças e certezas, a presença do Messias.

Uma das crianças presentes, muito atenta, levantou a mão e a mãe consentiu que falasse. Ela, então, dirigiu-se diretamente a Jesus, com muita desenvoltura:

– Nós já sabemos que você é Jesus de Nazaré e também que é o Messias anunciado pelos profetas da Torá. Os rabinos falam nisso o tempo todo nas aulas com a gente – e, sorrindo de forma matreira completou: – Eles só não sabem que é você... Nosso tio Simão, que mora em Betânia, contou tudo o que você fez com ele. Nós estávamos muito tristes com a notícia de que ele iria morrer. Deixou de nos visitar por causa daquela doença e você o curou. Estamos muito felizes.

– E qual a lição mais importante que vocês aprenderam com tudo isso?

Outra menina, de olhos muito vivos e com as duas mãos na cintura, confirmava, com gestos de cabeça, e prosseguiu:

– Aprendemos, Jesus de Nazaré, que bom não é somente ficar curado das doenças que tanto fazem sofrer. Nosso tio Simão sempre foi muito bom conosco, mas era muito zangado e se aborrecia com os outros por qualquer coisa, culpando Deus por todas as coisas ruins. Ele agora é amigo e bondoso com todos e também ajuda a quem precisa; é calmo, pensa que com Deus tudo é possível, e nos disse que aprendeu tudo com você.

– E o que mais aprenderam? – perguntou Jesus, estimulando a participação dos demais.

– Você não sabe o que ele disse para minha mãe quando ela estava muito zangada com o marido!...

– E o que foi que ele disse? Conte para nós!

– Uma coisa muito difícil, mas eu acho que ela aprendeu... e nós também, porque estávamos muito zangados com ele: que a gente não faz nada de especial quando perdoa os amigos. É mais importante perdoar as pessoas que nos fazem sofrer e perdoar até os inimigos.

– Essa é uma grande lição que o Pai Celeste deixou para todo mundo, mas isso tem algum significado para vocês, que são crianças?

– Eu sei!... Eu sei!... – exclamou um menino, com entusiasmo, o que parecia ser o mais novo e o mais precoce. – É amar a Deus e amar a todas as pessoas.

– Vocês falaram com acerto e sabedoria e, para serem mais felizes e sábios, no futuro, jamais se esqueçam disso.

A conversação prosseguiu por mais algum tempo, com a participação entusiasmada das crianças sob o estímulo de Jesus, até que todos sentiram a necessidade do repouso. Alguns se acomodaram em suas mantas de viagem, ali mesmo, nas dependências da casa, e outros preferiram permanecer no espaço externo, para aproveitarem o frescor da noite.

Pela manhã, Bartolomeu, nas conversações gerais, considerou com Eleonora que não compreendia porque aquela região, um tanto árida, não possuindo a fertilidade exuberante do Vale do Jordão, apresentava vegetação saudável, fresca e de verde em abundância.

Eleonora prestou-se a r, convidando-o a observar o que acontecera no pomar:

– Um oleiro nosso amigo fez esse reservatório de bom tamanho, na parte mais alta, para acumularmos as águas retiradas do poço. Fez os tijolos e ensinou as crianças a trabalharem adequadamente com a argila, para produzirmos essa canaletas de dois 'pés' de comprimento, semelhantes à metade de gomos de olmos que não são abundantes por aqui, e unimos umas às outras, superpondo as extremidades para ligar o reservatório a todos os canteiros e leiras. O poço é fundo, porém tem água suficiente para manter a umidade da terra, nem pouco nem demais, para os arbustos e árvores maiores, como as oliveiras, romãzeiras. Veja que, ao lado delas, há vasos grandes que, durante a noite, as vão irrigando pelo pequeno furo próximo ao chão.

– E quem lhe ensinou tudo isso? Jamais vi alguma coisa semelhante.

Eleonora sorriu mais uma vez e, apontando o dedo indicador para o céu, disse que havia sido a inspiração divina, depois de tanto orar.

André, que acompanhara o diálogo, ao reconhecer que a espontaneidade e a segurança daquela corajosa mulher dava a liberdade para tanto, observou que, apesar do viço das hortaliças, dos tubérculos e de outros vegetais cultivados, os canteiros e leiras, bem organizados, tinham mato e ervas em abundância dispensável.

– Não se trata de descuido, André. As pragas de gafanhotos e outros insetos daninhos são comuns nesta região e, além de não sabermos como impedi-los, consideramos o mais importante: como as borboletas, as abelhas e os passarinhos, eles também são filhos de Deus. Levamos bastante tempo lutando e observando os seus hábitos e descobrimos que eles gostam de um tipo de mato e de uma hortaliça não muito importante; então, plantamos tudo junto, assim os prejuízos são poucos – e, com um sorriso de triunfo, Eleonora concluiu: – Eles têm o que é deles e nós temos o que é nosso. Como a produção é boa, levamos o excedente para as feiras semanais do vilarejo de Efraim, o mais próximo de nós.

– E como se comportam os outros moradores dessa região vendo tudo o que você fez? – dessa vez coube a Tiago, o mais velho, suprir sua curiosidade, sendo completado por Judas de Queriote:

– Isso é muito bom e lucrativo, pois deve render algumas moedas para o sustento da família e alguma reserva.

– As moedas não nos preocupam, nem as reservas dessa natureza, porque, quando inventamos alguma coisa ou descobrimos processos novos, passamos tudo para todos, não há segredos. Se tudo vem do Pai, então é para todo mundo. Cada morador tem suas produções próprias e específicas. Toda semana, fazemos as feiras no mercado do vilarejo, então um supre o outro no que lhe falta. Quando chegam mascates com mercadorias que não possuímos, nós as trocamos por aquilo que lhes falta nas viagens: o alimento, leite, mel, carnes, tecidos e nossa alegria.

– É muita novidade em tão pouco tempo – acrescentou Tomé.

– Há alguma coisa a mais que não sabemos? – insistiu Mateus. – Parece que já vimos tudo.

Enquanto os diálogos se sucediam, Simão Pedro observava, a certa distância, a saudável curiosidade que Eleonora despertara no seu grupo de companheiros e pensava nas palavras de Jesus, quanto às lições de sabedoria que iriam receber, não por sua voz. Deste modo percebia, com sinceridade, o valor do trabalho em favor de alguém, principalmente de crianças, do desprendimento de que é capaz um coração materno e do poder da fé inabalável que aquela mulher boa e corajosa cultivava, com simplicidade, no coração.

O outro Tiago, o mais novo, Mateus e João foram ajudar as crianças nos afazeres costumeiros do trato com a terra: afofamento, irrigação, adubação, poda, além da alimentação e ordenha das cabras produtoras, tudo entremeado com a conversa bastante animada, onde narravam as histórias, as lições e os feitos de Jesus.

– Não viram de tudo – continuou a anfitriã, sempre com um sorriso no rosto, feliz por acolher a todos. – Há, ainda, uma novidade. Notei que sua atenção foi despertada pelas roupas alegres dos meus filhos... Foram tingidas e as estacas das cercas também coloridas. Venham comigo às dependências do fundo, ali estão os teares e a produção de tinturas.

– Por que vocês tingem os tecidos? – interessou-se Judas. – E como fazem isso?

– As crianças, em suas brincadeiras, sempre têm rasgos nas roupas, além de manchas por terra e por nódoas de frutas difíceis de serem retiradas; por isso, resolvi tingi-las. Comecei por tentar extrair as tinturas das terras, das frutas e de outros vegetais, macerando-as com água, com azeite e até com vinho; no entanto, as tinturas acabavam por ser removidas facilmente em pouco tempo. Descobri que há uma tendência do leite, das claras de ovos e de resinas aderirem nos recipientes; de resto, foi acrescentar essas misturas e deu certo. Mas isso é segredinho nosso... – acrescentou, sorrindo.

Durante toda a manhã e parte da tarde, os discípulos, muito alegres, permaneceram completamente envolvidos com Eleonora e seus filhos, sem se darem conta do tempo transcorrido. Eram pescadores trabalhando com outros valores: os da terra.

– Mestre, agora compreendo suas palavras quando chegávamos neste local – comentou Simão Pedro com Jesus. – Estamos tendo sábias lições de vida e de superação, de bondade e de trabalho, de coragem e de fé.

– Era preciso que compreendessem o que lhes disse a respeito da minha vinda para os doentes, para os que precisam de médico. Há muitos que se encontram no mundo e que já trazem, em seus espíritos, as sementes do que semeio. São missionários do amor como Eleonora, e lhe digo, Simão Barjonas, que outras almas infantis necessitadas de amor e de pão virão se aninhar sob as asas protetoras de nossa amiga. Agora, Simão, irei ao vilarejo em busca de outras ovelhas perdidas.

– Irei junto, Mestre.

– Compreendo sua imediata preocupação, mas aqui, por hora, não há perigos. Você deve ficar e eu devo ir sozinho; cuide deles e não se preocupe.

O Sol buscava repouso até o momento de estender-se, pelo espaço, o tecido negro da noite, sempre estrelado, quando Jesus retornou. Momentos depois, quando não restava sobre a linha viva do horizonte e das montanhas qualquer nesga avermelhada de arrebol, algumas pessoas foram chegando, sozinhas ou em grupos de dois, três e mais indivíduos. Traziam tochas acesas para iluminar seus caminhos e conferiram suficiente claridade ao exterior da casa onde se assentaram, sendo-lhes possível cantar ternos hinos de louvores.

Eram velhos e crianças, enfermos e cegos, estropiados e pessoas com todo tipo de deficiência, mulheres desgrenhadas, pessoas sadias do campo e do pastoreio e, com eles os rabinos, alguns sinceros e desejosos de ouvir palavras de consolação, mas maioria curiosa, pois estavam determinados ao ceticismo e às críticas condenatórias.

À frente da casa de Eleonora, entre a cerca e o descampado Jesus, ia atendendo e ouvindo um por um a promover consolo e ensinamentos. Os que eram atendidos, procuravam se acomodar como podiam ao redor, num grande semicírculo.

O Mestre tocou o último enfermo a ser curado e, sob a claridade de muitos archotes, estendeu os braços na direção dos circunstantes, como a acolhê-los, e falou, em tom de solene oração, o Salmo de David.

– "O Senhor é meu pastor..."– e prosseguiu: – O reino dos céus é semelhante...

Do meio do povo, um homem se levantou e falou de modo que todos o ouvissem:

– Mestre, meu nome é Davi, como o do rei salmista. A idade me avançou bastante e não sei quanto tempo de vida me resta, mas ainda tenho forças para trabalhar e queria saber como encontrar o caminho para o Reino do Senhor nosso Deus.

Jesus pediu que se aproximasse e perguntou:

– Qual o seu trabalho, Davi?

– Sou pastor e conduzo rebanhos de um lugar para o outro quando sou contratado para isso, tanto pelo dia quanto pela noite, conforme a necessidade.

– Diga-me, como você procede para sair em viagem, de noite e, a partir do ponto de partida, saber a localização e direção da região de destino, algumas vezes desconhecido?

– Primeiro, informo-me com quem conhece, Mestre, depois me oriento pelas estrelas e descubro a direção certa.

– E para seguir pelos caminhos desconhecidos, sem se perder, numa viagem noturna, mesmo sabendo onde chegar?

– Sempre tenho comigo candeias, archotes como estes que nos iluminam e, de quando em quando, consulto o céu.

– Podem surgir obstáculos, pedras que rolam das montanhas, rios caudalosos...

– Ah, Senhor, não há obstáculos que sejam intransponíveis: ou os removo ou os contorno, quando são grandes. Sempre haverá um jeito de prosseguir e mesmo que haja maior demora na viagem, levo provisões a mais...

Jesus não fez mais perguntas, abençoou Davi, impondo a mão sobre sua cabeça e, dirigindo-se à multidão:

– Davi, depois de tanto caminhar pela vida, deseja conhecer um novo caminho: aquele que conduz ao Reino dos Céus. Em seguida, apresentou-nos sua longa vivência adquirida com esforço e experiência. Como suas deduções de agora poderão iluminar o entendimento da pergunta que reside, também, no coração de cada um de vocês?

Depois de curto silêncio, certa mulher também se levantou de onde estava, bem à frente, e pediu para falar.

– Eleonora, minha filha, fale para todos.

– As estrelas do céu que favorecem o conhecimento das direções representam a lei e os profetas, são aqueles que, em qualquer tempo, podem ser consultados e seguidos com segurança, porque foram designados e enviados por Deus.

– As estrelas se acham no céu e os archotes se voltam para o chão, a identificarem o leito da estrada por onde se pisa e tudo o que nela existe. Como descortinar, nessas imagens, a força do seu conteúdo simbólico? – inquiriu Jesus, suscitando maiores reflexões.

– Mestre e Senhor, não basta saber da Lei e dos profetas de Israel, do encanto que há nos salmos e da beleza do Cântico dos Cânticos. É preciso se inteirar, refletir a respeito e agir da forma indicada.

Naquela assembleia, composta por diversificadas pessoas entre sãos e doentes, adultos, mulheres, homens, crianças e idosos, não havia tumulto ou agitação, eram serenos mesmo aqueles com suas angústias e dores, diferentemente de muitos outros lugares; poucos indiferentes e curiosos. O clima era de paz e de harmonia.

– Jesus de Nazaré! Jesus de Nazaré! – a voz aguda e infantil de uma das filhas de Eleonora se fez ouvir em alto e bom som. – Eu quero lhe contar uma coisa de estrada!...

Jesus a chamou para si, abaixou-se para ficar no mesmo nível e respondeu:

– Pode sim, Gerusa, pode contar. Todos a ouviremos com alegria.

– Outro dia, quando íamos com minha mãe pela estrada, vi um grande escorpião e fugi dele. O escorpião é muito perigoso! Se fosse de noite, acho que teria me picado o pé e eu sentiria muita dor, acho que até morreria.

– Querida menina, o escorpião é perigoso, mas não gosta da luz, prefere os lugares sombrios. Assim, de noite, quem transporta candeias ou archotes a iluminarem os caminhos afasta, esses perigos. E o que mais você vê pelo caminho e que lhe agrada?

– Quando aparecem algumas flores e os passarinhos nas árvores.

– Você está crescendo e, daqui a algum tempo, vai ficar adulta e há de se lembrar de que a vida é como essa estrada de sua casa para a vila. Há perigos e há coisas bonitas, então é preciso estar sempre atenta, tanto para ver as coisas bonitas, quanto as perigosas. A mamãe agora representa a candeia que vem de Deus a lhes ensinar a compreensão das coisas boas e a evitar as coisas perigosas.

Jesus a abençoou, segurando-lhe o rosto meigo entre suas mãos e ela, observando parte do rosto, cabelos e barba do Mestre, desenhados pelo domínio oscilante da luz amarelo avermelhada do archote mais próximo, e a outra parte em sombras, a lhe definir as feições.

A pequena Gerusa, com suas mãos pequenas, segurou as barbas do Mestre e lhe disse algo que ninguém ouviu; depois, saiu a correr, com os irmãos, em direção à casa:

– Você é muito bonito, Jesus de Nazaré, nunca vou me esquecer de você.

Ao final do grupo, onde se concentrava maior número de archotes, um homem se levantou, com alguma dificuldade, auxiliado pelos mais próximos, caminhou para o espaço intermediário e falou com sinceridade:

– Mestre Jesus, sou Samuel – e, demonstrando contida emoção na voz, falou pausadamente e com clareza: – Sou bastante velho, vi e aprendi muita coisa na busca pelos verdadeiros caminhos para o reino de Deus e por tantos anos guardei essa dúvida... Mas, estimulado pela voz de uma criança, pelas conclusões de Davi e, sob a luz das verdades oferecidas pela nobre mulher Eleonora, pude aprender que, em todas as viagens e por todos os caminhos da vida, há obstáculos simbolizados por escorpiões venenosos; por uma pedra rolada da montanha a obstruir a passagem para um vale; por uma árvore caída a barrar o caminho, porém todos podem ser removidos ou contornados desde que se cultive a paciência, a perseverança e a vontade. Então, Mestre, aprendi ainda mais: que tomar ciência do conhecimento superior ou identificar as dificuldades dos caminhos, sem a decisão de caminhar, sem as marcas da coragem de prosseguir, sem o alimento da fé e da força do Bem, tudo é em vão, uma vez que os valores da terra passam muito depressa, mas os tesouros espirituais são para a eternidade.

Samuel parou alguns segundos, enquanto o ouviam com respeitoso interesse, e concluiu, com incontida emoção:

– Finalmente, Senhor, por mais de cinquenta anos esperei por esse momento e sabia que um dia ele haveria de chegar, para repetir as palavras do meu pai Simeão quando eu contava apenas sete anos de idade, proferidas à entrada do Templo, em Jerusalém, ao recebê-lo, Jesus, das mãos de Maria de Nazaré, em seus braços velhos e cansados, para aconchegá-lo junto ao coração opresso: "Senhor, posso morrer em paz; então, se for essa a tua vontade, despeça o teu servo, porque os meus olhos viram a tua salvação que preparaste para todos os povos, a luz para iluminar as nações e glória de teu povo, Israel". Meu pai Simeão o acalentou em seus braços, Cristo Jesus; hoje, eu me acalento nos seus.

– Samuel, você viveu e encontrou os caminhos para o Reino Celeste. Meu Pai, que está no céu, o espera.

Jesus calou-se. Pouco a pouco, os visitantes foram se retirando em direção aos seus lares.

Sob a mancha esbranquiçada e luminosa da Via Láctea, a linha sinuosa de archotes, distante, quase a desaparecer, serpeava pelas curvas do caminho; de lá ainda se ouviam, longínquos, os cânticos de louvor daquelas almas alimentadas, plenas de amor.

18
O décimo homem

Em meados do outono, deixaram a Galileia com destino à Festa dos Tabernáculos, em Jerusalém, passando por Samaria no sentido sul além Jordão. Alcançaram a Pereia e, finalmente, chegaram a Efraim, a nordeste de Jerusalém.

Amanhecia, quando chegaram à região próxima à Samaria. Aos poucos, os primeiros sinais do labor do dia já se faziam sentir: alguns homens a caminho da lavoura, o cântico das mulheres junto ao poço, o som da oficina do ferreiro, a madeira sendo lavrada na carpintaria e o bulício alegre das crianças...

De imediato, Jesus foi reconhecido por um transeunte que o vira, certa vez, em Dalmanuta, onde conhecera os seus prodígios junto aos doze discípulos. Assim, a notícia de sua presença rapidamente se espalhou e pequena multidão de povo passou a acompanhá-los, despertando em alguns a fé, o desdém em outros e as esperanças em outros mais, como sempre acontecia.

Quando chegou perto de um sicômoro, um homem simpático, próximo da velhice, destacou-se do povo, parou à sua frente e lhe disse, com sinceridade:

– Senhor, sei que és um Mestre em Israel, enviado do Pai. Eu o vi certa vez e, para minha surpresa e alegria, esse reencontro em minha cidade. Deus seja louvado! – exclamou.

– Suas palavras me alegram o coração, por virem de um homem sincero e honesto; mas o que deseja?

– Nada te peço, Senhor, embora reconheça a tua divina missão – respondeu Josafá (este era o seu nome) –, e saiba que ainda sou um pecador que deseja iluminar-se com a tua palavra.

– Sim, meu amigo, nada preciso te dizer, pois os cânticos suaves do meu Evangelho já têm morada em teu coração.

Josafá, contendo a emoção, acrescentou:

– Meu Senhor, sei que vêm de longe e percebo que não trazem alforjes. Minha casa é simples, mas pode abrigá-los para algum descanso e tomarem algum alimento. É pouco, mas o que tenho posso repartir com todos.

Jesus olhou aquele homem nos olhos e o seguiu até à moradia.

Em lá chegando, os convidados sentaram-se em bancos rústicos ao redor da mesa lavrada. Josafá tomou de um pão e de um vasilhame com mel e lhes ofereceu:

– Senhor, este pão e este mel de abelhas são tudo o que tenho! O trigo ficou escasso e a florada foi pequena. As abelhas produziram pouco, diariamente, e o que resta de grãos de trigo, não sei se dará até a próxima colheita.

– Josafá – replicou Jesus –, vá à colmeia e me traga um dos caixilhos. Do pão, leva esta metade, reparte com todos os que estão famintos.

O anfitrião, com olhar de espanto, atendeu à solicitação do Mestre.

Do lado de fora o espanto foi maior, pois, para cada pedaço de pão que destacava, outro o completava, até que o último faminto ficasse com a última parte.

– Amigo! – disse Jesus. – Escorra o mel do caixilho no recipiente sobre a mesa.

Mesmo observando que os alvéolos estavam quase vazios, suspendeu o caixilho sobre a tigela e o mel escorreu farto, até que o recipiente se completasse, quase a transbordar. Aquilo era assombroso.

Após breve refeição, Jesus chamou a Pedro em particular, dizendo-lhe:

– Vem comigo, Simão Barjonas, vamos à aldeia próxima, fica perto daqui, pois tenho encontro com um homem, e é inadiável.

– Senhor! – exclamou o apóstolo, com respeito. – Não compreendo! Aqui, há mais de uma centena de pessoas para ouvirem sobre a beleza e as esperanças do teu Evangelho, e me dizes que tens um encontro com apenas um homem...

– Sim, Pedro – respondeu com solicitude –, os caminhos do Pai parecem tantas vezes insondáveis, mas o tempo e a hora sempre se cumprem. Vamos ao encontro de uma alma que conquistou o direito ao seu resgate. Em breve compreenderás.

– E este povo que o aguarda, com ansiedade? – insistiu o companheiro de jornada.

– Divida-os em grupos de dez, Simão filho de Jonas, e coloque-os em torno de cada um dos meus, a fim de que, inspirados pela Vontade Divina, falem sobre os tesouros do céu, esclarecendo-lhes que, estes, as traças não comem, nem a ferrugem corrói.

– Pronto, Senhor – falou Simão, após as providências solicitadas. – Podemos ir.

E se puseram a caminho; porém, à saída da cidade, algumas crianças se aglomeravam, em algazarra, em torno de dois meninos que se engalfinhavam, a rolarem pelo chão poeirento.

À chegada daqueles dois estranhos, silenciaram repentinamente, e os dois contendores foram apartados e auxiliados por Pedro e por Jesus a se levantarem.

– Por que essa briga entre dois amigos? – perguntou Jesus. – O que houve de tão grave?

– Eleaquim pegou a minha funda e não quer me devolver – respondeu Josias, o menor dos dois.

– Mas ele deixou que eu ficasse com a funda, não me deu tempo para brincar com ela e agora quer me tomar...

Jesus os conduziu para a sombra de uma árvore próxima, seguidos das outras crianças, e ponderou:

– Josias, você se lembra de quando a sua família teve dificuldades, pois, por acidente, o odre da casa se quebrou, fazendo perder todo o azeite produzido para a venda, o que daria sustento a todos? Uma peça cara com um produto de qualidade boa. Quem lhes ofereceu novo recipiente, tão bom quanto o primeiro, mais uma boa parte de azeite? – interrogou Jesus.

– Foi o pai dele, que é oleiro – respondeu, apontando timidamente para Eleaquim. – E não cobrou nada, nem pelo azeite fornecido...

– E você, Eleaquim, recorda-se de quando seu pai ficou enfermo durante muito tempo e sua mãe não pôde produzir e colher o trigo suficiente para o sustento da família? Quem foi que os auxiliou?

– A família dele – e apontou, também timidamente, para o amigo. – Eles nos trouxeram o pão todos os dias e nada nos cobraram...

– Vejam só – acrescentou Jesus –, duas famílias amigas!!!

– Sim, Senhor! – responderam os dois meninos

– E o que vocês têm aprendido na sinagoga a respeito do que os profetas ensinam a respeito de como tratar o amigo? – interrogou Jesus.

– Devemos amar os amigos... – respondeu Eleaquim, com prontidão.

– ...e odiar os inimigos – apressou-se Josias.

– Em verdade, em verdade lhes digo que o Pai deseja que amemos até o inimigo... – as crianças silenciaram, pois aquilo era novidade para eles. Mas o menino mais velho, que deveria estar com catorze anos, adiantou-se:

– Mestre! Mestre! Como amar os inimigos? – argumentou. – Eles nos fazem mal!

– Eles também são filhos do Altíssimo; portanto, são nossos irmãos.

– Os filisteus, Mestre, eram inimigos do povo hebreu, e Jeová é o Senhor do nosso povo, está escrito.

Jesus olhou no mais fundo dos olhos daquele jovem e, depois de alguns segundos, respondeu pausadamente, mas com firmeza na voz:

– Você tem razão, os filisteus eram inimigos do povo hebreu. Contudo, eu acrescento que, do mesmo modo, o povo hebreu era inimigo dos filisteus. Veja que o benefício da chuva, a vitalidade do sol, o cintilar das estrelas, o chão que recebe nossos pés, as águas dos rios que sempre correm para o mar são criações divinas, não escolhendo pessoas, fronteiras ou povos, e abençoam tanto os judeus, como um todo, quanto os samaritanos, os escribas, os fariseu, os saduceus, os gregos, os publicanos, os romanos, os sírios... O Pai é um para tudo e para todos. Não faz diferenças. Todos somos seus filhos, inclusive os animais. Deixem a funda comigo, pois só serve para matar os pássaros... Agora vão brincar.

Jesus abraçou o jovem. As crianças deixaram-se abraçar por Ele e saíram correndo, na alegria de sua inocência.

– Senhor – interrogou Pedro –, esse era o encontro de que falava? São apenas crianças e um menino mais velho!...

– Não, meu bom amigo, vamos em frente! – e saíram novamente a caminho.

O sol, àquela hora da manhã, já se levantara bastante acima das montanhas distantes, a inspirar harmonia e paz e, no vilarejo entre Samaria e Galileia, alguns homens conversavam entre si, cada um a exaltar as próprias desditas.

– Nós quatro, posso falar por todos, carregamos profundo ódio no coração, deplorando a humanidade. Apesar deste triste aspecto, ainda somos jovens. Éramos os melhores, os campeões da luta greco-romana, e a multidão nos ovacionava. A vida era boa e feliz: força, vigor e destreza, mas aos primeiros sinais da doença, fomos desprezados, abandonados e relegados ao lixo. Nenhuma mão, sequer, apresentou-se como amiga, para oferecer uma caneca de vinho ou de água. Soubemos que certo Galileu faz prodígios, por isso estamos à procura dele e o que encontramos? Vocês outros, como a gente...

– Viemos de longe, também. Os três somos da mesma família e temos, ou melhor, tínhamos muitas posses; por isso, talvez, tínhamos muitos amigos, que também compartilhavam conosco de muitas festas, em nossa herdade. A alegria da mocidade, a beleza da vida nos cercava de amigos e lindas mulheres sempre prontas a se divertirem e a nos divertirem. A família... Que família!... –

O mais novo dos três replicou, com azedume:

– ... atiçaram-nos os cães e postaram guardas, a fim de que não mais pudéssemos nos aproximar. Expulsaram-nos da cidade com as roupas do corpo, apenas. Éramos e somos vivos-mortos. Também soubemos desse Galileu, ou nazareno, sei lá! Será que vale a pena toda essa caminhada, esse sacrifício entre humilhações de toda sorte e cansaços? E vocês três, que estão muito calados, o que fazem?

– Nós dois, apenas, somos oleiros, pois esse outro não conhecemos. Éramos sócios numa olaria. Produzíamos as mais belas e as melhores cerâmicas da região além Jordão – falaram aqueles estrangeiros, com um misto de amargura e frustração na voz. – Não tínhamos concorrentes. A fortuna nos sorria e a vida era farta, até que as primeiras manchas surgiram nos braços. É a vida de cada um e cada qual luta como pode. Não foi preciso que nos expulsassem, pois fugimos rapidamente quando se configurou a invasão para depredarem tudo e roubarem nossos haveres... Estamos sem rumo certo e, talvez, ao encontro desse novo profeta, quem sabe?

Quando silenciaram, todos os olhares convergiram para o décimo homem, que se mantivera muito discreto até então, a cobrarem dele alguma informação, o que o levou a se expressar. Aparentava ter, aproximadamente, cinquenta anos de idade. Apesar das feições abatidas e do corpo alquebrado, possuía uma espécie de incompreensível serenidade e uma expressão quase nobre na face.

– Não esperem nada de mim – esclareceu com tranquilidade –, sempre levei uma vida simples, mas de muito trabalho desde a infância na carpintaria do meu pai que, por direito de herança, ficou para mim, após sua morte. Não pude enriquecer, porque nunca soube exigir cobrança daqueles que não me conseguiam pagar; mesmo assim, levava uma vida digna.

– Tolice! – exclamou um dos oleiros. – O que é seu, é seu, pronto!

– Como vocês, estou em busca de cura, mas o que mais me interessa, por saber que até agora a cura não existe, é ouvir a sua voz e aprender com ele o caminho para encontrar os 'tesouros do céu', do modo como me contaram que ele dissera: que as traças não podem comer, nem a ferrugem é capaz de corroer. Assim, quero levar a outrem os seus ensinamentos, pois há tanta gente desesperada...

– Sim, talvez – interferiu um dos jovens desportistas, um tanto desdenhoso –; os tesouros podem até ser do céu, mas a vida é aqui mesmo e temos que aproveitá-la ao máximo, o quanto pudermos... E não poder fazer isso me traz imensa revolta. Não é justo, Deus foi infiel!

– Não diga isso! – replicou o outro. – Essa doença não escolhe idade, nem posição. Penso que essa dolorosa experiência se faz para medir a nossa paciência e fé, mas...

– Mas... – interrompeu o interlocutor, um tanto aborrecido – ... essa conversa piegas não nos levará a nada...

Enquanto isso, à entrada do vilarejo, formou-se uma aglomeração de pessoas.

– Vejam! Que movimento é aquele? Vamos até lá! – replicou o mais velho dos dez.

Sob a grande figueira que envelhecera junto à entrada do vilarejo, Jesus e Pedro, o Simão Barjonas, abrigaram-se do sol e logo pequena multidão se aglomerou para ouvi-lo. Ali, ele se pôs a ensinar, enquanto se assentavam ao derredor:

– O reino dos céus é semelhante a uma frondosa figueira, como essa que aqui nasceu, cresceu, nos abriga, e por toda a sua existência vem oferecendo a sombra amiga, as flores da estação, os frutos saborosos em quantidade a quantos aqui se encontrem. Estejam saudáveis ou enfermos, de passos firmes ou coxos, com perfeição visual ou desprovida da luz, àqueles que caminham na vida com retidão ou que se perderam nos desvios de caráter, distanciados das verdades eternas, invariavelmente todos poderão, por vontade própria, se beneficiar sob estes galhos ou passar de largo.

"Não importam as condições físicas ou morais de cada um, uma vez que todos, ao seu abrigo, poderão refletir quanto aos passos transcorridos até aqui para recomeçar, à frente, com novas perspectivas de vida.

"Eu que lhes falo sou aquele que viria para cumprir as profecias dos antigos e anunciar que o reino dos céus é para aqueles que se colocam com fé, esperança, amor e caridade à sombra e ao abrigo do meu Pai, mas de coração aberto e simples, como o das crianças..."

Essas últimas palavras não passaram despercebidas pelos dez leprosos que, ao se aproximarem, mesmo mantendo certa distância, provocaram ligeiro tumulto em virtude do aspecto que identificava serem portadores da terrível moléstia, tão temida.

– Jesus, Mestre! – gritou o mais velho. – Tem compaixão de nós!

– Aproximem-se! – respondeu Jesus.

– Vamos ficar longe para não transgredirmos a lei, gritaremos para sermos ouvidos!

Jesus aproximou-se, então; e, para admiração da turba, abraçou cada um deles e lhes falou:

– Agora vão e se mostrem aos sacerdotes – e, em seguida, voltou-se para o povo e continuou a ensinar.

Os dez, atônitos, ao se retirarem em direção à sinagoga, conversaram em voz baixa:

– Que situação! Viemos de tão longe e com tantos sacrifícios para depois, simplesmente, mostrarmo-nos aos sacerdotes? – um deles falou com certa irritação.

– O que os sacerdotes poderão fazer por nós? – replicou outro, com frustração na voz.

– Os sacerdotes, como legítimos guardiões da saúde, nos expulsaram por causa da lei. E agora, o que fazer?!

Vocês não perceberam nada? – interrogou o mais velho, veementemente. – Acordem! Olhem para vocês! Olhem para mim! – exclamou.

Ao fazerem isso é que verificaram:

– Estamos limpos! Estamos limpos! Estamos curados! – gritaram e pularam de alegria, a ponto da multidão se voltar para eles, afastando-se de Pedro e Jesus.

– Oh! Jesus, perdoe-me, não compreendo – disse Pedro ao se dirigir ao seu Mestre. – O senhor havia dito que encontraria aqui com um homem; aparecem dez, depois os cura e eles se vão...

– Pedro, é compreensível a sua ansiedade e suas dúvidas. Entretanto, exercite a paciência e compreenda a importância do tempo, pois o momento é aqui, neste instante.

Os dez homens, agora limpos, a passos firmes e decididos, aproximaram-se da sinagoga e aqueles que ainda ali se encontravam, verificando a cura efetuada, correram pressurosos ao encontro daquele que consideravam um novo profeta.

– Vocês repararam que nossas peles estão mais saudáveis do que antes da doença? – interrogou o mais experiente dos atletas.

– O que faremos agora? – perguntou outro.

– Como líder do grupo – esclareceu o primeiro –, combinei com meus três amigos: voltaremos aos jogos e, ao ganharmos todas as disputas, daremos dura resposta àquela falsa sociedade, impondo nosso preço. E vocês três, o que pretendem?

– Não há muito que fazer: voltaremos à nossa família para exigir o que, por direito, é nosso. Mostraremos nossa superioridade e as mulheres, sempre curiosas, estarão à nossa procura. Quanto aos velhos amigos, a eles o total desprezo... E vocês dois, que se acham tão calados?

– Seremos o centro das atenções, não há dúvida – responderam prontamente –, e será fácil arregimentar companheiros para tomarmos, à força, o que desejarmos como vingança, paga pelos prejuízos e, mais ainda, como compensação.

Aproveitando o silêncio momentâneo, o mais velho do grupo, que até então estivera calado, expressou-se com voz calma, compassada, sem a exaltação dos demais:

– Vocês são judeus e eu, samaritano. Antes, igualávamo-nos por um fato comum a todos – a lepra –, e mesmo se não quisermos, as diferenças voltarão a se estabelecer. Devo me despedir, desejando felicidades e bom proveito com a saúde renovada pelo Cristo de Deus, o Mestre de Nazaré. Tenho algo importante e inadiável a fazer. Adeus!

Com um gesto usual de despedida, saiu e dirigiu-se ao grupo reunido sob a figueira. Suas expressões eram de intenso júbilo e suas feições irradiavam serena paz. Ao chegar diante do Mestre, glorificou a Deus em alta voz e caiu aos seus pés com o rosto em terra, dando-lhe graças. E respondendo, Jesus disse, voltando-se para Pedro:

– Não foram dez os limpos? Onde estão os outros nove?

– Não houve quem voltasse para dar glórias a Deus, senão este estrangeiro – respondeu o discípulo.

Jesus, pegando-lhe as mãos, ajudou-o a se levantar e considerou:

– Levanta-te e vai, a tua fé te salvou! – E em se dirigindo ao discípulo:

– Compreende agora, Simão? Alguma dúvida?

– Agora compreendo, meu Senhor – respondeu, com expressões de alegria. – Mas...

– Mas... Simão Barjonas – interrompeu Jesus –, uma sombra de curiosidade permanece em seu coração. Dez eram os enfermos do corpo e da alma; todavia, apenas um, o samaritano, obteve a 'salvação' pela fé e pelo firme propósito de modificar seu comportamento diante da vida. Salvação significa transformação verdadeira, autêntica.

– E os outros, Mestre?

– Os outros, presos às gloríolas do mundo, receberam da misericórdia infinita do meu Pai, como acréscimo, novos créditos para a construção da verdadeira liberdade que ocorrerá no futuro; mas, por agora...

Jesus silenciou. E como se o olhar estivesse perdido na distância infinita do azul do céu, deixou ver seu semblante luminoso aos olhos espirituais do apóstolo.

19 Do sicômoro para a luz

Os dois homens caminhavam pelas ruelas de Jericó, ladeadas pelo casario de adobe, algumas casas em pedra bruta, dirigindo-se à praça dos sicômoros.

Iam em silêncio, mas não poderiam deixar de perceber as atitudes dos transeuntes à sua passagem: certa mulher de meia idade com um cântaro com água à cabeça cochichou com outra mais nova, olhando-os furtivamente com sorrisos de mofa; uma vendedora de queijos com seu bornal a tiracolo dirigiu-lhes um olhar rancoroso; alguns homens que conversavam animadamente a respeito dos preços dos vinhos, dos tapetes e das cestarias, silenciaram repentinamente. Somente as crianças que brincavam alegremente permaneciam indiferentes ao estranho cenário daquele momento.

Pararam à sombra de uma árvore copada, à entrada da praça, quando, segundos depois, dois homens se aproximaram:

– Shalom Alehem! – falou o mais velho, em franca postura bajulatória, o que foi imitado pelo segundo, um pouco mais novo, com a mesma expressão.

– Shalom! – responderam os dois primeiros, com simplicidade.

Apesar do sol forte naquela manhã clara e de céu profundamente azul, não fazia calor excessivo.

– Viemos como combinado para os acertos finais – interferiu o mais velho. – Quero pagar os tecidos que comprei, mas achei o preço elevado.

– Senhor! – falou o segundo. – Aqueles tecidos são verdadeiramente preciosos, vieram na última caravana de Sidom e são muito bonitos. Posso garantir que sua esposa gostará muito.

– Aqui está o dinheiro para pagamento – e, de imediato, passou várias moedas às mãos do seu interlocutor. – Mas onde estão os tecidos?

– Para agradá-lo, nobre senhor, já os enviamos diretamente para a sua residência, pois merece todas as cortesias por ser um importante cliente...

Terminada a transação, os negociantes se retiraram celeremente.

– Sente-se aqui – convidou o mais velho. Ambos se assentaram num velho tronco caído, à guisa de banco improvisado, enquanto as crianças voltavam a correr alegres como um bando de passarinhos descuidados. O que se mostrava como subalterno quebrou o silêncio e falou um tanto respeitoso:

– Perdoe-me, senhor!

– De que se trata? – respondeu com sinceridade. – Não se acanhe, fale!

– Sei que sou apenas um servidor às suas ordens, mas o tenho visto inquieto e triste nestas últimas semanas, depois da festa do *Hosh a Shaná*, principalmente depois do toque lamentoso do *shofar*.

– Obrigado, Josafá, você é mais do que um serviçal, é um bom amigo.

– O senhor está infeliz? Tem uma família bem formada; possui terras cultivadas produzindo e uma bela residência; tem serviçais para tudo; está sempre cercado por pessoas importantes...

– Obrigado por sua atenção, amigo; tenho tudo, mas é como se não tivesse nada.

– Como, senhor? Não compreendo!

– Sou um israelita e um publicano, ou melhor, o chefe dos publicanos, e esse cargo me oferece imensas regalias. Estou cercado por gente, mas não por amigos, e sim por bajuladores oportunistas; minhas terras produzem, contudo não tenho como vivenciá-las, embora saiba que os empregados me roubam produtos. Quanto à família... um filho perdulário e mal educado, apesar de toda educação e carinho a ele oferecidos; uma esposa de inestimáveis valores, mas suas maiores preocupações são as roupas e os perfumes caros, e não se preocupa comigo; tenho empregados para tudo e bem pagos pelos seus serviços, que me respeitam pela obrigação de respeitar, em minha presença. Por minha posição na sociedade, sou vilipendiado, escarnecido, amaldiçoado, invejado e motivo de chacotas...

– É porque... – reticenciou Josafá – não o conhecem de perto, como eu o conheço.

– Veja o meu dilema – continuou. – Sou odiado pelos judeus, meus compatriotas, por ser chefe dos publicanos, com a obrigação de lhes cobrar impostos para o império romano invasor, em domínio total sobre nosso povo, pois consideram terrível traição. Sou desprezado pelos romanos por ser judeu e pela obrigação abjeta de me submeter ao seu jugo.

– Mas perante Jeová, o senhor está justificado por manter a dignidade em sua vida. A consciência reta que o caracteriza deveria trazer paz; mas não a paz que o mundo exige, pois a paz verdadeira nos é oferecida sempre pela bondade divina.

– Estou admirado! Você, um simples serviçal, com tanta sabedoria de vida! Como pode ser isto?

– A sabedoria não é minha. Quando o senhor, por bondade, concedeu-me alguns dias para visitar familiares em Cafarnaum, lá, à beira do Mar da Galileia e cercanias, acompanhei certo galileu e ouvi ternas e sublimes lições. Ele falava com suavidade, mas com firmeza e segurança, sobre a paz, a fé, e a esperança, exaltando todas as virtudes, sobretudo o amor universal, e vi seus prodígios ao curar até endemoniados. Acredito ser ele o Cristo anunciado por tantos profetas, principalmente por Isaias. Agora, sou seu fiel servidor.

– Neste caso, Josafá – admirou-se o publicano –, você está a trair os nossos princípios sagrados da Aliança.

– Acredito que não, senhor, pois se Moisés fala da Justiça Divina expressa nas Tábuas da Lei, as quais aceito com fervor, Jesus fala da Misericórdia Divina, em seu Evangelho, no qual acredito com alegria, e exemplificou ao contar a história do filho pródigo.

E Josafá, de imediato, contou a conhecida parábola, para encantamento de seu chefe, que replicou:

– Eu gostaria muito de conhecer esse Galileu...

– Soube por um mascate, senhor, e por outros viajantes, que Jesus de Nazaré, como o chamam, está nas proximidades e, em breve passará por Jericó.

– Então, quando isso acontecer, por favor, avise-me.

Logo a seguir, os dois, uma vez mais em silêncio, retornaram à residência sob os olhares maldosos e escarnecedores de alguns transeuntes.

Não longe dali, ainda nas proximidades do Jordão, vindo de Pereia, os doze se preparavam para seguir viagem, a convite de Jesus, após ligeira parada para alimentação e descanso. Pequena multidão os seguia, notadamente de aldeões das proximidades, quando Pedro, o que fora zelote, interpelou Jesus:

– Mestre, conheço bem esta região; se seguirmos por esta estrada, entraremos em Jericó.

– Esse é o meu propósito, Pedro, chegarmos a Jericó! Qual sua preocupação a respeito da nossa ida àquela cidade?

– Jericó em sua história já viveu entre bênçãos, maldições – esclareceu Pedro, o zelote, com uma ruga de preocupação na testa –, e lá não se cultiva nem a pureza da raça, nem as lições da Torá com sabedoria.

– Naquela cidade – esclareceu Jesus, com paciência –, reina a herança orgulhosa de sua tomada pelo exército de Josué, cuja derrocada, atribuída a Jeová, não incluía passar a fio de espada toda a população, inclusive mulheres, velhos e crianças. Pedro, meu irmão, reconheço a sua posição atenta à probidade, como zelote que foi, de resguardar os costumes e as virtudes e, no momento, a inteireza do nosso Evangelho. Porém, meu amigo, a Boa Nova é para todos e jamais será conspurcada, porque sua essência vem do Senhor da Vida.

"Em Jericó, alguém nos espera e, na condição em que se encontram, estarão a serviço do meu Pai, para motivo de reflexão, quanto aos valores da humildade e da compaixão. Lá você entenderá. Agora, reúna os companheiros e vamos."

Minutos depois, partiram para Jericó.

Jericó, no vale do Jordão, ostentava-se como a segunda cidade mais importante da região. Contava com palmeiras e jardins, fontes naturais, sicômoros, situando-se entre colinas e barrancos que se interpunham entre Jerusalém e a cidade da planície. Era um grande centro de comércio; os oficiais romanos e os soldados, com estrangeiros de todos os pontos, aí se achavam. Por ali passavam muitas caravanas em direção às festas de Jerusalém.

– Senhor! Senhor!... – exclamava Josafá, esbaforido, ao entrar em casa à procura do seu patrão. – Onde está o senhor?... Senhor Zaqueu!

– De que se trata. Josafá? – respondeu Zaqueu, pressuroso. – O que está acontecendo para que você chegue desse jeito?

– Ele chegou, senhor, ele chegou!...

– Acalme-se e diga: quem chegou, Josafá?

– O esperado, ele já está no grande portão de entrada, o Messias, o Jesus de Nazaré.

– Obrigado, Josafá. Então vamos conhecê-lo, pois gostaria muito de ouvi-lo.

– Não sei se conseguiremos, uma multidão o recebeu, aglomera-se ao seu redor e o acompanha.

– Mas vamos assim mesmo.

Zaqueu e Josafá se dirigiram à rua que dava acesso à praça principal, para onde Jesus provavelmente se dirigiria. E, com os dois, mais pessoas se avolumavam naquela direção, entre louvores do povo e impropérios dos rabinos.

A rua era estreita e arborizada por vários sicômoros e ninguém lhe abriu caminho. Zaqueu concluiu, de imediato, que com sua baixa estatura, seria impossível ver Jesus no centro daquela multidão; logo visualizou o trajeto por onde ele passaria, escolheu um dos sicômoros bastante esgalhado, subiu nele com alguma dificuldade, mesmo com a ajuda de Josafá, e se ajeitou o melhor que pôde...

Os comentários jocosos, acompanhados por risinhos de mofa, não se fizeram esperar: "Que figura grotesca!"; "não poderia ser mais ridículo!"; "para onde foi toda aquela pose de nariz em pé?".

Jesus, ao se aproximar, para, olha para cima e diz, com serenidade:

– Zaqueu, meu irmão, desce desse sicômoro, pois vim de muito longe para que me hospedes em sua casa e sei que também você me aguarda.

Apressadamente, o publicano desceu com a mesma dificuldade com que havia subido e, envolto por grande emoção, seguiu à frente, mal conseguindo falar:

– Siga-me, Senhor, é por aqui; não moro longe.

Jesus apressou um pouco mais o passo, emparelhou-se ao publicano e segredou-lhe que não se apressasse tanto, não havia pressa.

Enquanto caminhavam, os comentários maldosos não se fizeram esperar, pois os rabinos contemplaram tudo de semblante carregado, murmurando, descontentes e zombeteiros, a provocarem os apóstolos:

– É esse aí o 'seu' Messias?

– Não, rabino, esse é 'o' Messias! – respondeu Pedro, com segurança na voz.

– E qual a garantia que há nessa afirmação? Não vemos nenhuma justificativa para isso.

– Os seus ensinamentos e os seus feitos falam por si, não precisa de justificativas – prosseguiu Tiago. – Veja como a multidão o reverencia, pois esses feitos já chegaram a Jericó, vocês não sabiam?

– Não compreendemos que um salvador, um enviado – interveio um escriba mais afoito –, vá hospedar-se em casa de um réprobo, um homem de vida indigna como aquele.

– Ele nos tem ensinado que não veio da parte de Deus para os sãos, e sim para os doentes – continuou Pedro, em tom conciliador.

– Zaqueu é um homem rico e goza de excelente saúde, pelo que me consta nunca ficou doente – falou outro rabino, com sorriso desdenhoso.

– Temos também aprendido com o Messias que há enfermidades e enfermidades; umas são do corpo, outras são da alma. Por exemplo – insistiu Tiago, calando os desdenhosos –, doentes da alma também são aqueles que silenciam, fazem-se surdos e cegos porque se beneficiam das vantagens auferidas pelos publicanos, embora, em público, sejam capazes de condená-los.

Zaqueu ficou abismado e silencioso em face do amor de Jesus que 'rebaixou-se' até ele, que se considerava tão indigno; ali mesmo, antes de ser acusado pelos homens, resolveu fazer pública sua confissão de arrependimento, em presença da multidão, e disse ao Senhor com voz embargada:

– Senhor, resolvo dar aos pobres metade dos meus bens; e se nalguma coisa tenho defraudado alguém, o restituo quadruplicado.

Tiago voltou-se para os rabinos e os escribas e perguntou, sem esperar resposta:

– Ouviram isto?

Jesus olhou nos olhos de Zaqueu e viu sua sinceridade, uma vez que o Levítico prescreve o ressarcimento com um quinto, enquanto ele se predispunha à restituição de quatro vezes mais. Em seguida, passou os olhos pela multidão, que fizera silêncio, e acrescentou, solenemente:

– Hoje, veio a salvação a esta casa, pois também este é filho de Abraão. Porque o Filho do Homem veio salvar o que estava perdido.

Jesus hospedou-se na casa de Zaqueu e os dois conversaram longamente a sós, principalmente na véspera da partida do Messias.

– Mestre, a partir de agora serei seu discípulo. O seguirei por toda parte para que eu aprenda a viver pelo seu Evangelho. Não serei nenhum estorvo.

"O meu filho, com os dotes que eu lhe dei, vive independente no curso de sua vida. À esposa, junto aos razoáveis recursos para subsistência, concedi a carta de divórcio, conforme ela solicitou nos preceitos da Lei, e não me preocupei com a justificativa de reconhecer a minha insanidade e o meu distanciamento. Mesmo desfazendo-me da metade dos meus bens, conforme a promessa que fiz publicamente, ainda sobram-me recursos para viver. Desejo compartilhar a minha transformação e com a imensa alegria de viver.

– Zaqueu, sei que me seguirá por onde eu for, se eu consentir, mas, por ora, é necessário que você permaneça aqui para testemunhar, também, as glórias do Pai Celeste. Você é muito conhecido, em virtude de sua posição no contexto da sociedade, e muitos virão para identificar o milagre da transformação pela força da vontade e da determinação que o 'Filho do Homem' lhe oportunizou desabrochar. Considere, ainda, que muito em breve retornarei à 'Casa do Pai', no cumprimento do que está registrado nas escrituras.

– Senhor, então permita que eu o siga, mesmo à distância, a fim de que aprenda com seus ensinamentos e me prepare melhor para o futuro.

– Isso acontecerá no tempo devido, após o meu retorno, mas primeiro ajuste-se à família; você há de refazer os meus passos pela Judeia, Pereia, Decápolis e Galileia como um discípulo desconhecido, que não terá registros na história. Contudo, será minha presença viva livre de perseguições, pois as atenções dos membros do Sinédrio, dos anciãos do povo, dos escribas e dos herodianos estarão voltadas para os meus doze apóstolos, que fielmente me seguem e que serão continuadores do meu Evangelho.

"Aquele grupo está longe de ser imparcial. Não faz muitos dias, as autoridades religiosas conspiraram para minha prisão e morte. Depois da ressurreição de Lázaro, o sinédrio decidiu por minha condenação, mesmo sem julgamento. Estão aguardando o momento que lhes for mais conveniente."

– Isso me espanta e me assusta, Senhor.

– As trevas descerão sobre tudo para que a luz resplandeça, Zaqueu, como decidido por Deus e registrado na Torá, mas não tenha receios, pois tínhamos um encontro marcado para agora, desde antes que seus olhos se abrissem, pela vez primeira, para a luz do dia; e, onde você estiver, meu amigo, ali estarei, porque me vejo no seu coração.

Jesus silenciou, tomou as duas mãos de Zaqueu nas suas e olhou fixamente nos seus olhos, com firmeza, e depois o abraçou com a ternura de mãe que abraça a um filho.

Zaqueu somente teve voz para responder com sinceridade e coração:

– Eu o farei, Jesus de Nazaré.

Em Jericó, o dia amanheceu bastante movimentado. Na praça central, alguns mercadores anunciavam seus produtos, principalmente melões, medidas de trigo e outros cereais, uvas, vasos e mais artefatos em cerâmica e em madeira. Algumas mulheres examinavam, admiradas, as cores dos tecidos de algodão enquanto, ali perto, afastadas do movimento de transeuntes, chegavam e saíam caravanas com destino a Jerusalém.

Jesus se dirigiu ao grupo dos apóstolos que se reuniu à sombra de velha figueira brava e comentava, com entusiasmo, os acontecimentos do dia anterior: a inesperada e sincera conversão de Zaqueu e as atitudes firmes de Pedro e Tiago, que fizeram calar os escribas e os rabinos.

– Mestre – João perguntou, dirigindo-se a ele após os cumprimentos habituais –, aproxima-se o 'catorze de Nissan', o *Pêssach*.

– A Páscoa, a 'Festa da Libertação'. Iremos a Jerusalém? – continuou André.

– Iremos, sim. "Festa da Libertação" – repetiu, pausadamente, e se postou em atitude reflexiva.

– Alguma preocupação, Senhor?

– Não, Simão Pedro – respondeu Jesus, ao sentar-se no velho tronco sob a figueira. Os seus companheiros de viagens assentaram-se à volta, em semicírculo, o que foi imitado por outras pessoas, transeuntes e curiosos que sabiam da presença de Jesus. Logo, pequena multidão se aglomerou para além do círculo que se formara, expectante.

– Zaqueu, sente-se aqui ao meu lado.

O Mestre sobrepairou o olhar pela multidão e perguntou a Pedro, o mais velho:

– O que significa essa libertação anualmente comemorada em Jerusalém com tanto empenho?

– É a libertação do povo hebreu após tantos anos de escravidão sob o poder do Egito.

Muitos assentimentos de cabeças se fizeram, em apoio a Pedro.

– E você, João – desta vez, dirigindo-se ao mais novo dos doze, um jovem ainda imberbe. – O que nos tem a dizer?

– Significa a consequência da inspiração divina sobre Moisés e também a sua aceitação, sua coragem e fidelidade a Javé e ao seu povo – e mais assentimentos de cabeça se fizeram notar.

– Zaqueu, como você percebe o significado dessa libertação no momento de sua atual vivência?

– Jesus de Nazaré, é evidente a importância e significado dessa comemoração, que atrai tanta gente e tantos estrangeiros a Jerusalém. Entretanto, refletindo um tanto mais, vejo um significado mais profundo, que transcende o Êxodo e a festa propriamente dita.

– Como pode ser isso? – perguntou Barnabé, com vivo interesse.

– Vejo a libertação, em si mesma, como uma condição de consciência. Se não houvesse essa premissa individual e coletiva, a ação de Moisés seria impraticável. 'Libertação' é mais do que remover grades e abrir grilhões, ou derrubar muros e aprisionamentos de tijolos ou de pedras, isto é, aquilo que fisicamente impede a locomoção do ser. Penso, também, que é reconhecer os próprios defeitos morais e procurar modificá-los, tornando-se melhor.

E, após breve pausa, Zaqueu suplicou:

– Mestre, ensina-nos sobre isso?!

O Enviado Celeste curvou a cabeça por alguns segundos, como se buscasse, naquele chão arenoso, as marcas da história do 'povo escolhido' e, em seguida, levantou-a determinado, para falar com serena autoridade:

– Moisés, por determinação divina, aceitou a missão de acolher a consciência popular esmagada e humilhada pela dominação do imenso poderio do faraó, mas foram necessários quarenta anos de aprendizado e de consolidação do sentimento de unidade. Todavia, essa unidade e fervor em torno de um Deus único progrediu para o sectarismo e o pernicioso orgulho de raça, ao autodeterminar-se por 'povo escolhido', considerando Javé como exclusividade divina. Daí, os registros nas Escrituras que consideram a destruição, em sua passagem, dos Amalequitas, dos Amorreus, dos Cananeus e dos Hititas como determinação de Javé. Ao todo, foram eliminados trinta e um reis.

"Finalmente, os habitantes daqui de Jericó, sob o comando de Josué, ao derrubarem os seus muros, quando velhos, mulheres e crianças foram desnecessariamente passados a fio de espada.

"As guerras ainda fazem parte do coração humano, porém foi a escravidão ao orgulho e aos interesses imediatistas que determinou a cisão entre as tribos de Israel e de Judá e a consequente animosidade entre judeus e samaritanos; também foi responsável, com mais seriedade, pela ascensão das castas sacerdotais, dos escribas, dos fariseus, do domínio das sinagogas e do sinédrio na manutenção da ignorância em benefício próprio, nas expressões de autoritarismo atribuídas ao Levítico.

"O Pai Celeste, em sua imensa sabedoria, ofereceu mais uma vez o aprendizado da humildade, ao permitir o domínio do Império Romano que, a seu turno, favorecerá, no futuro, a irradiação das luzes imorredouras da Boa Nova.

"Tudo o que já lhes disse e o que ainda lhes direi tem um único fundamento, que é a base de toda a transformação do coração humano, de todos os povos e nações e o motivo de todos os esforços dos que têm amor a mim: é o primeiro mandamento da Lei de Deus, ao lado do segundo, que é semelhante ao primeiro."

Jesus calou-se por algum tempo, o que permitiu a André interrogar, expressando significativo brilho nos olhos:

– Como, Mestre, encontrar meios para disseminar o Evangelho por todos os cantos do mundo? Somos apenas doze e vivemos confinados em nossas regiões, à beira do lago de Genesaré, nas aldeias próximas ao Jordão ou nas montanhas de Gerasa, praticamente na Judeia, na Galileia, em Decápolis e em Pereia, como simples trabalhadores em busca do pão diário pra o sustento de nossas famílias. E as perseguições que já se insinuam e que nos obrigam a silenciar?

– André, não deixe que seu coração se conturbe, uma vez que de doze já somos setenta e cada um de vocês será o arauto do Evangelho que o Pai me confiou. Em breve, poderemos contar com mais de quinhentos, oriundos da Galileia, e o Evangelho se disseminará pelo mundo.

"É certo que passarão por dores e aflições por causa do meu nome. Serão expulsos das sinagogas, hão de chorar e de se lamentar; o mundo se alegrará com isso e a tristeza se abaterá sobre vocês. Contudo, conservem o bom ânimo, pois a tristeza se tornará em alegria, porque não sofrerão em vão. Já está escrita a minha vitória sobre mundo e caberá a vocês, em nome da redenção, vencer as iniquidades."

O silêncio se fez tão intenso que quase se ouvia o pulsar daqueles corações tão cheios de esperanças, envolvidos por uma aura de suave e inexplicável alegria.

O Enviado Celeste calou-se, novamente, quando a claridade do dia emprestava doce brilho aos seus olhos, que se mostravam ligeiramente orvalhados.

–Tenho tantas coisas a lhes dizer... – reticenciou Jesus. – Tantas coisas...

– E por que não nos diz, Mestre? – Felipe interpelou, solícito. – Estamos aqui para ouvi-lo e para aprender...

– Felipe, não posso. Vocês ainda não podem suportar. Por agora eu vou para o Pai, mas não os deixarei órfãos. Na época certa enviarei, em nome do Pai, outro Consolador, que ficará para sempre.

– E quem é esse outro Consolador? – interveio Barnabé. – O único que conhecemos é o Senhor.

– É o Espírito da Verdade, que o mundo ainda não pode receber, porque não o vê nem o conhece. Todavia, quando vier, ficará para sempre.

– E se pedirmos para que fique conosco, Jesus? – perguntou Tiago, filho de Alfeu.

– Se eu não for, Tiago, o Consolador não poderá vir. Mas agora lhes deixo outro mandamento: que vos ameis uns ao outros como verdadeiros irmãos!

"Levantem-se, por favor. Por enquanto, cuidem de seus interesses, sei que alguns têm parentes e amigos em Jericó, vamo-nos! Mais tarde nos reuniremos neste mesmo local; temos um último compromisso próximo daqui, às portas da cidade, antes de seguimos viagem."

20
Um cântico em Jericó

Zaqueu não só descera do sicômoro e hospedara Jesus em sua casa, mas eliminara de vez suas algemas espirituais.

Com a declaração pública de seu arrependimento, a doação de metade de bens e a indenização de quatro tantos a quem prejudicara, Zaqueu verdadeiramente abrigou Jesus, para sempre, em seu coração. Por isso, tornara-se um homem feliz e desprendido. Sua expressão e atitudes demonstravam, claramente, a sua transformação para melhor. Contudo, o povo comentava, em cada esquina e na praça dos sicômoros, a respeito de sua mudança radical. Alguns com admiração e respeito, outros com descrédito quanto à sua transformação ou desdém e inveja pela presença do Nazareno em sua casa.

A manhã surgiu tranquila e os discípulos já se haviam dispersado, por algum tempo, para cuidarem de assuntos de seus interesses, como procurar parentes e velhos amigos, verificar o mercado de especiarias, proverem-se de alimentos e busca de alguma lembrança local para seus familiares ou simplesmente conhecerem as redondezas. Apenas João, o mais jovem, permanecera com Jesus nas cercanias da cidade de Jericó.

As sombras das árvores e das palmeiras abundantes alongavam-se sobre o cascalho, acompanhando as ondulações do terreno e de montículos de areia.

João saiu da tenda onde se abrigava e viu o seu Mestre, não muito distante, sentado numa das rochas que se constituíam em bancos naturais, sob a sombra do arvoredo. Parecia com o olhar perdido na linha do horizonte, a meditar.

O futuro evangelista observou, em silêncio, o quadro singular à sua frente: o vento ainda fresco vindo a agitar levemente os cabelos do Senhor; o seu perfil enérgico, mas suave; a expressão tranquila, no entanto determinada... E, magnetizado, percebia, por um sentido mais acurado, a aura misteriosa que envolvia Jesus, transcendendo, irradiando a beleza e a espiritualidade quase sempre longe das percepções dos demais companheiros.

– João, meu filho, aproxime-se! – falou Jesus, sem se voltar.

– Sim, Mestre! – respondeu João, com imensa alegria no coração.

– O que você deseja me contar?

Apesar de conviver com Jesus há algum tempo, João jamais deixou de se admirar das atitudes de seu Senhor. Jesus não poderia tê-lo visto e ele não lhe antecipara coisa alguma, no entanto sabia de sua presença e de seu interesse em conversar.

– Senhor! Há muitos convites de pessoas ricas, influentes e poderosas na cidade para hospedá-lo em suas casas... e isto se deu depois de sua visita à casa do publicano.

– E o que você pensa a respeito, João? – interrogou Jesus, deixando entrever que sabia, de antemão, o pensamento do jovem discípulo.

– Acredito, Senhor, que a visita à casa de Zaqueu favoreceu enormemente a divulgação do Evangelho. Na verdade, não se fala de outra coisa! – respondeu João com o entusiasmo próprio da juventude.

– E então... – insistiu Jesus, estimulando o discípulo a completar o seu pensamento.

– Então acredito, Mestre, que, atendendo a esses convites, a disseminação da Boa Nova muito lucrará.

– E como será promovida a disseminação da Mensagem Celeste?

– Senhor, essas pessoas estão sensibilizadas e pretendem organizar uma reunião na casa de Boaz, o mais importante da cidade e, num ambiente de confraternização, levantar recursos para a causa do Evangelho com o envio de arautos da nova fé a outras cidades, constituindo um fundo permanente para custeio de atividades sociais. Uma verdadeira festa de júbilos! E já conversaram com Judas de Queriote, que demonstrou seu entusiasmo com o empreendimento.

– No entanto, Zaqueu não estará presente, não é, João? – perguntou Jesus, de chofre.

– Pelo que eu soube, Senhor, Zaqueu não foi convidado porque consideraram que ele já recebeu a bênção de sua presença. E todos se justificam repetindo a sua afirmativa: "Esta casa recebeu hoje a salvação"...

Jesus olhou-o nos olhos, pôs-lhe as mãos nos ombros e, lendo a ingenuidade daquele coração sincero, afirmou:

– João, o futuro aguarda os feitos que seu coração há de produzir na propagação das luzes celestiais para todos os tempos; mas até lá, é necessário conhecer mais detidamente a alma humana, ainda tão conturbada pelo egoísmo e pelos insignificantes, mas traiçoeiros brilhos da vaidade. Não, amigo! Não estarei nessa reunião!

– Mas, Senhor! – exclamou João um tanto decepcionado. – Eles também não necessitam receber a salvação...

– A salvação não é representada unicamente pelo Filho do Homem, e sim pelas atitudes e transformação reais de quem o recebe na casa do coração. Lembre-se que acrescentei: "vim para procurar o que estava perdido". Zaqueu, o cobrador de impostos, aguardava-me sem saber, perdido como se achava nos labirintos da vida. Ao subir no sicômoro, expondo-se, desceu dos pedestais do orgulho e da vaidade em que se encontrava, fazendo-os desmoronar, e eu vim, através dos tempos, ao seu encontro. A humanidade conhecerá a 'história de Zaqueu'. Mas, poucos compreenderão o profundo significado desse momento. As pessoas de Jericó, João, honram-me apenas com os lábios, sem a participação do coração, porque se bastam a si mesmas e julgam saber o que querem... – expressou-se Jesus, em tom de lamentação, com ligeiro ar de tristeza no semblante. E o 'discípulo amado' julgou quase ter visto o sol refletir-se irisado, numa gota de lágrima que prenunciava brotar no canto dos olhos de Jesus.

– Mas porque essa atitude por parte deles, Mestre? – insistiu João, mais uma vez penalizado.

– Porque não é chegada a sua hora e, no momento, sentem-se inferiorizados em prestígio, querendo ardentemente mostrar à sociedade que também são justos para receberem o Ungido.

"A expansão do Evangelho estará garantida pela ação dos 'pobres de espírito'; pelos abandonados e esquecidos; pelos párias em tudo, independentemente de cultura, posição na sociedade ou do quanto possuem em bens. Esses buscam 'em verdade e em espírito' o reino dos céus, construindo-o ainda na terra, porque já o vislumbram em si mesmos."

– Agora compreendo, Mestre! – aduziu João.

– Amo a todos com igual desvelo, mas não posso atender aos adoentados conscientes, isto é, os que, por vontade própria, preferem a convivência com os desvios de caráter ou compactuar com os oportunistas em detrimento dos enfermos que verdadeiramente desejam a cura. Minhas palavras permanecerão pelos milênios vindouros; quando encontrarem aqueles corações para fazerem brilhar a sua luz, creia-me, estarei pronto para abraçá-los com o mesmo amor que lhes tenho agora.

Jesus fez longa pausa e, mudando de tom, continuou:

– Antes de nos retirarmos definitivamente de Jericó, João, devemos ir ao outro lado da cidade, um local mais retirado além da periferia, no campo. Ana, a viúva, como é conhecida, aguarda-nos com fé e esperança, pois não tem condições de vir até nós.

– Por acaso a conhece? Alguém trouxe-lhe a informação, Senhor?

– Não, João, apenas ouvi o seu clamor, percebi a sua fé e a certeza de que irei ter com ela e a filha. Urge que as visitemos, porque a garotinha, menina terna e delicada, está muito enferma e assediada por espíritos infelizes. Joana está lúcida, porém o assédio é tão intenso e persistente que a mãe não pode sair de perto dela. Todavia, seu coração de mãe sabe que eu irei.

– Não seria conveniente fazermos logo nossa refeição antes de ir? Parece-me que a região é um pouco distante.

– Ana é pobre, mas digna, e se esforçou por nos oferecer breve refeição. Não deveremos decepcioná-las.

– Contudo, Mestre, teremos que atravessar a parte central da cidade, a praça dos sicômoros, onde se reúne muita gente, inclusive aqueles que o convidaram e a esta hora já há agitação.

– Poderemos atravessar a praça e toda a cidade sem sofremos quaisquer constrangimentos, uma vez que não nos verão. Aproveite para estudar as posturas, acompanhar os comportamentos das pessoas, perceber seus interesses e aprender... para lidar, mais além, com a diversidade humana. Vamos?!

O discípulo estava preocupado, mas não ousou pedir maiores esclarecimentos e pensava: "Como não o verão? Ficará invisível? O melhor é confiar e segui-lo. Nada é impossível para esse homem".

Atravessavam a cidade sem quaisquer incidentes, para espanto de João.

– É verdade, nem o notaram!

– Por que, João? O que você observou?

– É porque estão voltados para si próprios, em demasia. Não me refiro ao povo em geral, mas àquele grupo ali, na parte mais central, a minoria. Ali estão os sacerdotes, os escribas, os rabinos e os dois ricos e influentes que iriam convocá-lo para a reunião na casa de Boaz.

São os que ostentam roupas mais caras e vistosas e fazem questão de serem notados pelo povo e uns pelos outros.

– Eles têm bastante apuro. Algo mais a acrescentar, João?

– Sim, Mestre! Não deixei de notar que três deles foram os que murmuraram: “Ele foi hospedar-se em casa de gente de má vida”, seguidos por alguns do mesmo grupo, que permaneceram silenciosos, e o restante na contumaz indiferença, mas interessados na manutenção de suas presenças junto àquelas pessoas importantes.

“No entanto para a minha alegria, quantos interessados, ávidos por sua palavra, Mestre, quantos sinceramente solidários com a atitude de Zaqueu. Fui procurado por muita gente, certa de que o senhor é o Messias tão esperado, conforme as Escrituras, mas ainda não se mostram definidos com receios dos mexericos. Contudo, seja onde for, irão ouvi-lo.”

– Seu senso de análise e de observação fazem muito sentido, são conclusivos e, mais adiante, isso lhe dará condições robustas para a disseminação da Boa Nova, de modo que ela fique para sempre.

– Tenho anseios de contar para toda Israel e para o mundo os acontecimentos que temos vivido, com alegria e esperança, para disseminação do Evangelho, principalmente a respeito da atitude hostil de algumas cidades, inclusive Jericó, com o enviado dos céus para a redenção do mundo.

– Não se agaste, meu jovem amigo, essas cidades serão conhecidas, pela história, como impenitentes, por muitos séculos adiante, até que as futuras humanidades reconheçam que os delitos do passado resultaram da ignorância. O que permanecerá de maior significância será o diálogo com Zaqueu. Sua missão, João, vai além do que possa imaginar no que tange à semeadura e divulgação das verdades divinas.

Caminharam alguns minutos e chegaram à casa de Ana, caracterizada pela simplicidade: pequeno jardim cultivado com as flores alegres que ladeavam a entrada e viçosa trepadeira subindo pela parede frontal de pedras, derramando-se em flores lilases ao lado da porta de entrada, onde Ana já se encontrava à espera. Do fundo, chegava um balido de ovelha e a resposta de filhotes.

– Senhor, você veio! – exclamou, tomada de sincera alegria. – Você veio como eu esperava que viesse! – E, emocionada, beijou as mãos de Jesus.

Após se refazer, convidou-os para dentro:

– Venham, entrem, por favor, pouco tenho a oferecer, mas fiz alguns pãezinhos muito bons dos tubérculos que planto, o mel das abelhas é muito saboroso e fresco é o leite da cabra que, por bondade de Deus, tem me acompanhado há algum tempo. Também são frescas as frutas que cultivo e que me ajudam a sobreviver.

Enquanto se alimentavam e conversavam alegremente sobre coisas comuns da vida diária do comum das pessoas, sem quaisquer aspectos de ordem salvacionista ou do trato com a Boa Nova, uma menininha de aproximadamente sete anos, de olhos negros e tristes, afastou o pano de algodão cru que separava aquele ambiente da dependência mais interna destinada ao repouso, caminhou devagar para o grupo e falou, com voz calma e chorosa:

– Mamãe, quero ficar com vocês...

– Não, filhinha, deite-se novamente, você está muito fraca e doentinha.

– Permita que ela fique, Ana. Sua filhinha tem o que nos falar – propôs Jesus, ao afagar aquela cabecinha ornada por cabelos escuros.

Pegou-a por debaixo dos braços, com cuidado, e, ao acomodá-la em seus joelhos, ela correspondeu ao carinho com um beijo em sua mão, aconchegando-se a ele. Depois, endireitou-se um pouco, olhou-o expressivamente e firmou, com voz calma e doce:

– Você é Jesus de Nazaré e sua mamãe é Miriam, não é?!

– Sou sim, Joana, vim para ver você.

– Gosto muito de você, Jesus de Nazaré. Eu estava muito doente, mas agora estou boa porque você chegou... Minha mãe prometeu... E sabe o que mais? Estavam aqui dois homens muito maus e feios que me amedrontavam. Faziam-me ter tonteiras e eu caía desmaiada, diziam que eu ia morrer.

– E o que aconteceu depois, Joana? – perguntou João, muito interessado.

– Quando minha mãe falou de Jesus, eu juntei um pouquinho de coragem, mais um pouquinho e mais outro pouquinho, e falei que Jesus de Nazaré viria me visitar. Eles acharam muita graça, riram de mim, mas, de repente, ficaram muito sérios e pareciam assustados, cochicharam um com o outro e saíram com muita pressa, assustados, dizendo que nunca mais voltariam... Então, Jesus, você chegou.

João, muito sensibilizado, sentiu-se privilegiado por presenciar aquele quadro tão singular, com a singeleza de uma criança e a força de uma mãe dedicada e fervorosa.

A filha de Ana, a viúva, deixou-se envolver pelo olhar amoroso de Jesus e falou, quase a adormecer:

– Eu sou uma menina feliz, porque... porque tenho minha mãezinha... e porque Jesus veio me visitar. Eu sei que sua mãezinha Miriam é muito boa também.

– Estou muito feliz, Joana – acrescentou Jesus, olhando nos seus olhinhos –, porque você me recebeu em sua casa e todo aquele que recebe a mim, recebe também o meu Pai Celeste.

Jesus delicadamente colocou Joana, adormecida, no colo da mãe, e orou com as mãos impostas sobre a cabeça de Ana, envolvida por uma felicidade jamais conhecida: *Pai nosso que estás nos céus...*

Uma nesga de Sol, que entrava pela abertura da janela e se derramava sobre o Mestre, a destacar-lhe a silhueta contra a penumbra do ambiente, não passou despercebida por João, e aquele quadro que lhe ficaria para sempre na memória espiritual, vendo que a claridade ampliada, circundando o perfil de Jesus, já não era mais a do Sol.

O Senhor prosseguiu em sua oração, de olhos fechados e de cabeça erguida para o alto. Assim, expressava sua gratidão ao Pai pela alegria de estar ali na casa simples, naquele recanto de paz e de amor. Na medida em que falava, a claridade se ampliava gradativamente, suave, mas intensa, deixando apenas entrever tênue contorno de sua forma quase a desaparecer na claridade.

João não resistiu e ajoelhou-se, murmurando em pranto:

– Não sou digno!... Não sou digno!...

De retorno pelo mesmo caminho, os dois iam em silêncio quando Jesus dirigiu-se ao jovem;

– Vamos, João, os outros nos aguardam, pois à saída de Jericó, junto ao portal, teremos um último compromisso nessa região. Recomendo-lhe, no entanto, não contar para ninguém sobre os acontecimentos de hoje, do que viu e do que ouviu.

Enquanto caminhavam, suas sandálias deixavam para trás, na poeira da estrada, as marcas de sua passagem, em breve dissipadas pelo vento que, naquele momento, trazia, de uma aldeia nas proximidades, o som de uma voz bem modulada, a entoar o cântico do salmista:

– "... ainda que eu atravesse o vale de sombras nada temerei, pois estás comigo"!

21 Josh, o filho de Timeu

— Cristo filho de Davi! Cristo Filho de Davi, tende piedade de mim!

– Pare de gritar, Josh Bartimeu, ele não o ouvirá! – exclamou Izaquesh, outro mendicante da rua. – Além de cego é surdo? Não percebeu que a rua está silenciosa, pois são poucos os que ainda se acham por aqui? Quase todos foram atrás dele.

– Mas eu sei que ele está aqui em Jericó, ouvi o tumulto do povo quando chegou ao portal da cidade.

– Ah, isso é demais. Ora você não ouve nada, ora ouve tudo. O portal fica distante daqui, é impossível você ter ouvido alguma coisa. Eu vim da praça agora e sei onde ele está. Acredite, está com o chefe dos publicanos. Logo com quem! E não entendo como foi se meter com gente daquele tipo...

– Mas ele há de me ouvir, pois sei que pode me curar.

– Um cego desde criança... – desdenhou Izaquesh. – Não seja tolo, pois cegos, surdos, aleijados, mudos... mendigos como nós não valem nada por aqui!

– Tenho saudades de ver a luz, o dia, a vida...

– Além de cego e surdo, é louco. Você sabe como é a luz?

– Não sei como explicar, mas sinto saudades, muitas saudades. Você é o meu único amigo, então, por favor, ajude-me a chegar às proximidades do portal, sei que passará por ali.

Um pouco adiante da praça dos sicômoros de Jericó, Jesus pediu a Pedro:

– Simão, arrebanhe a todos os nossos para retornarmos pelo mesmo caminho.

– Sim, Mestre, mas soube que perto dali há grande concentração de povo que deseja vê-lo. Não seria prudente buscarmos outra saída?

– Não, Pedro, no meio daquela gente haverá um rosto, único, que me aguarda com ansiedade e clama por mim. Vou ao seu encontro.

À medida que se aproximavam da saída da cidade, o número de acompanhantes aumentava consideravelmente, o que foi percebido pelos dois mendigos.

– Estão vindo, Izaquesh, estão vindo! – e gritou: – Cristo, filho de Davi, tende piedade de mim!

– Cala a boca, Josh, ele não o ouvirá.

– Então me ajude, eu irei até ele – falou ao se levantar. Atirando para longe a capa com que se cobria, caminhou a passos rápidos, quase a correr, sem se preocupar com obstáculos que pudessem estar em seu trajeto, tentando se orientar pelo som das vozes.

Izaquesh levantou-se, também, e se apressou para alcançá-lo e o auxiliou a seguir em frente.

– Cristo!... – gritou mais uma vez. ofegante, o que fez Jesus deter-se, enquanto a multidão abria um corredor para a passagem daquele homem determinado.

O cego tropeçou, desprendeu-se de Izaquesh, caiu para frente e iria ao chão se não tivesse sido amparado por Jesus, que lhe sustentou os braços com firmeza.

A multidão reduziu o vozerio e Josh completou num fio de voz, em tom de súplica e de lamento, tocado por indescritível emoção:

– Tende compaixão de mim!

– E o que deseja, meu amigo? – Jesus perguntou imperativamente, mas com doçura.

– Que eu veja, Senhor. Sei que o Messias chegaria e me traria alívio. Eu o aguardo há tantos anos com esperança, Jesus de Nazaré!

– E eu ouço o teu lamento desde a noite dos tempos, Josh Bartimeu.

– Não compreendo suas palavras, Senhor, mas aqui estou.

– Então, veja a partir desse momento, pois a sua fé é tão grande que o meu Pai assegurou-lhe a cura definitiva. Compartilha da minha alegria.

Josh levantou a cabeça e viu os olhos de Jesus, deixou rolar duas lágrimas incertas pela face e falou novamente:

– Meus olhos veem os seus olhos, o seu rosto – e, virando-se para o ambiente que o cercava –; vejo as cores dos mantos das pessoas e as árvores; os pássaros e o céu, essa gente. Vejo você, Izaquesh, que tem sido o meu único amigo.

As vozes do povo clamaram em louvor e admiração e o filho de Timeu beijou as mãos do Cristo, em agradecimento, olhou para o seu amigo que, a essa altura, mostrara-se sensibilizado, e os dois se retiraram pela mesma alameda de gente que se fizera à sua passagem, para segui-los a certa distância.

No portal da cidade, a multidão se deteve e ele os conclamou, dizendo:

– Hoje, todos testemunharam um cego encontrar a luz do dia. Todavia, enxergou muito mais por abrir-se à luz interior da fé inabalável e testemunhar a grandeza do meu Pai. Zaqueu enxergou, a tempo, a luz celeste, deixando-se iluminar por ela, e permitiu que a salvação entrasse em sua casa. Assim, endireitou os próprios caminhos. E vocês que murmuraram – perguntou, apontando para a multidão –, o que têm feito para glorificar a própria vida diante da Paternidade Celeste? Acertem também os seus caminhos, na Terra, para que se lhes acendam as estradas que conduzem ao céu, a partir das luzes da alma.

Jesus calou-se, levantou a mão em sinal de paz e de despedida, o que foi imitado pelo povo. Ele e os discípulos retomaram a estrada por onde haviam chegado, até que desaparecerem na curva, para além do bosque de palmeiras, para o oeste, em direção a Pereia, passando pelo longo caminho de subida do vale do Jordão a Betânia...

22 Antes da cruz

As ruas de Jerusalém estavam movimentadas mais do que o habitual, com a presença de muitos estrangeiros que haviam chegado para a Festa da Páscoa, realizada de quinze a vinte e dois de Nissan, o mês judaico, entre março e abril.

Catorze de Nissan, quarta-feira, Simão Pedro e João percorriam as ruas, conversavam intrigados e João falava de suas conjecturas:

– Não sei se será possível atender ao pedido do Mestre. Você perguntou onde poderíamos preparar a Festa do Pêssach e ele nos respondeu que, quando entrássemos na cidade, procurássemos um homem levando um cântaro de água. É aí que está a dificuldade, porque isso é tarefa de mulher... E que quando o encontrássemos, deveríamos segui-lo até a casa em que ele entrasse, passando-lhe um recado.

– Entenda, João. Com Jesus, tudo pode acontecer e acontece. Não duvide de nada. Você já se esqueceu da entrada dele em Jerusalém, quando deu todos os detalhes de como e onde encontrar o jumento que o conduziu até à cidade? Pois quando se trata de Jesus, eu não guardo dúvidas, faça o mesmo.

– Você observou, Simão, que, neste ano, a primavera chegou mais viva, mais exuberante? Primavera é renovação da vida: o inverno terminou, os pássaros e as aves voltaram para construir seus ninhos. Salomão percebeu isso e não deixou de registrar. Ele fala das flores que aparecem na terra como as primeiras, evidências da nova temporada: "Porque eis que passou o inverno: a chuva cessou e se foi. Aparecem as flores na terra, o tempo de cantar chegou e a voz da rola ouve-se". E acrescentou, mais adiante: "O momento da canção da primavera tem chegado, o canto do tempo, a poda do tempo"... "O deserto e os lugares secos se alegrarão com isso; e o ermo exultará e florescerá como a rosa. Abundantemente florescerá e também regurgitará e exultará de alegria".

João fez breve pausa, para logo continuar:

– Recorde-se, Simão, que antes dele, Davi se encantou com a beleza do tempo e deixou, sob a forma de salmo: "Tu visitas a terra e a refrescas; tu a enriqueces grandemente com o rio de Deus, que está cheio de água; tu lhe dás o trigo, quando assim a tens preparada; tu enches de água os seus sulcos, regulando a sua altura; tu a amoleces com a muita chuva; tu abençoas as suas novidades".

"Ozéas também se deixou embalar pela suavidade de seu coração: 'Serei, portanto, como o orvalho para Israel; ele haverá de florescer como o lírio e lançará suas raízes como o cedro do Líbano'. Eu, contudo, vos asseguro que nem Salomão, em todo o esplendor de sua glória, vestiu-se como um deles."

– Há muita beleza em tudo isso. Senhor, por sua vez, foi mais além de Davi, de Salomão e de todos os profetas, pois nos leva a ver de olhos fechados, nos faz visualizar um quadro da Natureza, tão simples, ao mesmo tempo tão belo e, por fim, nos leva às reflexões mais profunda para o espírito: "olhai os lírios do campo, eles não tecem nem fiam Eu, contudo, vos asseguro que nem Salomão, em todo o esplendor de sua glória, vestiu-se como um deles".

– Veja, Simão Pedro, lá adiante, o homem com o cântaro ao ombro, vamos acompanhá-lo!

Os dois discípulos de Jesus seguiram o homem por alguns minutos e, como guardavam apenas alguns passos de distância, abordaram-no quando ele chegou a uma casa ampla, numa das ruas mais calmas, transmitindo-lhe o recado como o haviam recebido:

– O Mestre te diz: Onde está o aposento em que hei de comer a Páscoa com os meus discípulos?

– Eu os esperava – respondeu o homem, com simpatia. – Não se espantem, pois reconheci a voz de Jesus dentro dos meus ouvidos a me avisar.

– Mas nós o conhecemos, já o vimos – falou Simão Pedro, com entusiasmo. – Nosso encontro foi em Jericó.

– Isso mesmo, Simão Pedro, eu sou Zaqueu, o que era publicano. Vamos entrar e eu lhes contarei tudo.

Zaqueu recebeu os dois com indisfarçável alegria. Fazendo-os entrar na casa, mostrou-lhes o grande cenáculo mobiliado e, após se sentarem, narrou os acontecimentos de sua vida após o encontro com Jesus:

– Posso dizer, com segurança, que me reabilitei perante o povo de Jericó e perante mim mesmo, pois hoje sou seguidor do Messias. Indenizei com quatro tantos àqueles aos quais prejudiquei; não deixaram de surgir os oportunistas e aproveitadores que tentaram a extorsão; entretanto, apesar de tentarem me estimular sentimentos de culpa e de arrependimento, tive o bom senso de recordar do ensino do Senhor, quando recomendou não dar pérolas aos porcos. O que seria pago àqueles desonestos, distribuí com os necessitados.

"Os meus recursos financeiros e bens, adquiridos licitamente, dividi com o filho perdulário, que tomou seu próprio rumo, e com a esposa displicente, que me pediu carta de divórcio e eu concedi, conforme a Torá. Dispensei os empregados com boa remuneração, adquiri esta casa e resido aqui em Jerusalém."

– Por que em Jerusalém? E a coletoria?

– Deixei de ser publicano e me mudei para aqui por dois motivos: aqui ninguém me conhece e Jerusalém se tornou o centro de apoio para minhas viagens. Mantendo certa distância, eu os tenho acompanhado por toda parte, ouvindo, aprendendo com o Mestre sem me aproximar, para dar oportunidade a tantos sofredores. Tenho viajado por aldeias e vilarejos distantes, não visitados pelo Messias, e lá conto todos os seus feitos; reproduzo suas parábolas e ensinamentos o quanto me é possível. E isso tem trazido encantamento e esperanças a muita gente simples e humilde que já havia perdido as esperanças na vida.

– Você, Zaqueu, sem a família, deve se sentir muito só.

– Engana-se, João. Minha família agora se ampliou à minha volta e sou feliz por isso.

– E o que você tem feito ultimamente? – perguntou Simão Pedro. – Já que não mais recolhe impostos, como ocupa o seu tempo, além das viagens?

– É imensa a riqueza que contém cada palavra de Jesus e, por ser um tesouro que jamais deveria ser perdido, preocupo-me com sua preservação. Assim, pago a alguns escribas simpatizantes para me ouvirem as narrativas e a outro que trago, testemunhas vivas dos feitos e dos ensinamentos, a fim de que eles os reproduzam em pergaminhos. Muitos deles circulam de mão em mão, principalmente nas localidades mais humildes. É curioso como alguns escribas já fazem isso, espontaneamente, sem nenhum sentido especulativo; alguns por simpatia, outros porque tiveram parentes ou amigos beneficiados por Jesus. Tenho vários desses pergaminhos aqui, na minha casa, e quero passá-los para vocês. Aceitam?

– Aceitamos sim, Zaqueu, mas prefiro que deixe sob a guarda de João.

– Amigo, vemos que você tem se libertado de tudo – interpelou João, mais uma vez. – E aquela grande herdade que você possuía, renunciou a ela também?

– Não renunciei, mas dei utilidade muito objetiva e tão gratificante que me trouxe muita alegria. Muitas famílias rurais, dignas e produtivas, tiveram suas glebas confiscadas pelo domínio do Império porque não puderam pagar os excessivos impostos, ficando na miséria absoluta. Porém, o que me trouxe muita dor foi eu ter sido o executor do confisco que, necessariamente, não seria obrigação minha. Essa infeliz exigência partiu de Pôncio Pilatos, por eu ter sido, à época, chefe dos publicanos e, com minha conivência, acobertei seus atos escusos, o que era habitual, mediante excelente participação nos negócios. A partir do momento em que concluí o processo de confisco e a ordem de execução, demiti-me do cargo antes de escamotear as alterações fraudulentas, cuja parte do montante se converteria em seu proveito. Isso o deixou aturdido e com a obrigação de prestar contas integrais ao Império. Como noutros tempos, Roma jamais receberia o valor desse confisco. Como a prestação de contas ao Império tinha o meu aval, ele não teve condições de fazer quaisquer retaliações contra mim.

"Durante algum tempo, muito angustiado, pensei e descobri o que poderia fazer para compensar aquela perda imensa do resultado de tantas lutas por parte daquela gente simples e boa. Assim, liberto e feliz, convidei todas as famílias lesadas e as abriguei na minha herdade. Cada uma delas produz segundo suas especialidades, todas são solidárias entre si, seus produtos são de boa qualidade e têm credibilidade no mercado, com boa aceitação. Agora, têm condições de pagar os impostos, que não são tão escorchantes porque meu nome ainda tem peso no palácio. As terras agora são definitivamente daquelas famílias, não mais me pertencem. E o mais importante: sempre as reúno, em comunidade, para contar as histórias do Messias e divulgar seu Evangelho. Hoje, são todos adeptos de Jesus."

– Zaqueu, meu amigo – falou João –, não faço ideia de quantas novidades a mais você ainda teria, são tantas...

– Engana-se, João, tenho mais uma novidade. Na comunidade de que lhes falei, está uma mulher viúva com sua filha e você as conhece.

– Como as conheço, Zaqueu?

– Porque elas me contaram. Certa manhã, despertei com uma espécie de incômodo, uma sensação de que deveria ter feito algo e que não fizera; passei assim o dia todo. À noite deite-me e, como de costume, me entreguei às orações habituais, finalmente adormecendo. Logo comecei a sonhar com uma casinha simples, mas bem cuidada, com trepadeiras floridas e pequena horta na parte posterior da casa. Ao entrar na habitação, deparei-me com certa menininha e uma mulher, sua mãe, com expressões de preocupação mesclada com tristeza. Não pude definir muito bem, nem identifiquei a causa. Aos poucos, ao lado delas, surgiu Jesus, sem que elas percebessem, que me falou dentro do coração, pois não ouvi a sua voz: "Zaqueu, amanhã pela manhã procure pela pessoa que lhe mostrei. Saia do centro de Jericó pelo portal sul e siga pela única estrada existente, por onde passam os que moram nos arrabaldes, e depois de alguns minutos encontrará essa morada com as duas: mãe e filha. Convide-as para morarem com as famílias que você reuniu. Para que não duvidem, chame-as por Ana e Joana e diga-lhes que eu o enviei em meu nome".

"Fiz o que me foi solicitado durante o sonho. No lugarejo indicado, encontrei a mãe com a filha em grave situação, porque os sicários de Pilatos confiscaram aquela pequena gleba, impondo condições: ou pagariam impostos impossíveis, ou trabalhariam somente para pagar a moradia e a alimentação, trabalho escravo..."

– Sei quem são – esclareceu João, com a voz embargada pela emoção ao se recordar. – Estive lá com Jesus, que curou a menininha Joana, filha de Ana. Duas belas almas!

– Elas aceitaram, trabalham e vivem felizes com uma família que as adotou na herdade. Peço desculpas, meus amigos, mas devo ir. Tomem conta da casa, já deixei preparados os pães ázimos, os demais alimentos, as taças, os castiçais e o vinho. Gostaria de estar presente, mas me havia comprometido com a vigília no Templo.

Zaqueu se despediu e, ao abraçar Simão Pedro e João, o fez com alegria e sinceridade, uma vez mais lamentado por não poder estar junto com todos e com Jesus.

Os dois discípulos estavam boquiabertos com aquele inusitado e inesperado encontro e com a extraordinária mudança de Zaqueu.

Ao cair da tarde, Jesus se reuniu à mesa farta com os doze discípulos na nova casa de Zaqueu para a ceia tradicional. Apesar do clima de paz e de fraterna convivência reinantes, o ar parecia impregnado de uma onda de tristeza, face à expectativa do dia seguinte, resultante das contínuas previsões de Jesus a respeito de sua morte. Neste instante, todos cessaram seus comentários entre si, para prestarem atenção à suas considerações.

Um longínquo aroma de nardo, delicado, quase imperceptível, foi tomando conta da sala, quando o Messias começou a falar. Sua voz não tinha, como noutros momentos, o caráter da pregação diante das multidões, porém transportava uma doçura que impregnava o coração:

– Tenho desejado, ansiosamente, comer convosco esta páscoa antes do meu sofrimento. Desta hora em diante, não comerei mais com vocês, nem beberei do fruto da videira; nesta noite, vocês muito se espantarão comigo pelo desencadear dos novos acontecimentos. Vejam o que a Escritura diz: "Ferirei o pastor e as ovelhas do rebanho ficarão dispersas". Mas depois da minha ressurreição, eu os aguardarei na Galileia – e prosseguiu, com imensa ternura. – Ainda por um pouco estou convosco; buscar-me-eis, e o que eu disse aos judeus, também agora vos digo a vós outros: para onde eu vou, vós não podeis ir. Novo mandamento vos dou: que vos ameis uns aos outros; assim como eu vos amei, que também vos ameis uns aos outros. Nisto conhecerão todos que sois meus discípulos, se tiverdes amor uns pelos outros.

"Um dia, eu voltarei para buscá-los, a fim de que onde eu estiver, estejam também comigo; mas, por enquanto, mesmo que não ouçam mais a minha voz, ela se fará audível na concha do coração de cada um. Deste modo, se guardarem as minhas palavras, poderão pedir o que desejarem; eu atenderei. E se guardarem os meus mandamentos, permanecerão no meu amor, assim como também eu tenho guardado os mandamentos do meu Pai e no seu amor eu permaneço.

"Ninguém tem maior amor do que este: de dar a própria vida em favor dos seus amigos, e vocês são meus amigos, se fizerem o que eu mando."

Quando Jesus fez ligeira pausa, João levantou a mão e Jesus assentiu com a cabeça:

– Mestre, nós o temos seguido, com alegria, por todos esses anos; não por obrigação, mas por fidelidade e reconhecimento das sublimes claridades de seu Evangelho. Por que nós e não outros?

– Vocês não me escolheram, eu os escolhi na noite dos tempos e os preparei para essa missão; encontramo-nos e, agora, estamos em despedidas, pois se eu não for nessa hora, não poderei buscá-los em novo encontro numa 'terra' melhor e mais bonita. Antes, eu os considerei discípulos e servos. Agora, contudo, eu os chamo de amigos, meus queridos amigos.

"Ouçam o que lhes digo, porque assim como me perseguem, os perseguirão. Guardem o bom ânimo no seu coração. Vocês deverão permanecer dispersos, cada um para a sua casa, deixando-me sozinho, mas eu não estarei só, porque o Pai está comigo."

– Mestre, nós o acompanharemos por onde for e viemos dispostos a defendê-lo uma vez que viemos preparados.

– Não, Pedro, essa hora é somente minha. Sei que trouxeram seus apetrechos, porém mantenham-nos guardados para usá-los somente a serviço do pescado como sempre fizeram.

– E o nosso sacrifício, nosso compartilhamento e solidariedade?

– Todas as atenções estarão voltadas para mim; se vocês estiverem comigo, serão também presos e sacrificados. Eu os quero vivos, para que cumpram seus compromissos com o Pai na defesa e manutenção da semente da Boa Nova.

– Eu o acompanharei, Senhor – insistiu Simão Pedro, com voz firme –, não posso abandoná-lo.

– Todos conhecem sua liderança e sua proximidade despertará a atenção. Logo pensarão na sua condição de líder a arregimentar os que buscariam minha libertação. Mantenha-se distante e fique atento para não se identificar. Antes que o galo cante, pelas horas da madrugada, abordarão você por três vezes. Negue sem receio algum, nem se arrependa.

"O momento não é para heroísmos, e sim de preservação. Caifás espera e deseja que haja reações, para ele agir com o que considera direito de autoridade. Insisto para que não se dê a conhecer como meu discípulo. Depois, eu saberei como encontrá-los."

O Mestre calou-se por alguns instantes, sob as perspectivas dos discípulos de que continuasse a falar. Entretanto, levantou-se, tomou de uma bacia com água e uma toalha, abaixou-se e, para surpresa deles, começou a lavar-lhes os pés.

Ao se aproximar de Simão Pedro, este se recusou, atônito, achando-se indigno de ter os pés lavados pelo Mestre, afirmando que Jesus jamais deveria fazer aquilo. De imediato, Jesus respondeu:

– Se eu não lavar os seus pés, você não terá parte comigo.

Simão Pedro, contudo, insistiu na recusa:

– Senhor, não só os meus pés, mas também as mãos e a cabeça têm parte, todo o meu ser.

– Aquele que está lavado não necessita de lavar senão os pés, pois no mais todo está limpo – acrescentou Jesus.

Compreendendo que o seu gesto não havia sido alcançado, depois de lavar os pés de todos, voltou a assentar-se à mesa e, após olhar expressivamente para cada um deles, concluiu:

– Entenderam o que lhes fiz? Vocês me chamam Mestre e Senhor e falam corretamente, porque eu o sou. Ora, se eu Senhor e Mestre, lavei os seus pés, todos devem, também, lavar os pés uns dos outros. Tal como lhes fiz, façam também.

"Na verdade, na verdade lhes digo que o servo não é maior do que o seu senhor, nem o enviado maior do que aquele que o enviou. Se sabem estas coisas, serão bem-aventurados se, deste modo, as fizerem."

Jesus novamente fez significativo silêncio e deixou transparecer na face sua tristeza, para dizer:

– Na verdade, na verdade lhes digo que um de vocês deverá me entregar ao sinédrio...

Então, os discípulos olharam uns para os outros, interrogativamente, perguntando se seria cada um de si mesmo, ao se expressarem: "serei eu?" E acrescentaram, com a liderança de Simão Pedro, que seriam todos capazes de dar a vida pelo Senhor.

Simão Pedro fez sinal a João, que estava bem próximo do Mestre, com cabeça reclinada em seu peito, para que perguntasse a respeito de quem se referia Jesus.

Antes que Jesus respondesse, Judas de Queriote levantou-se devagar e afirmou, com serenidade e firmeza:

– Serei eu! – e saiu apressadamente.

– Por que deverá ser assim? Para que a Escritura seja cumprida? – exclamou Tomé, um tanto enfático.

– Não será possível que haja outro modo? – prosseguiu Tiago Maior, no mesmo tom.

– Senhor, deverá haver outra solução para que o reinado do Bem e do Amor tenha continuidade com a sua presença – acrescentou Simão, o Zelote, com alguma serenidade.

– Vimos que há tanta dor pelos caminhos, ainda não aliviadas – prosseguiu André. – Na Galileia, centenas se unem para aprender mais e semearem a Boa Nova; até os estrangeiros de Tiro e de Sidom nos visitaram em Cafarnaum.

– As Escrituras, meus amigos – acrescentou Jesus –, não exigem ou determinam os acontecimentos, apenas narraram, com antecipação, numa visão do futuro. Há mais de oitocentos anos estão previstos os fatos que poderiam acontecer. Quantas vezes atravessamos o Jordão, desde a presença de João, o Elias que retornou da morte a fim de que a presença do Messias, no mundo, fosse identificada, e nem por isso podemos mudar o seu curso. Desde os montes Hermon, passando pelo grande lago, por onde navegamos, bem como às suas margens, com que alegria ofereci o meu Evangelho!

"Minha prisão está sendo arquitetada há muito tempo, mas só agora se consumará. Eu serei preso e, como o cordeiro do holocausto, seguirei para o sacrifício; o mesmo acontecerá a quem estiver em minha companhia, como seguidor e discípulo."

Simão Pedro, ao olhar para Jesus, acrescentou:

– Tudo isso é muito doloroso, Senhor, para todos nós, porque o amamos.

– Você tem razão, Simão Pedro, é muito doloroso. Porém, ouçam todos – asseverou Jesus –, essa decisão, no conceito do mundo, identificará Judas como traidor e será execrado pela história no conteúdo dos milênios, condenando-o mesmo depois de sua morte, sem remissão, porque cada criatura inconsequente, distante do amor ao próximo, ao longo do tempo, se identificará com essa condição e transferirá para um 'judas' o seu ato de autotraição, considerando que, na consciência mais profunda do espírito, Deus estará presente com sua Lei, invariavelmente.

As estrelas pouco a pouco iniciavam sua viagem pelas estradas do céu; as ruas de Jerusalém tranquilamente adormeciam sob o silêncio da noite. No entanto, a fachada do grande Templo parecia dançar ao claro das tochas, dando-lhe maior imponência e, em quase todo o casario, as luzes das candeias bruxuleavam nos desvãos das janelas, dando um aspecto singular à pérola de Israel, em seguida.

Jesus os convidou a subirem o monte para orar com ele no jardim do Getsêmani, onde concluiu:

– Essa é a gloria do Filho do Homem, e Deus é glorificado nele. Se Deus é glorificado nele, também Deus há de glorificá-lo, muito em breve. E suas almas nessa hora, meus amigos, estarão cheias de júbilos, por confirmarem tudo o que lhes tenho dito.

Em meio ao silêncio absoluto, João solfejou um cântico evocativo das sinagogas e logo todos cantavam, invadidos por um sentimento que atribuíram à presença de Deus. Foi aí que perceberam que muitas outras vozes, cristalinas, ampliavam o cântico com um coro celeste a preencher toda a sala.

23
Simão, pai de Rufo e Alexandre

No topo do monte escalvado, duas vigorosas cruzes, com espaço intercalado para uma terceira, emergiam firmes da terra e se lançavam abruptas para o céu, que se acinzentava pouco a pouco, àquela hora da tarde.

Dois homens quase desnudos nelas se achavam, suspensos e solitários, a aparentar grande sofrimento pelo incômodo da posição em que se encontravam no hediondo castigo.

Um deles, tão maltratado quanto o outro, mostrava-se em grande revolta e blasfemava o tempo todo. O outro, mais sereno, comentou:

– Veja onde viemos parar. Este é o nosso triste final.

– Ora, deixe de choramingar – explicou o revoltado, com azedume. – Este seria o nosso inevitável destino, não havia como mudá-lo.

– Engana-se! Quantas vezes eu lhe pedi para pararmos aquela aventura inglória? Não era certo o que fazíamos...

– Mas você me seguiu porque quis, nunca o obriguei a nada no caminho que decidi tomar.

– Eu o segui por amizade, apesar do seu modo agressivo e intempestivo a me considerar um fraco, por ser mais novo.

– Mas, pelo menos, eu nunca matei ninguém!

– Não matou porque eu lhe segurei a mão e implorei para não cometer aquela atrocidade. Foi a primeira e única vez que sua teimosia me atendeu.

– E que diferença faz se estamos aqui, os dois, condenados? – argumentou, nervoso. – Eu o mau e você o bom?

– Diante de Deus, faz diferença. Lembra-se dos mandamentos ensinados na sinagoga e, entre eles, o "não matarás"? Peço a Deus que nos perdoe, pois me arrependo de tudo o que fiz! – exclamou, com certa exaltação na voz.

– Ora, não me venha com pieguices. Eu resisto por minha força e pela revolta que me alimenta. Faça o mesmo!

– Lembra-se de quando éramos meninos, quase adolescentes, em Nazaré; quando nos encontrávamos com o filho de José, o carpinteiro, e de Maria? Devíamos ter dado mais ouvidos a ele.

– Lembro-me de sua tranquilidade e que nunca participava das nossas brincadeiras agitadas. Era um fraco como você.

– Engana-se mais uma vez, amigo, ele era bom e nunca deixou de nos dar atenção e de conversar conosco. Não fazia qualquer segregação. E nos afirmou, com segurança, que nós nos encontraríamos mais três vezes no curso de nossas vidas...

– Ele cometeu um engano sobre isso – interrompeu com um simulacro, um esgar de riso, tentando superar as dores. – A primeira vez se deu cinco anos depois daqueles encontros casuais, quando fomos revê-lo na carpintaria de José, seu pai.

– Nunca me esqueci de suas palavras – prosseguiu o companheiro. – Ele sorriu e, antes de falarmos alguma coisa, asseverou com aquela mesma serenidade na voz, mas com a firmeza de quem sabe o que diz: "vocês estão como ovelhas que se perderam do rebanho, à beira do precipício, semelhantes àquele do Monte Kedumin erguido nos arredores de Nazaré. Amigos, ainda há tempo para o retorno à segurança da família, do trabalho, dos amigos e do Pai Celeste, enquanto seus atos não ganhem a notoriedade para além das fronteiras de Nazaré. Meu Pai os quer de volta porque os ama, pois também são seus filhos".

– Jamais acreditei nisso: de que o 'seu' Pai Celeste iria se importar conosco. Ele, sim, se considerava nosso amigo e até irmão; mas a Divindade? Sempre afastado de nós, quase não participava diretamente de nossa convivência, parecia não gostar de nossa companhia – falou o mais velho.

– Não creio que se trata disso – respondeu o amigo –, pois era atencioso, gentil e sabia conversar sobre qualquer coisa. Apenas vivia isolado, como se estivesse em outro mundo. Foi quando, então, resolvemos conversar com ele, lembra-se? Vou recompor sua cabeça.

E o condenado, sob o impacto da morte iminente, reviu todo o acervo de suas lembranças de um assunto tão marcante.

***

– Menino, por que você não vem brincar conosco?

– Porque vocês nunca me convidaram. Por enquanto, eu sempre aguardo aqueles que me procuram e, de futuro, deverei ir ao encontro de muitos e muitos virão ao meu encontro.

– Não compreendo – respondeu o mais velho. – Você pode me explicar melhor?

– Posso sim, somos quase da mesma idade, mas tenho compromissos diferentes dos seus, muito sérios, e os terei maiores ainda.

– Compromissos além da obrigação de ir à sinagoga – interrompeu, com certo desdém –, para ouvir as coisas entediantes dos rabinos? Isso também nós fazemos e há tanto o que fazer de divertido depois disso: correr pelo campo de cevada ou do trigal para o 'esconde e acha', preparar armadilhas para pegar lebres, pássaros ou codornizes...

– Roubar os ovos nos ninhos – acrescentou o outro, sorrindo – e, o mais divertido: ordenhar cabras dos criadores para pegar o leite às escondidas...

O interpelado pareceu refletir por alguns segundos e respondeu, sem críticas ou condenações:

– Compreendo que Deus colocou os pássaros no mundo para voarem livres, e não para o cativeiro, da mesma forma os animais que não forem destinados à alimentação; os ninhos são promessas de vida para a beleza das cores e do cantar; os campos merecem cuidados: a ação da charrua para a semeadura e colheita com destino à benção do pão.

– Mas você ainda não falou dos seus compromissos – continuou o mais tagarela, um tanto desconcertado com aquelas inesperadas assertivas. – Que responsabilidades são essas?

– É necessário que eu cuide das coisas do meu Pai.

– Nós também não fazemos nada diferente: como o mais velho, tenho que ajudar o meu pai na produção do óleo de oliva e ele – acrescentou, apontando para o companheiro – tem que auxiliar o pai em sua vinha. E o vejo ajudando a José, na carpintaria, e não cuidando das coisas dele, como você falou.

– Não espero que compreendam, pois não é desse pai que estou a falar, refiro-me ao Pai Celeste – Eloim.

– E o que você tem a ver com Eloim? – interrompeu, entediado com a conversa. – Ele não é pai de todos?

– É pai de todos e criador de tudo. Entretanto, eu fui enviado por Ele para dar seu testemunho diante do mundo.

– É hora de voltarmos para o vilarejo – interrompeu o mais velho, interessado em encerrar o diálogo.

– Que Deus os acompanhe. Ainda nos veremos! – e o interpelado se foi, com um gesto de despedida.

* * *

Os anos se passaram e os dois amigos ficaram conhecidos como baderneiros inconsequentes e perturbadores da ordem, em Nazaré e arredores. Haviam deixado suas famílias e viviam sem destino certo; falava-se, a boca miúda, que os eventuais desaparecimentos de cabras, de ovelhas, jumentos, ferramentas de lavoura e de outros utensílios eram atribuídos aos dois, que os vendiam em outras localidades, uma vez que não trabalhavam e nunca estavam em dificuldades.

– Eu me recordo da segunda vez, pois foi muito estranha, novamente cinco anos após o primeiro encontro – comentou o mais novo dos dois. – Foi ao final de certa madrugada quando estávamos à espreita, escondidos entre arbustos à beira da estrada que vai de Nazaré a Jerusalém, através de Jericó. Ele despontou na curva mais próxima e veio diretamente para nós, com determinação. Apesar de estarmos escondidos, ficamos frente a frente.

– Você ficou calado, então me senti incomodado. Ele atrapalhara nossos planos naquela estrada. Tudo tão bem planejado e, como ele permanecesse silencioso a nos olhar, perguntei um tanto aborrecido:

"– O que faz aqui, Galileu? Continua cuidando das 'coisas de seu Pai'?

"– Vocês dois também são motivos para os cuidados do Pai Celeste; para isso, vim."

– Há coisas impossíveis de serem esquecidas – argumentou o assaltante mais novo. – Primeiro, a sua expressão de espanto no rosto quando percebeu a inesperada chegada de Jesus; os arbustos nos protegiam da visão dos viandantes que viessem por qualquer lado da estrada. Ele veio sozinho e determinado, mas ninguém poderia ter-lhe dado informações, por não conhecerem o nosso paradeiro. Seu olhar parecia devassar a alma da gente; sua fisionomia serena transparecia alguma tristeza e a voz era um misto de serenidade e de segurança absoluta. E nos aconselhou uma vez mais:

"– As coisas do Pai Celeste são eternas e ele lhes oferece este momento decisivo para as suas vidas. Venham comigo e os farei ricos da paz jamais experimentada e de uma alegria nunca superada antes por quaisquer favores do mundo!

"Não lhes ofereço um caminho florido, perfumado e isento de pedregulhos, diferente daqueles que leva. Porém, sob outro aspecto, uma oportunidade de luta, de trabalho e de conquistas para tecermos os louros da vitória final, sem os percalços inesperados do que haveria de vir além de cada curva e das ansiedades, na busca de resultados do desconhecido."

– Não o deixei prosseguir e afirmei que não vivíamos de sonhos ou fantasias, que ele seguisse o seu caminho adiante e que nós seguiríamos o nosso. No entanto, ele prosseguiu, acentuando cada palavra, com uma certeza estonteante:

"– Então, meus amigos, o terceiro encontro não tardará, quando estaremos os três juntos, de braços abertos para a visão do mundo, tão próximos uns dos outros, mas ao mesmo tempo tão distantes..."

– Não compreendi uma só palavra do que havia dito. Já faz mais de cinco anos e a terceira vez não aconteceu – concluiu, com rispidez. – A profecia falhou, porque não haverá terceiro encontro; e não quero mais conversar sobre isso, chega!

As expressões de sofrimento daqueles homens se acentuaram sobremaneira. Minutos depois, perceberam um alarido crescente, oriundo de grande multidão acompanhada por soldados a subirem o monte Calvário: impropérios, apupos, blasfêmias, gritos... No meio daquela chusma, um homem alquebrado, manietado, com dificuldades no caminhar e que somente o conseguia por estar sustentado pelo braço direito de outro homem, bastante vigoroso, a também transportar pesada cruz de madeira sobre o ombro esquerdo.

– Pelo aparato militar e pela multidão, só pode ser um criminoso muito importante – observou o condenado, que não desejava mais conversas. – Deve ter ameaçado Roma e ofendido esse povaréu. Pelo menos não estaremos sozinhos. Que venha ele!

O cortejo agitado alcançou o topo do monte e os procedimentos da crucificação se iniciaram.

De onde se encontravam os dois condenados, não conseguiam ver e identificar o recém-chegado. No entanto, concluíram que o condenado não era o que transportava a cruz, mas sim aquele outro muito machucado.

Por fim, sob a ovação do povo, como a comemorar um grande feito, o madeiro foi erguido, com o homem preso por cravos nas mãos e nos pés, mostrando um amarrado de espinhos grosseiramente enfiado em torno da cabeça. O novo crucificado foi colocado entre as duas cruzes já fincadas no chão.

O condenado mais velho não se conteve e 'explodiu' em estentórica gargalhada, entremeada dos gemidos de suas dores, seguida de impropérios dirigidos ao recém-chegado.

– Ah, é você que está aqui conosco, o santo, o puro, o enviado dos Céus para salvar a humanidade? Por que não salva a si mesmo, agora, e nos salva também, junto? Que ironia... Que ironia! – exclamou, sarcástico. – O que é você, afinal, Jesus de Nazaré?

– Cale-se, por favor, respeite-o! – exclamou o segundo, também entre gemidos. – Não fale assim; nós recebemos o castigo por causa de nossos atos, mas ele não fez mal a ninguém...

Lentamente, Jesus, o último crucificado, girou a cabeça e encontrou os olhos daquele homem insensato...

* * *

Há alguns meses daquele proscênio infeliz, de cenas tão grotescas quanto dolorosas, Simão e seus três filhos, Rufo, Alexandre e Rute, que era surda e também não falava, viviam em Cirene, importante cidade de domínio grego no norte da África, distante aproximadamente mil e seiscentos quilômetros de Jerusalém. A cidade abrigava grande contingente de judeus.

Após as fainas do dia, no campo, reuniram-se em torno da mesa rústica, sob a luz do candeeiro posto no velador, como habitualmente faziam, para a refeição da noite antes do repouso.

– Meu pai – interpelou Rufo –, hoje o senhor está muito calado.

– Algum problema o preocupa – completou Alexandre. – Poderemos ajudá-lo?

– Não se tata de problemas, mas sim de reflexões. Somos uma família unida e temente a Javé. Dentro de cinco meses, haverá a festa anual da Páscoa, em Jerusalém, e durante toda a minha vida desejei estar lá e nunca pude. Desta vez, gostaria muito de participar dos festejos de catorze de Nissan. Nunca nos foi possível ir...

"Ouçam: a mãe de vocês não se encontra mais entre nós, já retornou ao seio de Abraão; vocês não são mais crianças. Rute, por sua condição, é criticada, espezinhada e incompreendida. Então, gostaria de que todos fôssemos juntos."

– É muito distante... Como faremos para ir? E como ficará a nossa gleba de cultivo?

– Alexandre tem razão. Além de sermos pessoas do campo, soube que Jerusalém é lugar muito importante.

– Nossa gleba pode ser passada para os amigos que se mostrarem interessados, porque é produtiva. Nas proximidades de Jerusalém, há localidades propícias para nos instalarmos e trabalharmos nos mesmos moldes daqui.

"Dias atrás, Absalão, um velho amigo de infância que há anos transferiu residência para aquelas bandas, de passagem por Cirene para resolução de pendências, esteve comigo e me falou de seu interesse em transferir-se para Cesareia de Felipe. Ele se encontra muito cansado para, sozinho, cuidar do campo, e propôs que eu desse continuidade à produção de suas terras. Com os recursos que podemos obter com a venda da nossa gleba,, podemos adquirir a do meu amigo. Pelos meus cálculos, em dois ou três meses estaríamos enfrentando nova vida. O que acham?"

De imediato, os jovens aceitaram a proposta.

– Só pode ser a Providência de Javé – acrescentou para os filhos, com entusiasmo. – Soube que, dentro de alguns dias, partirá um grupo de cinco famílias para Jerusalém e que estão à procura de mais uma para complementação da caravana, a fim de que os custos sejam menores. Amanhã, vocês irão para a lavoura, enquanto irei ter com esse grupo e tomar todas as providências que forem necessárias.

No dia seguinte, ao se encontrar com Absalão, este lhe disse:

– Simão, meu bom amigo, vem comigo que vou lhe apresentar uma pessoa que lhe será muito útil. Já o avisei que você iria vê-lo; portanto, ele nos aguarda.

Caminharam até à saída do vilarejo e encontraram um acampamento de tamanho bem razoável, com várias tendas armadas. Dirigiram-se à tenda principal, onde um homem muito simpático os recebeu e os conduziu ao interior.

– Este é o meu amigo Simão, a respeito do qual eu lhe falei. Ele deseja se inteirar sobre a viagem para Jerusalém e é mais um provável candidato.

– Sou Issacar. Conversemos enquanto tomamos um chá, acabei de fazê-lo.

A conversa se desenrolou com tranquilidade onde Issacar, o condutor de caravanas, demonstrou seu senso de praticidade e de organização.

– Amanhã pela manhã, reunirei aqui todas as famílias e explicarei o plano de viagem, que basicamente é muito simples: já fiz um levantamento dos locais de paradas de dia e de noite, da alimentação necessária para todos e decidiremos, em conjunto, quem trará o quê, uma vez que tudo será de todos. Programaremos uma escala para o processamento dos alimentos à hora das refeições; para o aprovisionamento de água, em virtude da distância entre uma fonte e outra; para as montagens e desmontagens de barracas e para a vigilância noturna; enfim, para a condução propriamente dita dos animais de cargas.

– Issacar, por favor, diga-me: quais as vantagens da viagem em grupo?

– A primeira vantagem é a proteção de todos, por causa de eventuais assaltos. Sabemos que há dois assaltantes perigosos que, há algum tempo, vêm assustando viajantes e pequenas caravanas; depois, a alimentação comunitária e a divisão de encargos, pois a viagem fica num custo extremamente baixo e o trabalho em equipe traz maior intimidade e alegria. Assim, a viagem, que é longa e cansativa, torna-se menos penosa por ser agradável. Seis famílias tornam-se uma única família. O que acha disso, Simão?

– Acho excelente! Iremos com você! – respondeu Simão, entre animado e ansioso para contar aos filhos. – E que notícias você tem daquelas terras distantes?

– Vocês chegarão num momento oportuno, pois provavelmente conhecerão um homem extraordinário; já o vi várias vezes. Embora os homens das sinagogas, os escribas, os fariseus, os saduceus e herodianos neguem e duvidem, ele se comporta como quem diz ser, pois mais ninguém faz e nenhum profeta foi capaz de fazer o que ele realiza.

– Estou curioso, Issacar. Prossiga!

– O profeta João, de que todos já ouviram falar, o ungiu no rio Jordão, dizendo que ele era o Messias que Javé havia prometido pela boca dos profetas, Ele invariavelmente prega a verdade e o Bem, com sabedoria e beleza, dizendo que o reino dos céus está próximo.

Eu o vi trazer esperança e cura a todos os tipos de doentes, inclusive a cegos e aleijados, além de salvar mulheres da perdição. Tem muito amor pelas crianças e por todos que o procuram. As autoridades o perseguem, preparam armadilhas com suas perguntas, porém ele deixa a todos confundidos e perplexos com suas respostas. É simples e verdadeiro.

Três meses depois, após a viagem, estavam instalados na gleba adquirida, nos arredores de Jerusalém; e logo, por sua comunicabilidade, criaram laços de amizade e de simpatia com os moradores da região.

Os filhos de Simão, por sua alegria e conduta irrepreensível, tornaram-se conhecidos como os filhos de Simão. E Simão, por causa de seus produtos frescos, de boa qualidade. Durante os comentários do dia e a última oração, Alexandre questionou:

– Meu pai, há algum problema em que possamos ajudar? Digo isso porque o temos visto calado, como aconteceu em Cirene. Será, por acaso, o problema de nossa irmã?

– Meu filho, não sei o que está a acontecer com meu coração. À medida que se aproxima o dia da 'Festa da Libertação, cresce uma comoção íntima, profunda...

– Pode ser a aproximação da festa pela qual o senhor ansiou por tantos anos – argumentou Rufo, por sua vez.

– Sinto que algo grande está para acontecer, pois alguns sonhos me acodem, à noite, deixando-me feliz, mas pela manhã não os recordo. Há no ar uma expectativa, não temor.

* * *

O centro nevrálgico da cidade, no entorno do templo, regurgitava de gente vinda de várias localidades da Ásia Menor, das proximidades do Mar Mediterrâneo e de outras regiões.

Simão e os filhos retornavam do campo e se dirigiam, apressados, para o centro das comemorações. Havia tanta gente que os três se perderam uns dos outros e, mais adiante, saindo de uma rua estreita, Simão percebeu um tumulto maior de vozes e muita gente andando aglomerada. Aproximou-se o quanto pode; pelos espaços fugidios dos transeuntes e por entre a barreira de soldados em fila, seu coração sobressaltou-se e se condoeu profundamente ao observar um homem, Galileu pela aparência, com uma rodilha de espinhos encravada na cabeça a lhe vazar a testa, o rosto marcado por hematomas, com sangue escorrido, e o corpo vergado por pesada cruz de madeira.

Ao observar mais detidamente aquele rosto sob a máscara de maus tratos, recordou-se:

– Os meus sonhos... agora estão nítidos: é ele! Eu o reconheceria onde quer que aparecesse, mas ele não pode ser criminoso. Vou ajudá-lo, a cruz é pesada demais para ele...

Em seguida, espremeu-se por entre a multidão e se aproximou da barreira de soldados que ladeavam o homem, ao centro, a se locomover com muita dificuldade. O Galileu, sob chicotadas, caiu ao chão, sem forças para se levantar. Simão estava determinado a avançar quando foi reconhecido por um dos oficiais, que lhe ordenou:

– Cireneu! Cireneu, vem até aqui! Ajude este homem a carregar o madeiro até ao topo do monte!

A multidão e os soldados abriram espaço. Simão se aproximou e se ajoelhou junto ao condenado, caído, e o ajudou a se recompor.

O condenado virou-se para identificar quem o havia auxiliado. Olhou para o cireneu, colocou a mão sobre seu coração e lhe segredou:

– Simão, meu filho, não foram sonhos, eu o aguardava para este encontro.

Simão, o cireneu, não soube definir a aluvião de emoções a lhe invadirem o espírito, com intensidade, em transbordamento.

– Você crê? – perguntou. – Você tem fé, Simão?

– Creio, Senhor; tenho fé.

– Minhas forças se esvaem – falou, num fio de voz –, mas me dá a sua mão. Quando voltar à casa, faça imposição sobre o coração de Rute e ela ficará curada, a sua fé a fará curar-se.

– Adiante, cireneu, vamos com isso! – gritou o soldado, com rispidez. – Não temos o dia todo!

Simão, com a força adquirida ao longo dos anos com o trabalho duro, levantou a cruz e a colocou sobre o ombro, firmando-a com o braço esquerdo. Com o braço direito, cingiu o tronco do Galileu e o ajudou a erguer-se, para sustentá-lo no seu flanco de mesmo lado, de pé, e continuar a caminhada até ao monte.

Poucos perceberam as lágrimas que rolaram, fartas e irizadas, dos olhos do cireneu, que prosseguiu até o topo do Calvário. Entretanto, preferiram pensar que eram gotas de suor provocado pelo peso da cruz.

No cimo do monte apinhado de raivosos, blasfemadores, julgadores, justiceiros, revoltados, dissimulados, tristonhos, curiosos e indiferentes, o cireneu deixou cair a cruz e, com muito cuidado, auxiliou o condenado a chegar ao chão.

– Simão, agora vá, não fique aqui a fim de ver o que está escrito para acontecer. Vá para a sua família e, em nome do Pai Celeste, abençoe sua filha Rute.

A base do madeiro foi plantada na cova já preparada e, com o auxílio de cordas, levantado do chão e verticalizado no prumo. Lentamente, o último crucificado ergueu a cabeça e encontrou os olhos daquele homem insensato. Apesar de maltratado, transcendeu as dores dos cravos, dos espinhos e da ingratidão humana, demonstrando imensa compaixão. O abatimento físico de sua face transformou-se na expressão da viva luminosidade do olhar, a permitir que o interlocutor se abalasse e compreendesse que ali não havia um vencido, sentindo na alma a majestosa postura de Jesus, sem altivez, mas muito acima de toda aquela trama.

– Meu filho – respondeu e sentenciou, pausadamente –, é o nosso terceiro encontro...

Ao outro malfeitor, afirmou que, naquele mesmo dia, estariam juntos no reino dos céus, o que o levou a perguntar, quase a desfalecer:

– No paraíso?

– Não no paraíso, pois esse reino é a vida que prossegue depois da morte, ilimitada!

Seguiram-se as horas da tarde sombria: o véu do templo rasgado de alto abaixo, tremores na rocha. Os espíritos já libertos, visualizados em meio à multidão, foram interpretados como saídos dos túmulos naqueles instantes dolorosos; alguns desdenhosos e infelizes se aglomeravam, os inconformados e os que sempre fazem coro à multidão de inflamados. Assim também aqueles, cuja imensa claridade não podia ser percebida pelos olhos humanos, a entoarem cânticos sublimes, cintilavam como estrelas de uma límpida noite de verão.

No silêncio absoluto de tudo quanto se havia passado, restaram, apenas, as silhuetas sombrias das três cruzes recortadas contra o clarão da lua, a projetarem estranhas sombras nas ondulações rochosas do chão duro do Monte da Caveira.

24 Sepulcro aberto

O Sol já se recolhia, aos poucos, por detrás do Monte das Oliveiras, em lenta agonia, a oferecer ao céu um quadro ao mesmo tempo suave, de poucas nuvens, em tons rosáceos e de melancólica beleza, quando José, um homem rico da cidade de Arimateia, procurou Pôncio Pilatos para resgatar o corpo de Jesus, a fim de sepultá-lo, condignamente, num túmulo que mandara escavar na rocha para si mesmo.

Argumentara, para tanto, que o crucificado, sem nenhuma comprovação condenatória, sofrera a execração pública em demasia e não deveria ter maior humilhação, permanecendo na cruz até que as aves de rapina o consumissem. Lembrou-lhe, inclusive, que suas pernas não haviam sido quebradas, como costumeiramente se fazia com qualquer criminoso confesso.

Ante a indecisão de Pilatos, José de Arimateia o convenceu, em definitivo, ao lembrar-lhe que Jerusalém voltaria à normalidade de seus dias e tudo já se ajustaria às faixas do esquecimento.

Maria Madalena e Maria de Cleopas, mãe de Tiago menor, entre lágrimas e lamentações, haviam permanecido diante do túmulo fechado por pesada mó.

– Não teremos mais o nosso Raboni a quem tanto amamos – comentou Maria de Cleopas. – Não compreendo o porquê de tamanha atrocidade contra um homem cujo único crime, se assim fosse, seria o de simplesmente amar.

– Não bastasse a injustiça, houve o agravamento com as injúrias, as humilhações e as artimanhas de Caifás, ao torcer os fatos para o injustificável julgamento do Sinédrio – estendeu-se Maria de Magdala. – Não foi um julgamento, foi uma condenação antecipada.

– Como antecipada?

– Durante os três anos de peregrinação, sempre tentaram enredar Jesus em erro contra as leis e várias foram as tentativas para eliminá-lo. Soube que, no Sinédrio, ele não quis se defender, mantendo-se em sereno silêncio...

E Maria de Magdala prosseguiu.

– Ele nos ofereceu, e a tantos, as chaves de luz para abrirmos as portas da nossa redenção. Quantas vidas transformadas! Não falo aqui das doenças, das cegueiras, das deficiências do corpo, principalmente a lepra, mas das profundas enfermidades da alma... E dessas eu conheço bem de perto, pois as alimentei durante tantos anos, por ignorância e por cultivar um amor que meu coração ansiava, mas que era enganoso, vazio e sem completude.

"Agora, apesar de mergulhada nos véus de inesgotável saudade, meu coração se sente fortalecido pela fé e alimentado por aquele amor que me era desconhecido e que transborda, sem comportas, como um rio que se espraia para além das margens, na foz, no encontro com o oceano."

Maria de Cleopas abraçou-se à amiga e lhe disse ao ouvido:

– Enxuguemos nossas lágrimas e vamos ao burgo. Providenciaremos as essências para embalsamá-lo. Nada podemos fazer por seu espírito, que é divino, mas podemos homenagear sua memória perfumando-lhe o corpo.

* * *

No palácio de Pôncio Pilatos, alguns fariseus e sacerdotes do Templo também o procuraram, extremamente preocupados com a possibilidade dos seguidores de Jesus roubarem seu corpo com o objetivo de validar a profecia de que ele ressuscitaria no terceiro dia após a sua execução.

– Precisamos que a sua autoridade ordene que lacrem o túmulo daquele condenado, aliás, executado, e coloque sentinelas à entrada dele – falou um dos sacerdotes, com empáfia. – E com alguma urgência!

– E por que eu faria isso? – perguntou Pilatos, com certo desdém na voz. – Apresentem-me uma razão convincente.

– É voz corrente que esse Jesus de Nazaré afirmou que em três dias, após sua morte, ele voltaria a viver. É muito provável que seus seguidores o roubem do túmulo para testificar a profecia e, o que é pior, impressionar o povo.

– E mais – acrescentou um dos fariseus, imprimindo autoridade na voz. – Sabemos que José de Arimateia o procurou para resgatar o corpo do crucificado e você o autorizou. Então...

– São situações diferentes – respondeu Pilatos, com enfado. – Um condenado que foi executado não pertence às autoridades constituídas; seu corpo não é de ninguém, a não ser que algum parente ou outrem o reclamem.

Depois de breve pausa, Pilatos prosseguiu, com cinismo:

– Não vou me indispor contra Roma, arregimentando os centuriões da Torre Antônia. Isso fortaleceria a imaginação popular e reforçaria, aos olhos do império, que alguma coisa muito séria estaria acontecendo em sua província. Ao contrário, tudo deve ser esquecido rapidamente, tornando-se apenas um acontecimento local sem qualquer importância. Do mesmo modo, não vou me indispor com o Sinédrio, deixando de atendê-los. Percebo que vieram em seu nome 'extraoficialmente'. Portanto, façam como bem entenderem! Utilizem seus herodianos para sentinelas ou quem desejarem, mas sem minha participação oficial.

"Sou cético. Conheço o seu fanatismo e concluo que suas preocupações são outras: o seu maior receio é que a profecia do Galileu, quanto à sua ressurreição, realmente se cumpra, o que seria inadmissível derrota para vocês. O Sinédrio criou um incêndio, quando poderia ter deixado que as chamas passageiras de uma pequena fogueira se apagassem naturalmente, já que a postura do povo é sempre volátil."

Pilatos, sentado, abaixou a cabeça, simulando concentrar-se num pergaminho sobre a mesa e, com um gesto de enfado, com a mão, ordenou que se retirassem:

– Vão... vão! Podem ir, retirem-se agora. Tenho muitas ocupações a concluir...

* * *

Entardecia em Jerusalém, naquele sábado, iniciando-se assim, no calendário judaico, o primeiro dia da semana.

A noite transcorreu triste e dolorosa para o coração de Maria de Magdala que, sem conter sua ansiedade, permanecera acordada, sem apagar a chama da candeia.

Manteve-se assim, pensativa e imersa no diáfano véu da saudade que sabia acrisolada, na alma, para o resto de sua vida.

Não esperou que o amanhecer expulsasse do céu, em definitivo, o manto estrelado da noite. Ainda de madrugada, tomou a estrada e se dirigiu ao túmulo de Jesus.

Tomada pela surpresa, ao verificar que a pesada pedra havia sido removida da entrada do túmulo, voltou apresada em busca de Pedro e de João para lhes relatar o ocorrido.

As primeiras claridades do dia se anunciavam, despertando os pássaros e emprestando nuances douradas à vegetação do bosque, quando os dois amigos correram para lá. João, no entanto, o mais novo, chegou primeiro e, mesmo do lado de fora, percebeu que somente havia os lençóis de linho que envolveram o corpo de Jesus. Simão Pedro chegou, logo em seguida, entrando no túmulo passo a passo e, do mesmo modo, viu os mesmos lençóis de linho, estando, à parte, o lenço que cobrira o rosto do Senhor.

Pedro se abaixou e, de olhos umedecidos, pegou os lençóis e os acariciou com delicadeza, apesar de suas mãos calejadas pela lida com o cordame grosseiro, com os remos roliços e pesados e o com velame rústico dos barcos de pesca, sob a força dos ventos e do impulso constante das vagas no Mar da Galileia.

Em silêncio, Pedro abstraiu-se da presença dos amigos e, com olhar indefinido, fixo na parede rochosa do fundo, recordou-se, com alegria, das longas jornadas por aquelas terras ensolaradas de um céu sempre azul e de noites nunca sem estrelas. E chorou...

Refeitos da surpresa, foram à procura dos demais companheiros.

Maria de Magdala, por sua parte, permaneceu por mais algum tempo... Como o Sol já se erguera um tanto acima das montanhas, julgou que a discreta claridade no interior do túmulo, um tanto azulada, era dali advinda. Porém, chorando baixinho, entrou naquele ambiente e se deparou com dois jovens de rara beleza, a irradiarem a claridade, em vestes brancas, postados cada um em uma extremidade da pedra onde haviam colocado o corpo.

– Por que você chora, mulher, e a quem procura? – perguntaram a ela.

– Por que levaram o meu Senhor? – perguntou, num lamento. – Eu não sei onde o puseram!

Ao voltar-se para trás, viu Jesus, de pé, mas não o reconheceu. Contudo, achando que ele era o cuidador daquele horto, interrogou-o suplicante, já em prantos:

– Se você o tirou daqui, diga-me, por favor: onde o colocou? Eu o levarei.

– Maria! Maria!

Aquela voz, ela reconheceria onde quer que fosse... Tomada por imensa alegria, dirigiu-se a ele com o intuito de abraçá-lo:

– Raboni! Raboni!... É você!

– Não me toque, Maria – ele disse, impedindo que ela se aproximasse com um gesto. – Não deve me tocar, por ora.

– Por que, Senhor, não devo abraçá-lo?

– Porque estou apenas em espírito para a sua visão. Ainda não constituí corpo que possa ser visto e também tocado. Guardei para você, Maria, este momento. É minha gratidão por seu amor incondicional, sem exigências ou prisões. É esse amor que aguardo, com esperanças, vivido, alimentado no coração de cada uma das ovelhas do imenso rebanho que tenho sob minha guarda.

– E quando isso acontecer, Raboni?

– A humanidade será feliz e liberta. Por enquanto, são aves implumes que ensaiam seus cânticos e que, mal saídas dos seus ninhos, aprendem a voar. No entanto, não se aventuram além dos limites de seu reduto na floresta ou pouco mais acima das árvores onde nidificam. No futuro, continentes e montanhas não serão obstáculos, pois a consciência e o coração não precisarão de asas. Volte e procure os meus irmãos, dizendo-lhes para voltarem à Galileia que eu irei adiante; lá poderão me ver.

Jesus desapareceu da visão de Maria de Magdala. Ela retornou pela mesma estrada por onde viera, saltitante de alegria, cantarolando e sentindo os pés ligeiros e leves, admirando as flores do caminho e o voo gracioso das andorinhas aos bandos, em revoadas.

25 O pão partido

Jerusalém pouco a pouco se esvaziava ao voltar à sua vida normal, porque os estrangeiros que vieram para as comemorações do 'pêssach', a páscoa, retornavam às suas localidades de origem nas lentas caravanas que se estendiam, principalmente pelo Portão dos Leões, antiga Porta das Ovelhas, a leste da cidade e de frente para o Monte das Oliveiras. Os peregrinos das regiões mais próximas saíam a pé ou em alimárias, em grupos de duas ou mais pessoas.

No céu profundamente azul, o disco solar se desenhava, soberano, e o calor recebia contribuição residual do 'siroco' a soprar dos lados do Mediterrâneo, àquela hora da tarde.

Iniciava-se vagamente o entardecer, sem pressa, como os peregrinos, ainda abalados pelos últimos acontecimentos, a transitarem pela estrada que conduzia a Emaús, a sessenta estádios, cerca de dez ou onze quilômetros de distância de Jerusalém.

Dois dos viajantes, um tanto mais isolados dos demais, Cleopas e sua mulher Maria de Cleopas, como era conhecida, caminhavam, calados e cabisbaixos, quando o marido resolveu quebrar o silêncio:

– Tudo é muito triste e inexplicável!

– Meu coração também está constrangido, Cleopas. É inconcebível o que fizeram, pois ele jamais seria ameaça para quem quer que seja.

– Enganas-te – completou Maria de Cleopas. – Ele era uma ameaça, dizendo melhor, as pessoas se sentiram ameaçadas: os que mercadejavam com as coisas divinas, vendilhões no templo, com anuência dos sacerdotes que lucravam com o comércio indigno; os funcionários do Templo que, por sua vez, faziam vista grossa, tanto para a atitude dos vendilhões, quanto para as dos sacerdotes, mediante favores ou propinas; a vaidade dos escribas e dos fariseus que se achavam em alta conta e identificaram a sabedoria e superioridade de Jesus...

– Tens razão, Maria. Jesus apresentou-se ameaçador também para as consciências de Pilatos e de Herodes. O prestígio de Jesus, diante do povo que o recebeu como rei, assustou o primeiro por causa das profecias nas Escrituras, amedrontando o segundo por ter que dar explicações ao governo imperial de Roma.

Cleopas e sua esposa silenciaram novamente e não perceberam a aproximação de outro viandante, que lhes perguntou:

– Por que vocês se apresentam tão tristes e acabrunhados? Isso é bem visível.

– Sou Cleopas e ela, minha esposa, chama-se Maria. Então, és o único que esteve em Jerusalém e não sabes dos acontecimentos?

– O que aconteceu?

– Um crime hediondo, a meu ver – respondeu Cleopas –, o que fizeram a Jesus de Nazaré. Preso, açoitado, humilhado e crucificado até a morte no Monte da Caveira, entre dois malfeitores, como se fosse um deles, um meliante.

– Logo na Páscoa, que é a 'festa da alegria', a 'festa da Libertação'! – replicou Maria de Cleopas.

– Não era ele o Messias, aquele que faria a redenção de Israel?

– Não éramos seus apóstolos como os doze, agora onze. Contudo, colocamo-nos como discípulos sinceros, dispostos a espalhar as Boas Novas. E agora... Compreende, amigo?

– Compreendo, sim, Maria de Cleopas, e afirmo que o Messias que haveria de vir, veio para ser acolhido no seio do povo hebreu, como desejava o Pai; as profecias estão certas, tanto que a preparação de sua vinda ocorreu de longa data, desde há alguns séculos.

– Como isso aconteceu?

– Falo dessa forma a fim de compreenderem que, apesar do sacrifício no Gólgota, a sua morte significa o começo de tudo. Era necessário que o povo hebreu, desde a escravidão no Egito, mantivesse o sentido de unidade incorporado à sua estrutura social e livre, com suas instituições garantidas e bem alicerçadas na crença em um Deus único, a reger os destinos da vida, para o acolhimento do Messias, sem as influências das crenças em tantos deuses. Foi preciso um longo aprendizado por quarenta anos de peregrinação, sob o comando vigoroso de Moisés, antes de se estabelecer, em definitivo, nas terras de Canaã.

– Isto significa que Javé tornou Moisés um predestinado para garantir a vinda do Salvador?

– Compreenda, Maria, que o Pai, que tudo vê e que tudo sabe, é previdente, não escolhendo, aleatoriamente e de improviso, alguém para missões no mundo. Moisés veio com a destinação de trazer os mandamentos da Lei Divina e para que se tornassem hegemonia de conduta e de profunda assimilação. Urgia a libertação da vida escrava, da submissão, da perniciosa influência das crenças egípcias a contaminarem o coração do homem, em que sutilmente já se instalavam, por comodismo de uns e subserviência de outros.

"A paisagem da sarça ardente, no Sinai, fez reacender em Moisés a lembrança do seu compromisso divino. Somente aconteceu no momento certo, após ele ter aprendido e assimilado, ao longo de sua vida, todos os meandros da vida e dos costumes egípcios, notadamente da corte faraônica, tendo sido, o ponto mais delicado, as sutilezas e labirintos da alma hebreia."

– É certo concluir que as sete pragas, lançadas sobre as terras egípcias, destinavam-se ao convencimento dos escravizadores, para que procedessem à libertação do povo e para estimular a fé amortecida dos escravizados?

– E também para identificar definitivamente, Cleopas, que um único Deus é suficiente para que a fé verdadeira seja imorredoura.

Com passadas mais alongadas, o companheiro de viagem se adiantou um pouco, o que permitiu a Cleopas segredar à esposa:

– Ele é diferente e jamais vi alguém igual.

Aquele doce peregrino parou diante do casal, colocou suas mãos nos ombros de cada um e lhes falou, olhando-os de frente:

– Abraão obedientemente saiu de suas terras, além do rio, com toda a sua família, seu gado, seus haveres, e seguiu em direção à terra prometida; Isaac, seu descendente, mais tarde deu testemunho de imorredoura fé; Jacó, filho de Isaac, o último dos três patriarcas, possibilitou a promessa dada por Javé de dar uma descendência tão numerosa quanto as estrelas do céu; José, a seu turno, o último filho de Jacó, assegurou isso ao levar toda a família para a sobrevivência no Egito durante os sete anos de seca e de penúria que se abateram sobre a terra.

"Passaram-se mais de quatrocentos anos, durante os quais o povo progrediu, cresceu nas gerações que se sucederam, porém acomodou-se na tranquilidade dos seus dias. Naqueles tempos, o Egito, seu faraó e toda a nação não mais se lembravam de José, nem das contingências que acomodaram os hebreus no reino egípcio. Incomodados com essa presença crescente, finalmente tornou-os escravos. Nesse cenário, por determinação divina, Moisés empreendeu a grande marcha até a liberdade conquistada."

Ao retornarem a caminhada, com o peregrino caminhando ladeado pelo casal, Cleopas argumentou, melancólico:

– Amigo, de que adiantou toda essa trajetória descrita como argumento? Eu pensei, dentro do meu coração, que aquele Jesus era verdadeiramente o escolhido, era profeta e poderoso, em obras e palavras, diante de Deus e do povo. Toda a Jerusalém pensava assim, tanto que foi recebido por grande multidão de gente com palmas, flores, cânticos e louvores, concedidos somente a reis; depois, entregue pelos sacerdotes, herodianos e dirigentes da cidade, ao injusto julgamento que o levou à morte na cruz.

Cleopas respirou fundo, visivelmente emocionado, e prosseguiu:

– Ora, nós esperávamos que fosse ele que havia de redimir Israel, mas depois de tudo isso... e este já é o terceiro dia desde que tais coisas se sucederam.

– Por favor, Cleopas – interpelou o peregrino –, o que aconteceu depois desses fatos?

– Algumas mulheres foram ao sepulcro e o encontraram com a pedra removida e vazio. Logo, alguns dos nossos conferiram que as mulheres falaram a verdade.

Tomando a palavra, o peregrino asseverou com brandura e serenidade, embora com autoridade e firmeza, à semelhança de um pai falando a um filho imaturo:

– Como vocês demoram a entender e a crer no que disseram os profetas, entregando-se a amargura pelas tragédias do Calvário, ao invés de darem testemunho da fé, da crença nas profecias, nos salmos, enfim, nas Escrituras? Então, não convinha que o enviado do Pai padecesse e 'ressuscitasse dentre os mortos' no terceiro dia, a fim de confirmar que o espírito é eterno e que a morte não existe, para testemunho da verdade e da sabedoria do Altíssimo?

E prosseguiu no mesmo tom:

– Para Deus, não há passado nem futuro; é o que lhe dá a onisciência. Ele houve por bem permitir que os profetas, cada um a seu tempo, penetrassem na sua intimidade e, sob a inspiração mais profunda do próprio Cristo, revelassem as verdades ocultas do 'há de vir' em socorro e orientação às diversas inconstâncias do povo e à manutenção da fé.

"O Gênesis afirma que o Messias nasceria na tribo de Judá e Miqueias mostra Belém como seu berço natal; Isaias, de visão mais dilatada, esclarece que ele pregaria na Galileia, seria desprezado pelos judeus, que ao ser julgado permaneceria em silêncio, mesmo açoitado, humilhado, cuspido, oprimido e desprezado; Zacarias viu sua entrada triunfal em Jerusalém e o Salmo de Davi fala claramente sobre sua ressureição, como vocês acabaram de narrar. Tanto os Salmos quanto Zacarias estavam certos; embora com grande constrangimento na alma, o profeta enxergou que o Messias seria traspassado nas mãos e nos pés, não obstante descerrasse as luzes da esperança ao descrever, com detalhes, a sua ressureição gloriosa."

– Mas por que o Messias, enviado por Deus, teria que passar por tantos padecimentos: o açoite, os espinhos, o escárnio, a humilhação da cruz? – expressou-se Maria, inconformada. – Não seria uma injustiça celeste conduzirem o Enviado para o sacrifício?

– Não, Maria, não teria que, obrigatoriamente, passar por tal holocausto, mas ocorreria em qualquer época. Ainda está vigente a ignorância no mundo: de um lado, a abrigar o egoísmo e a concupiscência; do outro, associada à vaidade e aos instintos primitivos que dormitam no homem. Mesmo com tal ato de barbárie, esse é o momento propício, uma vez que em qualquer outra época não haveria a conjunção de fatores favoráveis na história do mundo. Cem anos para trás ou cem anos para adiante, isso não ocorreria.

– Momento propício! O amigo falou em momento propício? – Cleopas interrogou, aturdido.

– Na atualidade, todas as vilas, províncias, cidades e capitais estão sob o domínio do Império Romano, que conquistou todo o mundo. Por onde se caminhar, em qualquer direção, estão presentes as legiões, os governadores, as naus, os deuses, as armas e o simbolismo vigoroso da águia a identificar o poder. O Império Romano, sem saber, como planejamento divino, favorecerá o voo do Sermão do Monte e de todo o Evangelho por todo o mundo conhecido, como delicadas borboletas migratórias que nem os mais fortes vendavais conseguem deter. É a vontade de Deus. Vocês compreendem?

– Agora, sim, tudo fica muito claro – responderam Maria e Cleopas, maravilhados, cada um por sua vez. Cleopas, porém, em seu encantamento, perguntou:

– E por que, amigo, estás a nos falar de tudo isto, apresentando-nos com tamanha sabedoria e claridade os fatos tão distantes, nos quais nunca haveríamos de cogitar? E o que admira é a precisão de tudo, e isso quase atordoa, porque nos faz entrever uma razão para o presente e maior para o futuro.

– Contei para que tudo lhes fique impregnado na memória espiritual, pois vejo que, no futuro, terão sérias responsabilidades na restauração dos ensinamentos do Messias, que serão esquecidos e adulterados.

– Então, devemos imediatamente contar tudo para os apóstolos de Jesus – exclamou Maria de Cleopas, sem alcançar, de imediato, essa última informação. – Eles precisam saber disso!

– Não é necessário. A esta hora, estão aturdidos com os dolorosos acontecimentos. São capazes de suportar, mas as dores pesam bastante; depois que asserenarem os espíritos, estarão envolvidos com preocupações mais imediatas e urgentes.

O tranquilo peregrino se calou e o silêncio se fez quebrado, apenas, pelos derradeiros pios e cânticos de pássaros, a se despedirem do dia e dos ventos, agora mais frescos, soprando do leste.

As sombras da noite se anunciaram com o gradativo ocaso do sol por detrás do horizonte, dourando as bordas de algumas nuvens esparsas.

Cleopas e Maria se encontravam imensamente sensibilizados, envoltos numa aura de inexplicável felicidade e de esperança.

– Devo me despedir, meus amigos, a jornada está por terminar, já chegamos.

– Fica conosco, senhor! – retrucou Maria de Cleopas. – Já é tarde e a noite desce sobre a terra. Oh, peregrino! Estamos na primavera e os trigais já se embranquecem para a colheita, vamos cear e amanhã poderemos ir juntos para os campos... Fica...

– Hoje poderei ficar, por mais um pouco, apenas por mais um pouco...

A casa de adobe era simples, mas bem cuidada.

Entraram; depois que colocaram seus bornais a um canto, Cleopas acendeu o azeite do candeeiro, que emprestou aconchegante claridade à sala. Assentaram-se à mesa e Maria colocou as canecas de cerâmica com vinho e o pão. Em seguida, proferiram a oração da noite, agradecidos.

Sob a luz tranquila do candeeiro, o peregrino tomou do pão e o partiu sob os olhos espantados daqueles dois, que logo o reconheceram por aquele simples gesto. E ao entregar os dois pedaços de pão a Maria e a Cleopas, sorriu com misteriosa luz a lhe iluminar o rosto que, aos poucos, o envolveu por inteiro, no seio da qual se fundiu e desapareceu.

Cleopas, com duas teimosas lágrimas a brotarem nos cantos dos olhos, fitou Maria. Abraçaram-se... Com voz entrecortada, Cleopas conseguiu balbuciar:

– Era ele, Maria! Era Jesus de Nazaré!

26 Colóquio em família

Não fora necessário acender o pavio da candeia, embora no reservatório houvesse quantidade suficiente de azeite para iluminar por toda a noite, se preciso fosse, porque o clarão da lua crescente iluminava o alpendre e se derramava, sem cerimônia, casa adentro, pela porta e pelas janelas abertas daquela casa simples, embora ampla e bem cuidada, nas proximidades do Lago, em Capernaum.

O silêncio não era absoluto, porque lufadas de vento traziam o marulhar da dança das ondas indo e voltando à praia, bem como pelo rangido provocado pelo atrito dos costados dos barcos de madeira, uns contra os outros, apoiados lado a lado, a balouçarem ritmicamente sob o impulso cadenciado das vagas do Grande Lago, o Mar da Galileia.

O luar e o cheiro agreste e exótico dos aloés inundavam o ambiente de paz e tranquilidade. Talvez por isso, as duas personagens, sentadas em bancos rústicos, permaneciam silenciosas, em atitude de reflexão, embevecidas por aquele momento mágico.

Maria, com um gesto delicado, retirou o lenço de linho cru que lhe cobria a cabeça e o fez descansar sobre os ombros, deixando à mostra os cabelos longos e agrisalhados, caindo sobre o colo, a lhe emoldurarem o belo rosto iluminado pelo luar, mas envolto por serena tristeza. Suas expressões, no entanto, não eram de angústias ou desalento. Com pouco mais de quarenta anos de idade, trazia as feições suaves e o frescor de certa juventude.

Embora a dor, como um passarinho capturado, se aninhasse no seu coração materno, não trazia os ombros caídos, nem os braços pendidos ou a cabeça recurvada na cerviz, por abatimento.

– João, meu filho – falou para o rapaz –, sente-se aqui, mais próximo de mim.

– Sim, mãe Maria. Posso chamá-la assim? – respondeu, atendendo à solicitação.

– Sinto-me muito feliz com sua consideração, pois o quero como a um filho.

João se aproximou e sentou-se ao chão sobre confortável almofada de pele de ovelha, recheada de lã, costurada a mão.

– Viu, João, o que fizeram com meu filho? – interrogou Maria, logo que João se acomodou.

– Uma atrocidade sem limites, uma trama urdida por Caifás, escribas e fariseus, endossada por Pilatos e por Herodes com o açulamento do povo. E o que me causa espanto é ver os que o exaltaram com festas, durante a sua chegada a Jerusalém, sendo os mesmos que o apuparam a caminho do Calvário até à crucificação. Considerando que não era o bastante, crucificaram-no entre dois criminosos, dois malfeitores de beira de estrada, a fim de igualá-lo a eles e desqualificar a sua condição de Messias.

– Não se exalte, meu filho – acrescentou Maria, com serenidade. – Você sabe que trago enorme dor no meu coração, mas aprendi, com meu filho, a compreender as desconexas atitudes humanas. Reconheci aqueles dois condenados. Foram crianças e passaram pela adolescência com o meu Jesus, em Nazaré. Desde jovens eram irrequietos, desrespeitosos e indisciplinados, com brincadeiras agressivas e atitudes maldosas com o semelhante. Não aceitavam a disciplina das famílias, fugiam das aulas da sinagoga, mas ouviam e respeitavam meu filho pela assertividade e correção de atitudes com as quais implicavam. Contudo, Jesus conviveu com eles sem aceitar o compartilhamento de determinados folguedos e, frequentemente, aconselhava-os ao aproveitamento do tempo com vistas à construção do futuro.

Maria fez breve pausa, para logo prosseguir:

– Não é fácil exercer o perdão em sua plenitude, como ensinou Jesus, para a completa libertação do ofendido. No entanto, o que nos anima é que no auge de sua dor, ele orou ao Pai Celeste a pedir que perdoasse aquela gente, porque não alcançavam a magnitude do que estavam fazendo. Tudo o que fizeram foi por ignorância, além dos interesses escusos.

João deixou a almofada, sentou-se num banco ao lado de Maria e segurou sua mão pequena e delicada entre as suas e, cabisbaixo, manteve-se em silêncio.

Depois de algum tempo, Maria libertou sua mão devagar, afagou-lhe os cabelos e, tocando-lhe o queixo, o fez levantar a cabeça, assim podendo observar que seus olhos estavam ligeiramente mareados.

– João, meu filho, o que está acontecendo? Conte-me.

– Mãe Maria, sinto uma alegria que não cabe dentro da alma, que permanece sensibilizada até agora, desde aquele momento, no Gólgota, quando Jesus me honrou ao nos entregar um ao outro como mãe e filho.

– Não poderia ser diferente, João, todos o consideravam o discípulo amado do meu filho, mas eu vejo de forma diferente: você era o que mais o amava. Eu também me sensibilizo com isso e guardo na alma profunda comoção por me permitir amá-lo, também como a um filho, da mesma forma.

– Não se preocupe, pois cuidarei da senhora sempre.

A conversação seguia tranquila, quando João observou e comentou com Maria que, apesar do semblante entristecido, ela se mostrava segura, altiva e confiante, e não abatida ou inconsolável, o que seria natural, pela perda do filho de uma forma tão cruel.

– Você tem razão, mas não perdi meu filho, pois ontem mesmo ele me visitou na beleza dos meus sonhos noturnos. Ele voltou à vida, como havia prometido! No meu entendimento, ele não saiu da vida, porém as lamentações que guardo são pelo futuro da humanidade.

– Não compreendo, mãe Maria, pois vivenciamos as dores de agora e o futuro me parece tão longínquo...

– Lembre-se, meu filho, de que na via dolorosa a caminho do holocausto no Calvário, em meio a tumulto, blasfêmias e alarido, muita gente o seguia por piedade, inclusive mulheres aos prantos, aquelas que se aproximaram e souberam se alimentar de sua luz: Maria de Magdala, da qual ele expulsou sete espíritos; Maria de Cleopas que, com seu marido, tive sua companhia na estrada de Emaús; a mulher que fora encurvada; a desditosa que os homens consideravam adúltera, mas libertada do apedrejamento; Joana, a rica esposa de Cusa, o intendente do governador; a pobre mulher sem nome que o ungiu com essência perfumada e lhe lavou, com suas lágrimas, os pés descalços e muito cansados, libertada da vida mundana. Lá estavam, também: a filha de Jairo; Marta e Maria, irmãs de Lázaro; a viúva de Naim; Serápia, que sofrera duramente de fluxo de sangue durante doze anos. Fiquei sabendo que a mulher cananeia veio de muito longe, da região próxima a Tiro e Sidom, na Fenícia, convertida após a cura de sua filha endemoniada. Todas vieram para a Festa da Libertação, a Páscoa, e foram surpreendidas por estes últimos acontecimentos, mas permaneceram fiéis ao longo do cortejo até o Gólgota.

"Não faziam o papel de carpideiras convenientes e costumeiras em situações fúnebres, todavia permaneciam em sinceras e dolorosas lamentações. Estávamos todas muito sofridas...

"Quando ele caiu mais uma vez sob o peso da cruz, e antes que Simão de Cirene se dispusesse a ajudá-lo, ele dirigiu o olhar para aquelas almas queridas. Olhei também para elas e passei a senti-las como irmãs na dor, porém meu coração, parecendo não se contentar com os limites do meu peito, expandiu-se em ondas a envolverem aqueles anjos queridos travestidos de mulheres. Não, elas não eram as minhas irmãs na dor, mas minhas filhas muito amadas. Uma imensa paz e uma força desconhecida tomaram conta de todo o meu ser.

"Foi nessa hora, João que entrevi o futuro da humanidade. O meu filho caído ao chão, ofegante, ainda teve forças para dizer: 'Filhas de Jerusalém, não choreis por mim, chorai antes, por vós mesmas e pelos vossos filhos, pois dias virão em que se dirá: Felizes as estéreis, os ventes que não geraram e os peitos que não amamentaram.'"

– Senhora, ouvi quando ele fez essa afirmativa, mas não pude alcançar o significado, porque elas não eram filhas de Jerusalém e muitas não têm filhos. A mim parece que não os terão, eu presumo.

Maria de Nazaré olhou significativamente para 'o discípulo amado', por algum tempo, e respondeu:

– João, no curso de nossas vidas em comum, de Belém a Jerusalém, quando acompanhei seus ensinos e seus feitos, muita coisa eu não logrei alcançar por estarem muito além da compreensão de uma simples mulher na maravilhosa condição de mãe, com os naturais cuidados com seu filho. Todavia, naquele instante, penso que pela primeira vez meu coração se abriu e compreendi a magnitude daquela alma de luz: a estrela dos pastores, das ovelhas e dos peregrinos de todas as estradas e nações.

"Na sua expressão aparentemente enigmática, pude visualizar o homem, no futuro, a ferir outro homem, até por ninharias, principalmente aqueles que se transformam e se transformaram em 'madeira seca', como ele se referiu, diante do que fizeram à 'madeira verde', referindo-se a ele mesmo, tão maltratado.

"Compreendi, com clareza, sua palavra dirigida às 'filhas de Jerusalém', pois entrevi as almas de hoje na 'ressurreição do espírito' e de muitas outras consequentes existências, de retorno à vida, na condição de crianças renascidas, a trazerem no corpo os estigmas de sua contumaz inconsequência e inobservância das leis de Deus, a marcharem dolorosamente para a condição de adultos.

"Mais uma vez, o Senhor 'atentou na baixeza de sua serva', pois como numa visão repentina, o céu se abriu, não no alto, mas sem direção definida, e eu senti a Jerusalém de hoje num momento tão crucial e importante, como centro do mundo, com a presença de tantos estrangeiros na Festa da Libertação, integralmente transportada para um novo tempo, no futuro, na condição de nova humanidade.

"Jesus, o nosso Cristo, é o homem integral de todos os lugares e de todos os tempos, basta ver que nasceu em Belém, na Judeia; viveu grande parte do tempo em Nazaré; tomou Capernaum, na Galileia, como o centro de suas atividades; peregrinou por Decápolis e por Pereia, centros de população dos gentios; avançou até ao extremo norte nas proximidades da Síria e da Fenícia e, finalmente, deixou sua marca em Jerusalém."

Ao ouvi-la daquela forma tão assertiva, João sentiu-se tão pequenino diante da grandeza daquele espírito que o seu Mestre lhe havia confiado e interrogava, a si mesmo, quem estava confiado a quem, pois nunca vira Maria falar com tanta imponência.

Depois de respirar profundamente, ela prosseguiu:

– Naquele breve momento, não mais do que um segundo, vi também os abalos, os conflitos, as angústias, as catástrofes e também os labores da humanidade por libertar-se em busca de um mundo melhor. Então, meu coração materno encheu-se de imensa compaixão e de um amor sem medidas pela humanidade de agora e por aquela que virá, nas curvas do tempo.

"Por isso, João, se hoje guardo lamentações, amanhã, junto ao meu Jesus, estarei liberta para amar incondicionalmente aos filhos do meu coração."

João, sem ousar dizer qualquer coisa, observava Maria, que se assemelhava a alguém em êxtase, porém deixando revelar, sem perceber, suave luminosidade pulsante no lado esquerdo do peito.

Maria calou-se, sorriu e tocou nos cantos internos dos olhos com a ponta do lenço de linho cru.

João, cortando o silêncio, dirigiu-se a Maria, dizendo:

– Senhora, a lua já subiu bastante, não gostaria de repousar?

– Não agora, filho, se você não se importar. Tenho muito prazer em conversar com você. Aproveitemos este momento tão precioso em nossas vidas.

– Às vezes fico pensando na formação de sua família, da família de Jesus. No seu encontro com o seu esposo, mãe Maria, em como tudo aconteceu. Então, eu gostaria de saber como se aproximaram para constituírem uma família tão íntegra, envolvida pelas claridades da fé e da confiança absoluta no Pai. É possível?

– É possível, sim – respondeu Maria. – Conto-lhe com muito gosto, pois essas recordações me fazem feliz. Eu me casei com José muito nova e lhe digo que foi por amor, por admiração, e somente aceitei consorciar-me com ele porque vi naquele homem honesto, trabalhador, cumpridor dos seus deveres, probo, gentil e pacífico, o que eu ansiava para pai dos meus futuros filhos, na formação de uma família ideal e feliz, com raízes na fé, e não por convenções e arranjos familiares, como é comum acontecer para destaque e admiração diante dos outros.

– Pressões familiares, senhora? Não imaginei que isso poderia acontecer, pois a simplicidade é comum em nossa região de pescadores e os casamentos não se fazem assim.

– Nunca compreendi por que minha família sempre insistiu para que me casasse com José. Sei que houve conversas a respeito entre nossos familiares. Alegavam-me que José era um homem importante, entretanto havia outros pretendentes, no meu entender, mais importantes do que José, e reparei que ele era objeto de interesse de outras famílias para suas filhas.

"Por outro lado, notava que os rabinos, os sacerdotes, os líderes do judaísmo pressionavam José para que se casasse, e sei que não importava com quem, alegando que o tempo, para ele, estava passando em demasia. Quando todos compareciam às principais festas, em Jerusalém, José sempre era alvo das atenções, principalmente dos sumos sacerdotes de cada ano."

– E a senhora não teve interesse em questionar e procurar saber as causas dessa atitude? – João perguntou, com respeito.

– Uma mulher questionar? Com que direito? É o que diriam! No Templo e nas sinagogas há um espaço destinado às mulheres, e os ensinos da Torá são dirigidos basicamente aos homens, prioritariamente aos patriarcas inquestionáveis da família.

"José também se casou comigo por amor, no momento em que decidiu, e não para atender aos reclamos das lideranças."

João concluiu seu raciocínio buscando uma explicação lógica e compreensível da situação colocada por Maria:

– Acredito que encontrei as razões, minha mãe, pois se tornam muito claras para mim ao comparar o seu relato com nosso aprendizado, na sinagoga, sobre a Torá e toda a saga do povo hebreu.

– Então me explique, por favor, estou muito interessada.

– Das últimas catorze gerações, José descende da 'casa de Davi', ou seja, era preciso preservar o orgulho da raça na continuidade da linhagem que vem diretamente do primeiro patriarca, Abraão, desaguando em Davi, e tão importantes quanto isso são as profecias que afirmam, há mais e oitocentos anos, a vinda do Messias descendendo da 'casa de Davi' e nascendo em Belém.

"Estou certo de que as famílias pretendentes não desconhecem esse fato e, também por orgulho de raça, se sentiriam poderosas, diante de toda Israel, tendo o Messias nascido de uma de suas filhas."

– Mas o Messias veio em paz, ensinando o perdão e o amor até aos inimigos – interferiu Maria, com seu argumento –, reduzindo o decálogo inteiro, toda a Lei e todos os profetas a dois únicos mandamentos. É o contrário do que esperavam, não é, meu filho? Não poderiam suportar.

– Essa é a razão: desejavam ardentemente um Messias que se igualasse a Davi, ao mesmo tempo um rei poderoso e dominador e um guerreiro corajoso que, quando jovem, eliminou o gigante Golias de Jet, vencendo a guerra contra os filisteus. Em resumo: um rei apoiado e coroado pela ânsia do povo, sob a antecipada autenticação das profecias, para expulsar, em definitivo, os dominadores, e testificar a supremacia sobre todas as nações.

– Eu compreendo, João, e concordo com você – acrescentou Maria, com imensa emoção na voz. – Não interessava a eles saberem que o reino do nosso Jesus não era deste mundo... Mas outra coisa compreendo, também: estão profundamente enganados quanto aos seus desígnios imediatistas e temporais em confronto com os sublimes e eternos desígnios do Pai Celeste. Eliminaram o homem, o filho de José e de Maria, da forma mais degradante; porém, não conseguiram eliminar a mensagem de renúncia, de fé, de esperança, de caridade e de amor a todas as gerações. Ao contrário, as dores e as humilhações, desde o sinédrio à via pública, pelas ruas de Jerusalém e da via ao Calvário, diante de tantas testemunhas oculares, abriram caminho para a história do futuro, confirmada pela ressurreição tão exuberante e contundente e pelas centenas e centenas de seguidores da Boa Nova, que brotam em toda parte. Sem o saberem, é esse mesmo Golias de nossa época, o Império dominador, que favorecerá a divulgação do Evangelho em virtude da extensão territorial dos seus domínios...

Após uma pausa mais longa, Maria de Nazaré olhou interrogativamente para João, estimulando-o a prosseguir.

– E a vinda de Jesus? Como foram avisados de que chegara a hora em que deveriam cumprir-se as profecias; a concretização, na Terra, da vontade soberana do Pai?

– Indescritível, meu filho! Podemos lhe oferecer uma pálida ideia por causa das emoções e sentimentos desencadeados no íntimo de nossas almas, tamanha a grandiosidade do momento.

Assim Maria se expressou, buscando recobrar os fatos nos refolhos da memória. Ela sorriu e contou, emocionada, a narrativa que tantas vezes ouviu de José, seu esposo amado:

– Era uma noite como outra qualquer, ao final de um dia laborioso e cansativo. José deitou-se mais cedo e adormeceu, de imediato, em sono profundo. Em sonho, ele se viu simultaneamente de pé e deitado no leito e, quando deu conta, estava leve e se sentia feliz, com expressiva liberdade e pleno de consciência. Aos poucos, no meio do clarão que se formara perto dele, mostrou-se vivo e belo como um anjo, um ser que disse chamar-se Gabriel.

"Gabriel o olhou no rosto, por um intrigante e prolongado tempo, e depois falou sem articular qualquer palavra pelos lábios. Ele falou, com nitidez, que José seria pai do Messias tão esperado há séculos pelo nosso povo tão sofrido.

"Quando veio conversar comigo sobre seu sonho, eu o surpreendi com a experiência vivida por mim mesma, com o mesmo anjo Gabriel."

Dito isso, Maria silenciou por um instante, olhando ternamente para João, para prosseguir, relatando sua própria experiência:

– Certa noite, envolvida pela paz de minhas orações, senti ligeiro abalo, quando dormia, e leve, muito leve, meu corpo pareceu flutuar... Minha consciência se ampliou, sem limites, a tal ponto que meu corpo e tudo o que me cercava perdeu significação.

"Um ser muito belo, envolto por fina névoa translúcida e ligeiramente azulada, que disse chamar-se Gabriel, falou que eu receberia, em meu ventre, como filho, um emissário divino, o Messias prometido, esperado há tantos séculos. Deveríamos dar-lhe o nome de Jesus."

– Senhora, como se sentiu diante da notícia, recebida de uma forma tão inesperada? – perguntou o discípulo, com vivo interesse. – Não consigo imaginar...

– João, meu filho, quando consegui articular alguma palavra, no estado de êxtase em que me encontrava, sob o encanto com que o anjo me impregnara, respondi que o Senhor havia atentado para a minha pequenez e insignificância, mas que eu seria a serva honrada e obediente àquele chamado, embora reconhecesse estar distante de qualquer merecimento. Porém, disse-lhe que aceitaria por minha própria necessidade de crescimento espiritual e que faria tudo para ser digna de tamanha missão. Foi como eu disse: o Senhor atentou na minha baixeza.

"Não há como definir a avalanche de emoções: ora sorria, ora chorava, pois me via na real posição de uma jovem, como tantas outras, na inocência da idade guindada às condições da maternidade; via também, independentemente do comum das mães, a beleza simultânea inusitada e assustadora da confiança divina."

"O anjo, sorrindo, olhou-me e, ante o meu silencioso tumulto interno, abraçou-me. Toda a minha ansiedade desapareceu como que por encanto."

– Às vezes, senhora, fico a imaginar como teria sido a infância de Jesus junto a outras crianças de sua idade, sua mocidade em família, mas não consigo conjecturar, por causa da convivência com ele já adulto.

– Desde os primeiros anos de vida, o meu filho Jesus demonstrou sua origem e condição de Messias na Terra: ainda bebê, alegrou a velhice de Simeão que, durante muitos anos até a velhice, esperou pelo seu encontro com ele, afirmando que já poderia morrer em paz por ter visto a salvação; aos doze anos de idade, confundiu os doutores do Templo; na mocidade, não deixou de conviver com os que se tornaram os malfeitores que o ladearam na cruz; demostrou sua solicitude para com todos, inclusive com os pobres e doentes; com seu carinho e admiração, mantinha prolongada a vida das flores de sua predileção; junto aos animais feridos, machucados ou doentes, aliviava as dores com seu afago.

– Desculpe-me a pergunta, talvez ousada, mas em algum momento ele lhe trouxe qualquer contrariedade, por mínima que fosse?

– Houve um momento, uma ocasião em que eu fiquei contrariada; mais triste do que contrariada, quase chorei.

Maria suspirou, olhou ligeiramente para baixo e depois para João, como se estivesse revivendo os fatos, e falou sobre o ocorrido:

– Certa vez, eu e meus outros filhos fomos em busca de Jesus, preocupados em resgatá-lo de uma situação constrangedora: o local onde Jesus se encontrava estava tão apinhado de povo assentado em torno dele, a tocá-lo, espremê-lo e sufocá-lo, pessoas mais interessadas e ansiosas por ver milagres e feitos maravilhosos do que ouvir e aprender com seus ensinamentos. Era difícil alcançá-lo. Os seus irmãos, muito aborrecidos, achavam que era falta de juízo deixar-se envolver inocentemente por aquela multidão de exploradores da bondade alheia. Como era impossível entrar, enviamos recado para avisá-lo de que nos achávamos do lado de fora, a aguardá-lo.

"Logo que recebeu o recado, Jesus se levantou e disse, em voz alta e clara, permitindo-nos ouvir de onde estávamos: 'Quem é minha mãe e quem são meus irmãos?' Depois, olhou para os que estavam assentados à sua volta e disse: 'Eis aqui minha mãe e meus irmãos, pois todo aquele que faz a vontade de Deus, esse é meu irmão, minha irmã e minha mãe'.

"Os irmãos ficaram decepcionados, pois apesar de não compartilharem diretamente de suas ações missionárias, devotavam-lhe muito carinho. Eu, por minha vez, fui tomada de grande tristeza, afinal de contas eu era mãe amorosa e dedicada."

Maria mais uma vez silenciou, refletindo sobre os fatos e o que acabara de dizer, para explicar:

– Eu não havia ainda alcançado integralmente a grandiosidade de sua missão libertadora – acrescentou Maria de Nazaré –, e me perguntei o porquê dele ter agido daquela maneira, pois sempre fora tão dedicado, amoroso e bom; um enviado celeste que considerava a importância do mandamento de honrar pai e mãe.

"Em silêncio e quietude, nada comentei com quem quer que fosse; porém, ao meditar naquelas palavras, descobri, em primeiro lugar, que eu me equivocara em fazer o juízo que havia feito e, em segundo, percebi que ele me exaltara, pois já na 'anunciação' eu me propusera a fazer a vontade de Deus e a faço com fidelidade."

João permanecia quieto, a escutar com encanto as palavras de Maria, que revelavam, ao mesmo tempo, sua humanidade e o quanto a experiência da maternidade de Jesus a transformara em pessoa mais lúcida e consciente das verdades da vida.

Dando continuidade às suas recordações, Maria asseverou:

– Certa feita, apresentei-lhe algumas dúvidas. Perguntei-lhe porque viera em nossa família tão simples e sem lastros de autoridade política ou religiosa, sem liderança para melhor difundir a Verdade. Por que nasceu com as condições de qualquer ser humano?

"Ele respondeu, sem titubear, que o Pai não seria soberano, bom e justo se concedesse privilégios especiais a quaisquer de seus filhos em detrimento dos outros, todos iguais perante Ele. Esclareceu que o mundo deveria atentar para a importância dos lares, de todos os nichos familiares, principalmente os de vida reta e digna que, desse modo, estariam com a aptidão de receber emissários celestes. Por outro lado, o Messias deveria chegar à Terra em igualdade de condições com todos os filhos que nela aportam, desde as origens da vida na Terra. Não há privilégios nem concessões especiais.

"Concluiu, logo em seguida, dizendo que se os títulos de nobreza, os destaques especiais por nascimento ou herança fossem as condições para favorecer a semeadura, o florescimento, a frutificação e colheita da Boa Nova, seria uma imposição autoritária e ditatorial, o que contrariaria todos os atributos do Pai, porquanto a Boa Nova é oferecida espontaneamente àqueles que a desejam, segundo a sua liberdade de escolha no tempo que lhe é hábil.

"Dei por enceradas as perguntas, naquela noite, achando que o estava incomodando com perguntas tolas, alegando que desejava me deitar para o descanso noturno. Ele sorriu, compreensivamente, e nada disse. Dias depois, ao anoitecer, chamou-me sorrindo, com a mesma doçura e o mesmo ar ingênuo de sempre, dizendo que as perguntas não o incomodavam nem eram tolas, e que poderíamos continuar com perguntas sempre que eu desejasse.

"Foi então que quis saber por que as profecias afirmavam que o Messias deveria vir originário da 'casa de Davi' e por que esse privilégio de casta. Ele parou um pouco, como a refletir, cerrou os olhos e afirmou que poderia ter vindo sob o nome de qualquer outra 'casa' ou de 'casa' inespecífica, mas o Pai Celeste, em sua sabedoria, achou por bem utilizar-se de um fator preponderante e, até o momento, inamovível no povo judeu: o orgulho de raça, a vaidade e o predomínio, no imaginário popular, da excessiva importância dada a um tronco familiar que fosse, pretensamente, selado por Javé.

"Davi, para o povo, ungido e consagrado rei por Samuel, com autoridade divina, era o personagem de maior destaque naquelas condições – esclareceu ele com paciência e sabedoria –, o marco das ancestrais catorze últimas gerações contadas desde Abraão, o tronco mais importante por ser o original. Mais catorze gerações até à escravidão na Babilônia e de lá até os dias atuais.

"Nossos profetas, por sua vez, não poderiam fugir à regra para afirmarem, por inspiração divina, que o Messias que haveria de vir seria o descendente de Davi, uma concepção de selo divino que atendesse às expectativas milenarmente enraizadas no povo.

"Disse-lhe, então, que ele representava a décima quarta geração da casa de Davi, ao que ele, muito sério, respondeu:

"– Todos sabem disso. Vim em nome do Pai Celeste com essa chancela profética a confirmar as expectativas alimentadas e jamais esquecidas, na sequência dos séculos. Porém, nosso povo, decepcionado, não compreenderá, no momento, que o meu reinado é distante de coroa, de mantos reais, de cetro, de palácios, sobretudo de hegemonias raciais ou de poderosos exércitos capazes de manterem poderio sobre outros povos.

"– E quanto, à Boa Nova, meu filho – perguntei-lhe, preocupada –, que você semeia com tanto amor e empenho; o que será dela?

"– Essa semente, minha mãe – respondeu, com o rosto iluminado pela alegria –, ninguém poderá impedi-la, cerceá-la ou eliminá-la, porque, por vontade do Pai, ela está a se enraizar através da compreensão dos filhos da simplicidade, aos quais os poderosos não dão a menor importância, e, por essa mesma vontade soberana, a partir de uma terra perdida e desprezada, cujo valor é somente o da exploração, num recanto de um grande império, mas que a despeito dele e através dele, se difundirá.

"Tentarão de todos os modos destruí-la pela imposição do silêncio aos mais humildes, com o sangue de heróis da fé a tingir arenas de circos, com o sacrifício de mártires convictos da foça da esperança e do amor; mas, como semente que desperta nas sombras do seio da terra, a Boa Nova desperta, brota e sai para a claridade do dia; cresce, se expande e oferece a bênção da sombra protetora; enflora-se e perfuma onde viceja; oferece o fruto maduro de sua origem e alimenta; por fim, vitoriosa, se renova em novas sementes.

"Quando ele silenciou, eu questionei se levaria tão importantes informações para os seus amigos e para tantos de Israel, ansiosos por reconhecerem a certeza das profecias e aprenderem a Verdade na condição de fonte de libertação, como ele havia ensinado.

"Respondeu-me que não era seu propósito incluir essas informações, porque isso não acrescentaria nada às necessidades mais urgentes do mundo, de manutenção da fé consciente, de reforma íntima, de mudanças de comportamento e do modo de ver a vida como escola propícia aos exercícios do amor ao próximo. Esclareceu que, no futuro, quando a sedimentação do Evangelho estiver em curso no coração do homem, a verdade se fará mais visível."

– Senhora!? – exclamou João, como se algo se movimentasse na intimidade de suas emoções mais profundas, mas depois permaneceu calado. E como ele nada mais dissesse, Maria perguntou:

– De que se trata meu filho? Fale-me, por favor...

– Senhora!? – suspirou, repetiu e, com voz pausada e medida, concluiu: – Toda Israel e nós, seus seguidores mais de perto, não alcançamos, na plenitude da consciência, a resposta de Simão Pedro, quando respondeu "tu és o Cristo, o filho do Deus vivo" à pergunta tão simples que Jesus formulara: "E vós, quem dizeis que eu sou?" Mãe, não existe nem existirá, no mundo, maior realeza do que essa, porque ele simplesmente 'é' antes de Davi e, mais ainda, antes de Abraão, de Isaac e de Jacó, os primeiros patriarcas de nossas remotas origens; portanto, sempre esteve com Deus e veio para o que era seu, mas lamentavelmente nós não o reconhecemos.

"É uma riqueza, minha mãe – expressou-se João, com um misto de alegria e emoção incontidas –, um esplendor... tão grande que transborda da alma... Há tanto que dizer, há tanto que mostrar ao mundo..."

– Então, meu filho, escreva, conte tudo para os homens, a fim de que o mundo o reconheça com Cristo em espirito e em verdade, o aceite de alma e coração e se transforme na luz que ele ofereceu. Lembra-se do que ele disse? – comentou Maria, acariciando os cabelos encaracolados do discípulo amado. – "Eu sou a Luz do mundo, quem me segue de modo algum andará em trevas, mas terá a luz da vida".

Quando os diálogos retornaram, inevitavelmente, para a marcha sacrificial de Jesus, João teceu algumas observações:

– Senhora, ainda sinto o meu coração tocado, também, pelo sentimento das mulheres que acompanharam Jesus pelas ruas de Jerusalém até o topo do monte Calvário.

– Sempre tenho pedido ao Senhor da Vida, em minhas orações, que as abençoe, pois lhes sou muito grata.

– Foi impossível não reparar naquela cena tão comovente – atalhou João. – Contudo, não pude deixar de observar certa mulher, desconhecida para mim, a caminhar com certa dificuldade, como se estivesse tomada pela embriaguez. Foi a única que se aproximou e se colocou ao seu lado, segurando-lhe o braço durante todo o tempo. Depois, porém, não a vi mais, desapareceu na multidão.

– Era Yula, mulher extraordinária. Ela se aproximou e me pediu permissão para caminharmos juntas, segurando o meu braço. Permaneceu em respeitoso silêncio e contrita, somente conversou comigo quando a estimulei para isso, ao chegarmos ao sopé do outeiro.

"Eu a conheci há cerca de três anos, quando residíamos em Nazaré, antes de mudarmos para Capernaum. Certo dia, Jesus chegou à casa a conduzir certa mulher maltrapilha, de ar desconfiado e expressão amedrontada. Era uma mulher nova e ele me pediu que a abrigasse em nossa casa.

"Nada questionei por conhecer sua forma segura e criteriosa de agir. Abriguei-a, ofereci um bom banho e roupas minhas, pois éramos do mesmo tipo físico. Ela aceitou de bom grado e, durante a refeição noturna, reparei que, mesmo com suas feições abatidas, era de singular beleza.

"Mais à vontade e sentindo-se confiante, contou-me que, na orfandade desde criança, seus dois irmãos mais velhos a constrangiam, alimentando-lhe a preguiça e a indolência, forçando-a a manter-se com aspecto de pedinte, a usar trapos para esmolar nas ruas, sentada ao rés do chão com as pernas encolhidas, como uma deficiente que não podia se sustentar de pé. Eles a traziam numa carroça, pela manhã, e a levavam ao entardecer como se estivessem fazendo a caridade para uma desconhecida. Tiveram o cuidado de insinuar que ela nascera assim e que morava em algum lugar distante na periferia da cidade.

"Jesus a havia encontrado, sentou-se junto a ela, estimulou-a a se libertar daquela dupla escravidão: a de consciência, que lhe trazia profunda dor moral, e a do constrangimento dominador dos irmãos inconsequentes.

"Ficou comigo por dois dias, o suficiente para despertar, em si, a alegria de viver, a espontaneidade de jovem, a autoconfiança e, sobretudo, a credibilidade. Desejei que permanecesse mais tempo; contudo, demonstrando imensa gratidão, decidiu seguir novo caminho para provar a si mesma que era capaz de ser digna da presença de Jesus em sua vida e da nossa amizade, que considerou tornar-se eterna.

"Entre lágrimas e abraços se despediu, seguiu a passos firmes e, quando se aproximou do final da rua, onde desapareceria de nossas vistas, voltou-se, abriu os braços e fechou-os em torno do peito, como a nos abraçar de longe, e se foi. Não pude conter as lágrimas e me emociono quando relembro."

– Julguei que, pelo seu caminhar trôpego, estivesse ébria.

– Enganou-se, meu filho. Quando me encontrou, depois de me procurar no meio do povo, pediu-me para se apoiar em meu braço. Quando lhe perguntei por onde andara depois que se despediu de nós, ela me contou que trabalhou duro para se sustentar dignamente, como lavradora, pastora de ovelhas, aguadeira e tecelã, tornando-se muito hábil nesta profissão. Com isso, granjeou simpatia por onde passou, deixando as marcas do crédito moral e da credibilidade.

"Sua renda pouco a pouco se ampliou e era divida em três partes: uma, que era empregada em sua subsistência; outra, usada para a compra de materiais de produção; a terceira para auxilio aos mendigos, estropiados, pessoas com deficiência em geral, com alimentos e roupas. E se sentia muito feliz com isso, nada lhe faltava. Mas, ao lado do auxilio material, estimulava-lhes a esperança e a força que poderia ser obtida nos ensinos de Jesus, afirmando: 'o Cristo chegou! E está entre nós!'.

"Quando a reconheci, disse-lhe com alegria, embora a delicadeza do momento:

"– Yula minha filha, senti muitas saudades, fico muito feliz em vê-la novamente.

"– Vim de muito longe com um grupo de pessoas, em caravana conduzida por um guia confiável – disse-me ela. – Resolvi procurá-la no meio da multidão sem auxílio de ninguém, seguindo o meu instinto, e pedi para me apoiar no seu braço porque minha visão está se reduzindo gradativamente. Estou quase que definitivamente cega.

"– Oh, minha querida! – exclamei, admirada e triste. – É pena que você tenha chegado tarde, você acabou de ver o que aconteceu com o meu Jesus. Ele lhe teria curado! E como lamento por isso!...

"– Senhora, peço-lhe que me desculpe – objetou, com humildade –, mas não vim em busca da cura, pois Jesus me curou há quase três anos, em Nazaré, e hoje me sinto feliz, pois quanto mais perco a visão das coisas do mundo, mais enxergo o meu espírito, meu coração. A luz de fora se apaga, a de dentro cresce e não preciso dos olhos para as habilidades com o tear.

"Aquela mulher falava com muito amor, João, verdadeiramente liberta. Como não se sensibilizar com uma alma com a de Yula, como não amá-la? E ela prosseguiu:

"– Todas as mulheres lamentam por ele, por suas dores, tristezas, humilhações e pela injustiça sem nome. Percebi com que sinceridade choram. Lamento e choro, também, mas não vim para isso, vim para estar com meu coração juntinho ao seu, com minha alma ao lado da sua e para que suas lágrimas fossem as minhas. Quis simplesmente compartilhar esta hora difícil, porque durante dois dias tive, na senhora, e tenho para sempre, a mãe que não conheci...

"Então, João, humildemente, eu lhe pedi que ficasse junto a mim, porque necessitava do seu amor."

– Mulher extraordinária, tem razão: está quase totalmente cega, nada veio exigir, abdicou das preocupações pessoais para se preocupar com as dores da mãe do Senhor e é feliz! – exclamou João, surpreso.

– Todos os dias somos abençoados pela presença do Pai Celeste, mas estou certa de que amanhã será um dia de surpresas.

– Conte-nos, Senhora.

– Sonhei que estávamos reunidos aqui, em refeição, à hora vespertina, com a presença de vários amigos. Eu, um pouco afastada, observava com alegria a descontração de todos, o sentimento de fraternidade e de união reinantes. Nesse instante, Jesus surgia, bonito como sempre, acariciando-me os cabelos, beijando-me o rosto e falando ao meu ouvido, num sussurro: "Convide-os, mãe amada!". E se desvaneceu. Acordei e não mais dormi. Pela manhã, conversamos e decidimos fazer os convites e, coincidentemente, todos os indicados se encontram aqui em Capernaum.

João se despediu e buscou a colônia dos pescadores, onde passaria a noite. Levou algum tempo para adormecer, porque em sua mente e em seu coração repassava os significativos acontecimentos de sua vida a partir do instante em que ele e André estiveram em Betabara com João, o que batizava; em seguida, o primeiro convívio com o Messias por um dia inteiro, após o seu reconhecimento pelo Batista, no Jordão, e toda uma incansável jornada por quase toda Israel.

"E o meu futuro, como será?", pensou demoradamente tentando vislumbrar algo adiante. "O que farei sem a presença viva do meu Mestre querido?" Tudo uma grande incerteza. Contudo, recordou-se de que, se alguém estiver nas cabeceiras de um rio, não poderá vislumbrar os acidentes do seu curso até a foz, porém é capaz de alcançar, embora com limitada visão, até a próxima curva, adiante.

Finalmente, tranquilizou-se ao descobrir a curva do seu rio caudaloso, com toda a certeza: cuidar de Maria, a mãe amorosa e boa que o seu Mestre lhe havia concedido, dando-lhe, consequentemente, a condição de filho dedicado, a oferecer o resto de sua vida à Boa Nova, em sua sementeira. E João adormeceu...

27
Yula e Issacar

O Sol, àquela hora da tarde, incidindo obliquamente na cruzeta da pequena coluna vertical, assentada sobre o limbo tracejado do relógio de sol, de tipo egípcio, permitia a leitura que indicava a undécima hora.

No alpendre da casa simples, mas espaçosa, a família aguardava os convidados. Maria não ocultava sua alegria, ante a curiosidade de João.

Aos poucos, os convidados foram chegando e recebidos com carinho e muita cordialidade. Maria havia preparado pães ázimos de trigo e colhera frutas; João assou peixes temperados com ervas especiais.

Curiosamente, cada convidado espontaneamente decidiu trazer alguma coisa. Em primeiro lugar, chegaram Maria de Magdala e a 'mulher sem nome', trazendo leite fresco de cabras; a seguir, Zaqueu ofereceu o único odre de vinho que conservara consigo durante anos; Marta, Maria e Lázaro trouxeram queijos de sua produção caseira; Simão de Cirene ofereceu azeitonas verdes e azeite do vale do Jordão; Yula, amparada por Issacar, não se esqueceu dos figos, romãs, tâmaras e mel de abelhas.

Imediatamente às apresentações aos que não se conheciam, a conversação tornou-se franca e agradável, conduzida para as lembranças carinhosas, saudosas e oportunas da vivência de cada um com Jesus, a destacarem seus momentos especiais e marcantes.

À pergunta de um dos presentes, as expressões de Zaqueu fizeram convergir para ele as atenções de todos, gradativamente:

– Foi necessário que eu, baixo como sou, subisse de certa forma ridícula, no entender dos que me conheciam, num sicômoro em Jericó, para descer do meu dourado pedestal de chefe dos publicanos e aprender o desapego, quando o Cristo desceu de sua grandeza espiritual para cear comigo, na casa de um pecador. Desfiz de todas as aquisições da ilegalidade e, hoje, o que possuo é resultado do trabalho honesto e honrado. Sou um homem liberto e feliz.

– Outrora, enganosamente, eu me sentia feliz por ser conhecida, em Jerusalém, por gente das tetrarquias, os nobres de preferência, e para além dos limites de Israel. O vinho, a dança, as joias, tudo em excesso, as lisonjas dos que eu julgava ter em minhas mãos, tudo isso me alimentava a alma, estimulada por sete espíritos que, desde cedo, eu abrigara, aprisionara no cerne de profunda vaidade, tornando-me cega prisioneira. Quando Jesus me libertou dos espíritos infelizes, disse que cabia a mim libertar-me de mim mesma. Não foi preciso que ele me dissesse, mas levou-me a descobrir que, o que eu pensava ser amor, não passava de avassaladora paixão. Um rio caudaloso e turbulento não se compara a um riacho transparente e cantante por entre seixos. Nada possuo mais, todos me abandonaram, mas não guardo a solidão. Descobri o amor e sou feliz. Sou conhecida como 'a mulher sem nome', porém isso não me traz qualquer incômodo.

– Podemos saber por quê?– perguntou João, sempre curioso, sentindo o clima de liberdade reinante. – Você já teve nome?

– Vocês todos entenderão. Já tive nome, sim; no entanto, na vida mundana, tive muitos e fui conhecida por vários nomes, na maior parte pejorativos, e, como mulher, numa sociedade onde todos os valores, por direito e por tradição, pertencem aos homens, constrangi-me a aceitar tudo. Perdi minha identidade de mulher e de ser humano porque não via como me libertar, não havia portas e, no meio de tudo, a profunda solidão. Desejei morrer para mergulhar, no nada, a inutilidade de minha existência, mas... Sempre soube e não acreditava que Deus oferecesse um 'mas'. Eu me perdia pelas ruas, certo dia, disposta a me consumir e, de longe, vi Maria de Magdala. Sabia de sua renúncia aos velhos costumes e pensei: não tenho de que renunciar, mas farei algo pela última vez, na vida, e, com todas as forças restantes e toda a profundidade de meu ser, falei um nome: Jesus!

"Soube que havia chegado cansado e se hospedara numa casa que eu conhecia. Com os últimos denários que possuía, comprei essência de nardo e, como último desejo, o mais íntimo da minha alma, resolvi que iria procurá-lo, o homem bom, a meu ver único, não para pedir qualquer favorecimento, pois não valia a pena, vindo de um ser abjeto como eu, mas para render-lhe homenagem.

"Ao entrar naquele recinto, não me preocupei com o desdém e o repúdio com que olharam. De modo estranho e incompreensível para mim, todo peso do tédio, da melancolia e da angústia acumulados, que carregava, desapareceu. Uma estranha comoção invadiu todo o meu ser e me senti leve, pura!

"Jesus, sentado, olhou nos meus olhos e vi nele estranha luz. Não pude conter as lágrimas represadas, que eu sabia secas, extintas como um córrego em dura e prolongada estiagem. Ungi-o com a essência do nardo, lavei os seus pés feridos, empoeirados pelos pedregulhos da estrada, com as minhas lágrimas, e os enxuguei com os meus longos cabelos. Sei que desdenharam, mas não ouvi o que disseram nem o que ele respondeu, porém sei o que meu coração ouviu. Beijei-lhe os pés com maternal ternura e saí, trôpega.

"Do lado de fora estava Maria de Magdala, que colocou seu braço sobre meus ombros e me disse, apenas: 'vem comigo, irmã'. Eu obedeci, fui e nunca mais fiquei sem seu amparo.

"Assim, conservo-me como 'mulher sem nome', porque o que me importa, hoje, é minha identidade renovada, um renascimento que prescinde de nome. Sou feliz."

– Meus amigos! Eu, Maria de Magdala, mulher com nome muito bem marcado, nunca fui diferente da minha querida e sincera amiga. Ela, na pobreza e no abandono pelas vielas escuras, apelidada de mundana pelos que a escravizaram por quase nada, subjugaram seu corpo e desprezaram sua alma. Eu, na opulência da casa, dos perfumes, das roupas e do dinheiro, todavia no desprezo disfarçado pela lisonja, cercada pela bajulação ocultada pela inveja, envolvida pelas promessas de amor debaixo dos enganos promovidos pela paixão. No silêncio das noites indormidas, a melancolia e a solidão junto a um séquito oculto de sofredores. Um dia, desejei deitar-me na cama coberta por veludo e caras sedas do oriente e nunca mais levantar, morrer de inanição. No auge do meu silencioso e oculto desespero, com todos os resíduos das forças que me restavam, achando que não possuía mais lágrimas, disse apenas um nome: Jesus!

"A noite, lá fora, estava tranquila e, do meu quarto, via o céu cintilante de tantas estrelas derramadas naquele manto escuro. Pareceu-me que uma delas brilhava mais do que as outras. Ela foi crescendo e sua luz, ao mesmo tempo intensa e suave, entrou pela janela aberta, tomou a forma de névoa difusa e, no meio dela, Jesus tomou corpo. Seu olhar penetrante e doce trouxe-me paz. Ele, sem articular os lábios, falou dentro de minha consciência: 'Maria de Magdala, sou eu a sua redenção, porque lhe trago um amor nunca experimentado, mas que habita, ainda desconhecido, no seu coração. Levarei comigo os seus atormentadores. Segue-me'. E nunca mais o abandonei."

– Marta, Maria, Lázaro – interpelou João –, todo mundo ficou conhecendo a história de vocês e ninguém desconhece a grande amizade em clima de reciprocidade entre vocês e Jesus. O que vocês consideram de maior relevância nessa convivência tão boa? Quem irá comentar: Marta, Maria, ou Lázaro?

Os três irmão sorriram e cochicharam entre si, o que levou os demais presentes a sorrirem, também descontraídos. Por fim, as irmãs decidiram que seria Lázaro.

– É verdade. Jesus de Nazaré cultivou grande amizade pela região de Betânia e, particularmente, por nossa família.

"Na cidade de Betânia, os feitos do Messias, do Cristo, enfim, de Jesus, eram conhecidos por todos, mas ninguém se preocupou em procurá-lo para exigência, milagres, mistérios espetaculares ou qualquer coisa dessa natureza. Era admirado e respeitado, reconhecido, porém isento de bajulações ou subserviência. No entanto, buscavam seus ensinamentos com interesse e tranquilidade, sem a ansiedade dos excessos religiosos para chegarem às cortes celestes. Os únicos irrequietos eram os rabinos, os escribas, os fariseus e os fanáticos da sinagoga. Embora o reconhecêssemos como enviado Divino, o tratamos como a um irmão muito amado. E ele apreciava isso.

"Já havia curado Simão, o Leproso, quando 'minha morte' ocorreu. E foi de Betânia que saiu, definitivamente, para o sacrifício previsto por ele. Imaginem nosso sentimento de dor antecipada diante de nossa impotência, ante um fato que todos sabíamos inevitável.

"Quando fiquei gravemente enfermo e Marta foi ao seu encontro, em Pereia de Além Jordão, desesperada, ele afirmou para ela: 'Esta enfermidade não é para morte, mas para glória de Deus, para que o Filho de Deus seja glorificado por ela'. Portanto, ele não foi de imediato para Betânia, demorou-se por mais dois dias.

"Não necessito enumerar as circunstâncias, porque desejo encontrar um significado mais profundo do que retornar dos mortos para o mundo dos vivos. Tenho pensado exaustivamente nisso.

"Pelas histórias que ouvimos, de algum modo voltaram à vida porque, de certa forma, estavam mortos, e neste retorno vejo, com clareza e com emoção, o sentido que a vida tomou para vocês. Nós três nos amamos profundamente, mas não posso acreditar que meu amado amigo Jesus me tenha trazido do vale das sombras somente para que minhas irmãs não sofressem tanto, uma vez que a qualquer momento, sem aviso, todos deveremos nos despedir deste mundo."

– Lázaro, meu irmão – interrompeu Maria –, Jesus sempre esteve com a razão, você não estava morto. Como ele nos explicou, seu espírito imortal se afastara do corpo, mas não se desligara em definitivo. A sua vida estava suspensa e guardada; ele o chamou de volta, você atendeu e assumiu tudo, novamente.

– Preste atenção, Lázaro! – Marta falou, por sua vez, com expressivo entusiasmo. – Quando souberam de sua morte, centenas de pessoas vieram de Jerusalém para estar conosco, suas irmãs, por solidariedade e para nos consolar porque guardavam sincera amizade. Com o seu retorno à vida, meu irmão, aquelas mesmas pessoas lá se encontravam; e vieram outras tantas, pois a notícia se espalhou velozmente. Assim, Deus foi glorificado, porque o Messias, seu enviado, confirmou que a origem de todo o poder está com Deus e, com esse ato, todos creram em Jesus Cristo; consequentemente, creram no Pai Celeste renovando os valores de sua fé. Agora conte, meu irmão, o que vem acontecendo a partir de então...

Instado por Marta, Lázaro prosseguiu:

– Como a distância entre Betânia e Jerusalém é aproximadamente de três quilômetros, muita gente nos tem visitado constantemente, não somente de Jerusalém, mas de Tiberíades, de Betsaida, de Dalmanuta, de Corazim e até das regiões dos estrangeiros.

– Para que, irmão? – Maria o estimulou. – Prossiga!

– Para conhecer de perto o tal homem ressuscitado, sempre com muita curiosidade, e para ver Simão, o leproso curado por ele.

– Complete dizendo o que você tem feito nessas ocasiões, é importante.

Lázaro, com o estímulo das irmãs, quebrou de vez a timidez e narrou:

– Conto para todos quem foi Jesus, sua família e a solicitude de sua mãe ao atender ao chamado celeste, o que fez em tão pouco tempo; sua presença amiga junto aos deserdados da sociedade, seus gestos amigos e sua irradiação da paz e de bom ânimo. Falo também da beleza viva dos seus ensinamentos, do seu senso da igualdade de todos, acrescentando que, independente de suas atitudes, todos os homens são merecedores da bondade e da atenção divinas. Esclareço que ele primava pela simplicidade, com desapego às coisas e, no entanto, considerava os valores reais da vida...

"Sempre concluo com a lembrança do que ele ensinou, incisivamente, a respeito do mandamento maior que é capaz de superar tudo o que está na Torá e além do que os profetas disseram durante todos esses séculos."

– Viu, Lázaro? – arremataram Marta e Maria, uma de cada vez. – Você mesmo deu a resposta aos seus questionamentos.

– Prossiga confiante, Lázaro! – interferiu Maria de Nazaré, a lhe segurar carinhosamente o rosto. – Você é verdadeiramente um arauto da Boa Nova. Você, que representa a continuação da vida, tornou-se mensageiro dileto do seu grande amigo, que prossegue vivo. A sua transição, naquela hora, é também simbólica, a estimular a mudança de atitude, ainda na Terra, para o alcance, facultado a todos, da vida eterna.

Enquanto Lázaro narrava os fatos com ele ocorridos, João observou, com Maria, que Simão, o cireneu, permanecia taciturno, parecendo estar alheio, e se propuseram a atraí-lo para a conversação no grupo.

– Desde aquela tarde triste, de passagem pelo centro urbano de Jerusalém para a Festa da Libertação, vindo da lavoura com destino a minha casa, tenho estado pensativo, de certa forma semelhante a Lázaro.

"Pensava no trabalho árduo de cada dia como bênção de Deus; na minha filha Rute, enferma quando me deparei com a turba ensandecida. Meu coração se condoeu com aquele homem naquele estado deplorável, tido como criminoso vulgar. Pensei, comigo mesmo, que nenhum criminoso, por mais pérfido que fosse, mereceria um tratamento tão ignóbil como aquele. Não esperei que chamassem e, num impulso pessoal, resolvi ajudá-lo, quando fui chamado por um soldado para isso. Sou acostumado às durezas do trabalho, sou forte e não compreendi como aquela criatura carregou até ali, ao cair ao chão, uma trave tão pesada. Segurei-a com um braço, após colocá-la ao ombro e, com o outro, cingi-lhe a cintura para levantá-lo e conduzi-lo ruas afora. Lembrei-me de que o conhecia de meus repetidos sonhos. Num sussurro de voz, falou-me que impusesse as mãos sobre minha filha Rute, citando-a pelo nome, e que ela ficaria curada.

"Ainda registro o peso inicial da cruz e o seu corpo machucado colado ao lado do meu... Agora recordo, foi muito estranho..."

Simão parou de falar e ficou cismarento. João, contudo, logo o encorajou, de olhos mareados:

– Prossiga, Simão. O que foi tão estranho que o fez ficar pensativo?

– Quando me levantei e fiquei de pé, a sobraçar os dois, uma onda estranha, uma sensação muito estranha me invadiu e não mais senti o peso da cruz, nem o de Jesus. Tudo ficou tão leve... Ele, que não resistiu ao peso da cruz e dos maus tratos, transmitiu-me uma força desconhecida e poderosa.

"Ao chegar à casa, minha filha estava sã e, de lá para cá, até hoje, fico a pensar o que teria feio ou o que deveria fazer para merecer uma honra tão grande, ilimitada, de sustentar o Enviado de Deus com meus próprios braços, com minhas mãos tão rudes e grosseiras, em seus momentos finais no mundo."

Novamente Maria interferiu, no momento certo, aproximou-se do Cireneu, beijou-lhe as mãos rudes e, segurando-as entre as suas, disse-lhe:

– Simão amado, na condição de mãe, sou-lhe grata pelo meu filho; porém, na condição de companheira dos ideais de Jesus, em obediência aos desígnios de Deus, eu lhe digo: espera, aguarda um pouco mais, asserena seu espírito e mantenha a alegria de viver, pois o próprio Jesus lhe dirá o que fazer.

E aquele homem forte disfarçadamente enxugou os olhos com as costas da mão, beijando de volta as mãos de Maria.

João, sabiamente, tomou a iniciativa de oferecer seu alimento distribuindo-o aos convidados, a trazer, de volta, o sorriso àqueles rostos, com a aprovação de Maria, percebido por ele e pelos seus assentimentos de cabeça:

– Provem do meu peixe assado com especiarias, amigos. Em toda Israel, não encontrarão sabor semelhante a este. É único!

Todos sorriram em virtude da forma alegre e jovial com que João se expressara.

Enquanto degustavam o peixe oferecido por João e provavam frutas diversas ou outros alimentos, Maria estando em de pé, ao lado de João, um pouco mais afastados do grupo, ficou um tanto séria, voltando olhar para João, que também se comportava do mesmo jeito. Os dois se entenderam e Maria sussurrou ao seu ouvido, a perguntar se ele o via, também, ao lado de Simão, a que João respondeu que sim. A pedido de João, Maria se sentou e os dois ficaram aguardando, perguntando-se se deviam relatar para os demais.

– Ele fez sinal para que ainda não. Você viu, João? – perguntou Maria, com voz débil e entrecortada.

– Vi, minha mãe, mas mantenha sua serenidade, é o que ele está pedindo.

– Vou tentar, meu filho, vou tentar.

Minutos depois, Maria, vivamente impactada, segredou ao discípulo amado:

– João, meu querido, a emoção não está mais a me permitir vê-lo claramente. O que você vê?

– Ele se coloca atrás de cada um e, à medida que avança, as pessoas ficam acesas. É lindo! Agora está atrás de Issacar e de Yula, com as mãos sobre os seus ombros. Os dois estão acesos.

Yula, ao retirar o lenço que lhe cobria os cabelos, permitiu que todos vissem o quanto era bela. Levantou-se e declarou que, de falsa mendiga paralítica – mais paralítica da alma –, foi resgatada em vida, por Jesus, e que, no trabalho digno, aprendeu a importância da vida. Após ser recolhida por Maria de Nazaré, a quem considerava como mãe, partiu para um longo aprendizado. Definitivamente liberta, podia oferecer de si, mesmo ficando cega, aos infortunados da terra, o fruto do seu trabalho como tecelã. Disse ainda que se considerava tão abençoada que, na prática com o tear, aprendeu a trabalhar sem o auxílio exclusivo dos olhos e concluiu, sempre expressando alegria, que veio acompanhada pela dedicação e carinho de Issacar, guia de caravanas, a quem havia aprendido a muito estimar. E dizendo isso, não conseguiu disfarçar o leve rubor surgido em suas faces.

Zaqueu, com o velho hábito de estar atento a tudo, cofiou a barba e prestou mais atenção, sorrindo ligeiramente quando ela se referiu ao tear e ao seu trabalho de auxílio voluntário.

Yula encerrou suas palavras e, como todos permanecessem calados, ela, de modo muito engraçado e espontâneo, bateu no ombro de Issacar, com toda a simplicidade, e lhe disse:

– Fala, Issacar! Só falta você. Acho que é sua vez – e, de imediato, desculpou-se, como se tivesse cometido grande falta de decoro feminino. – Desculpe-me, Issacar! – falou ruborizada, novamente. Todo o grupo sorriu, a compreender o ligeiro constrangimento de Yula.

– Não há de que se desculpar, Yula. Aqui não vigoram aquelas leis excessivamente rigorosas e de falso pudor instituídas. Aprendi que todos temos o mesmo valor, somos iguais. Digo isso porque conheci gente de todos os tipos como condutor de caravanas. Sou rude, andei desde o sul na foz do Jordão, no lago Asfaltite ao norte, nas montanhas Hermon, onde nasce o rio Banias, que segue pelo Jordão, e da região mais a oriente de Decápolis ao grande oceano do ocidente, mas nunca conheci ninguém como vocês.

"Minha relação com Jesus foi completamente diferente de todos e concordo, verdadeiramente, com as experiências de todos, segundo as quais, em se tratando de Jesus, há um significado para tudo. Não foi por acaso que, em várias ocasiões, meus caminhos se cruzaram com os dele.

"Vejam bem, depois de tantas andanças, jamais imaginei que eu, um simples condutor de caravanas, estaria no lar de Jesus, o Cristo, o Messias que nunca procurei, mas que sempre esperei encontrar, um dia, para dar um significado mais belo à minha vida. Enfrentei as mais diversas situações duras e combativas com a força da minha juventude e destemor. A vida me exigiu isso. Não falo por orgulho ou vaidade, por não possuí-las, mas porque esse momento não me é fácil para me dobrar e dizer que sinto algo que desconhecia, que me desconcerta por ter que ser sincero e admitir um toque de emoção na alma. Devo isso ao sentimento que causa a mãe de Jesus, que me olha como um dos seus, e a Yula que, me tem mostrado caminhos desconhecidos e que me trouxe a vocês. Acho que é felicidade..."

Issacar respirou fundo, tentando controlar sua emoção e mudar o rumo de sua fala.

– Meu primeiro conhecimento a respeito do Messias teve sua origem em Betsaida quando conduzi, até lá, mercadores de tecidos e de utilidades para negociarem com os pescadores, tendo sido procurado por André e João, aqui presentes, que viajariam a Betabara porque tiveram notícias da presença de um Messias. Os conduzi até lá e, como seria natural, tomei o meu rumo. Ao passar por Adamã, em Betabara, num vau do Jordão, um profeta chamado João, o que batizava as pessoas, falou sobre aquele que viria como enviado do céu para a salvação do mundo. Algum tempo depois, coincidentemente na mesma região, dentre a multidão que se batizava com o profeta, vi um homem de Nazaré que, conhecido por Jesus de Nazaré, era anunciado por João como aquele que haveria de vir conforme falaram os antigos profetas. Por suas vestes, pelos cabelos e barba, vi que era Galileu. De alguma forma, entre tantos que eram batizados, ele me chamou especial atenção, mas nunca soube o porquê.

"E as coincidências continuaram a ocorrer. Passando pelo deserto da Judeia, indo para a Galileia, lá estava o mesmo homem sentado, de olhos fechados. Muito sereno, não soube se adormecido ou em meditação. E o mais extraordinário aconteceu mais de trinta dias depois: ao acampar no mesmo sítio da viagem anterior, de retorno à Judeia, o nazareno estava no mesmo lugar. Despertado por algumas crianças, veio até a minha tenda e disse estar com fome. Senti alegria em oferecer alimento a ele. Quando observou que eu conduzia um rebanho, ele me disse que iria ao encontro do seu rebanho de ovelhas. Algumas dispersas à sua espera, disse-me ele, e outras perdidas pelos caminhos. Depois de agradecer, endereçou-me um olhar muito enigmático e se foi, solitário, na direção da Galileia.

"Quando guiei caravanas nas regiões próximas ao Lago Kineret, inclusive por Capernaum, não pude deixar de sentir grande simpatia por aquele homem. Ao encontrá-lo junto aos pescadores, diante da multidão que se mostrava encantada, comecei a ter admiração ao vê-lo limpar doentes e levantar deficientes; no entanto, bebia seus ensinamentos de esperanças. Sua figura imponente e segura no barco me chamou a atenção por sua simpatia e simplicidade, mas não me interessei, porque precisava seguir adiante. Foi nos primeiros tempos de suas caminhadas.

"Diziam que ele era o Messias anunciado pelos profetas. De algum modo, cheguei a pensar que estavam com razão por ser diferente de tantos falsos e exploradores da credibilidade alheia, com os quais me deparei durante tantos anos de andanças."

Issacar se demonstrava empolgado e parecia mais sensibilizar-se, à medida que rememorava os fatos. Fez ligeira pausa para se recompor, desculpando-se por achar que estava se prolongando, a cansar o grupo que se mantinha em total silêncio, atento e muito interessado.

– Não, Issacar; continue, meu filho – interveio Maria, com a voz ligeiramente embargada. – Estamos encantados com suas narrativas.

– Está bem, prosseguirei. A vida, ou não sei mais a que atribuir, por não ter como explicar, levou-me a Cesareia de Felipe, uma localidade próxima ao monte Hermon, muito ao norte, próximo ao rio Banias, nas nascentes do Jordão.

"Naquela região extremamente bela, exuberante, muito diferente das regiões áridas, mais ao sul, à exceção do Vale do Jordão, tive imensa alegria, pois fui procurado por uma mulher que soube da presença de um condutor de caravanas, que era eu, e com urgência necessitava dos meus serviços. De pronto achei estranho, porque normalmente são os homens que contratam serviços deste tipo. Aguardei, curioso. Quando ela me encontrou no meu acampamento, nossa surpresa foi grande e feliz, penso que nunca havia me sensibilizado tanto. Tratava-se de Thalita, uma tia querida que não via há muitos anos.

"As surpresas não ficaram por aí. Ao chegar à sua casa, um pouco retirada do centro da cidade, revi minha prima querida, Serápia. Ela sofria de um mal incurável que não somente a fazia sofrer pelo mal em si, mas também por ser motivo das mais variadas humilhações. Ela tivera um sonho em que um certo Galileu pediu que o procurasse. Pelas indicações, verificamos que ele estaria aqui, em Capernaum. Cancelei todos os compromissos mais imediatos e trouxe as duas, com muito cuidado, para que seu abatimento e seu estado de fraqueza não se complicassem ainda mais, numa cansativa viagem de muitos dias. Admirável a coragem, determinação e fé no coração e na alma de Serápia. Confesso que me senti muito pequeno diante dela.

"Quando chegamos, o encontramos em caminho por uma rua estreita, próxima daqui. Eu e Yula passamos por ela, há pouco. Como disse, ele vinha pela rua estreita, mas cercado por muita gente, e Serápia quis ir sozinha ao seu encontro, pois ele estava de costas para ela."

Nesse momento, Issacar parou um pouco, segurou a emoção, a fim de conseguir dar prosseguimento e continuou a sua história:

– Foi estranho, pois a multidão abriu caminho e ela, de leve, ergueu a mão e tocou com delicadeza o tzit-tzit do pano que cobria a cabeça de Jesus. Naquele momento, instantaneamente, ela ficou curada do fluxo de sangue que a atormentava há doze anos.

O grupo reunido na casa de Maria permaneceu expectante e era visível o silencioso desejo de que Issacar contasse mais. Ele, com seu modo simples de falar e pela expressão de sinceridade, tornou-se o centro das atenções.

– Meu filho! – Maria chamou João para mais perto, a fim de que somente ele a ouvisse. – Você continua a vê-lo?

– Sim, minha mãe. Então, a senhora também observou que ele está mais iluminado atrás de Issacar e de Yula, a envolvê-los... Como está sua emoção?

– Estou tentando contê-la, meu filho, a pedido dele. Isso significa que há de acontecer alguma coisa.

– A mais longa viagem que fiz foi a Cirene – prosseguiu Issacar, em sua narrativa – e poderão constatar que essa viagem está inteiramente relacionada com mais um encontro com Jesus. Eu sempre os classifiquei na conta de ocasionais e, curiosamente, coincidentes; todavia, no momento, recuso-me a pensar desta maneira, pois jamais poderia supor que a Providência Divina me convidaria a trazer para Jerusalém um homem, o Simão, que viesse a ser, talvez, como protagonista, a última peça luminosa em meio a uma trama tão obscura como a que presenciamos e com que convivemos. Um meticuloso momento, quase fugaz, da passagem de Simão por ali, para aquele encontro único, preciso e tão valioso...

Simão, o cireneu, calou-se por uns instantes, a fim de recompor as emoções que tocavam sua intimidade e a de todas aquelas almas sensíveis e boas, principalmente a dele, que disfarçadamente coçava os cantos dos olhos.

Issacar prosseguiu, informando que logo encerraria a narrativa daqueles acontecimentos:

– Ainda tenho mais um pouco a relatar, talvez o mais importante de toda a minha vida – observou Issacar. – Vinha com um grupo residente numa comunidade do estrangeiro, próxima a Tiro e Sidom, o mesmo grupo que eu conduzi a Capernaum, tempos atrás, para conhecer o Messias. Um dia, antes da partida, fui procurado por uma mulher que insistentemente queria participar da caravana com destino a Jerusalém, pois participaria da Festa da Páscoa. Eu a inclui porque me disse de sua certeza de que Jesus de Nazaré estaria presente. Contou-me que fora salva por ele e que guardava muitas saudades também de Maria de Nazaré, sua mãe. Quando percebi suas dificuldades de locomoção, ela, sem titubear, revelou-me que estava ficando cega. Perguntei se ela iria à procura de Jesus para ser, também curada. "De modo algum", respondeu-me com veemência, "vou para estar com Maria, sua mãe". O mais importante, meus amigos, é que ela tivera a revelação do próprio Jesus, em sonho, de que aconteceria grande tribulação em Jerusalém e que Maria iria sofrer muito. Assim, desejava estar com a ela nesse momento. Estava decida e veio conosco.

"Excelente companheira da longa viagem, colaborou com todos, apesar das limitações; à noite, contava as histórias que conhecia sobre Jesus ou praticava suas habilidades e talentos com o tear, pois muito aprendera sobre essa arte quando criança.

"Foi a minha última caravana. Há algum tempo tenho pensado em parar com essa atividade e o meu cansaço não diz respeito ao corpo, que é saudável, mas sim porque, estando em muitos lugares, não estou em lugar algum. Falta-me um pouso e uma vida comunitária. A última jornada me trouxe muitas reflexões e muitas delas devo ao estímulo da Yula, pelo seu exemplo. Encontrei compradores para todos os apetrechos e animais e, com esses recursos, vou instalar uma oficina de tear e convidarei Yula para participar, não somente para uma produção geral, mas também para a instalação de um ambiente de aprendizagem com teares para crianças abandonadas e filhos de famílias sem recursos, onde ouvirão falar do Cristo.

"Inspirado por Yula, desejo que parte dos recursos seja destinada aos doentes, aos leprosos, aos cegos e aos inválidos, que são tantos e tão ignorados em toda parte. Penso que pela primeira vez estou compreendendo a insistência de Jesus em amarmos a Deus e ao próximo."

Quando Issacar se referiu à arte da tecelagem, mais uma vez Zaqueu cofiou a barba e sorriu enigmaticamente; desta vez, porém, quase todos perceberam o seu gesto silencioso.

– Estou decidido e essa resolução se definiu agora. Encerrarei aqui e, de um modo nunca esperado, na convivência de todos a quem estou aprendendo a estimar como amigos e a amar como irmãos, sentindo-me muito feliz. Começo a vislumbrar um significado para a minha existência neste mundo.

"Concluindo, chegamos a Jerusalém no dia e na hora em que Jesus entrou, aclamado como um imperador pela multidão. Um espetáculo emocionante! Falei a Yula que aquela apoteose confirmava a sua condição de Messias tão esperado para reinar sobre Israel e acrescentei que o sonho que tivera em nada se parecia com tribulação.

"Ela me olhou, meneou a cabeça negativamente e disse, muito séria, que aquilo tudo era enganosa ilusão, porque incomodava o Templo e as autoridades do Governo. Que aguardássemos os acontecimentos.

"Todo o grupo participou dos festejos, inclusive das cerimônias do Templo e, de longe, vimos Jesus e seus discípulos, bem como as tentativas de intimidação com provocações por parte dos sacerdotes, fariseus, rabinos e herodianos, inclusive por pessoas do povo arregimentadas por eles. Dias depois, soubemos da prisão, das torturas, do julgamento e da condenação. Yula estava certa. No dia da crucificação, seguindo o trágico cortejo, ela se desprendeu do apoio do meu braço e insistiu em ir sozinha, à procura de Maria de Nazaré.

"Tranquilizei-me quando a encontrou e segui um pouco distante, revoltado, porém sensibilizado com o pranto das mulheres, com a segurança e a altivez de Maria de Nazaré, apesar das expressões de intenso sofrimento. Senti-me e ainda me sinto honrado por conhecê-la, como conservo grande respeito pela atitude de Simão, o Cireneu. Preferi não subir o monte e aguardei o retorno de Yula, para reconduzi-la em segurança."

– Issacar, meu filho, quero chamá-lo assim também – falou Maria, dirigindo-se para ele, segurando-lhe o rosto, num gesto de carinho. – Você agora encontrou significado para a sua vida, siga os sinais do seu coração, pois Jesus estará com você sempre e sei que Yula o acompanhará.

Zaqueu aguardou alguns segundos, levantou-se e, sorrindo como fizera antes, acrescentou, despertando a curiosidade do grupo:

– Tenho uma proposta e espero que a aceitem: minha casa em Jerusalém é grande, tanto que a ceia de Jesus com seus discípulos foi realizada lá; viajo bastante a serviço da divulgação da Boa Nova de Jesus e a casa está sempre vazia e sem proteção... Portanto, peço-lhes, insisto para que instalem ali a sua oficina de tecelagem. Tenho grande interesse em compartilharmos o mesmo sonho: que os homens do futuro comecem, desde logo, a doce convivência com Jesus, com a mensagem celeste do seu Evangelho.

No instante da alegria geral, em que alguns convidados se levantaram para um gesto espontâneo do abraço a Issacar, Zaqueu e Yula, aos poucos a fragrância de nardo tomou conta do ambiente, de modo suave e penetrante. Todos se sentaram e se asserenaram, tomados por intensa emoção.

À exceção das mulheres, todos eram criaturas afeitas às rudezas da vida do cotidiano, a exigirem força e empenho: o domínio das velas e do mar; o peso da charrua no rasgar das terras dos campos; a pesada condução e controle de rebanhos; o esforço do jornadear de sol a sol; as angústias da submissão; a lida com a pequenez dos homens. No entanto, portadores de tanta nobreza, deixavam, agora, afrouxar do peito as cadeias de contenção da sensibilidade em delicada comoção, rompendo os diques das emoções mais nobres, aprisionadas, por tanto tempo, num recanto oculto das almas.

Maria dirigiu-se a João e lhe perguntou se havia percebido que havia chegado o momento. João respondeu que sim e informou que não via mais Jesus. No entanto, em seu lugar, crescia um clarão que gradativamente tomava conta do ambiente.

Maria assumiu a palavra e se dirigiu a todos com voz firme, sem perder a doçura que lhe caracterizava:

– Meus amados filhos, Jesus, o Cristo de Deus, vivo, está entre nós, nesta hora em que o amor se sobrepõe a todos os outros sentimentos. A vida com ele se torna mais exuberante e real, pois somos como as flores simples do campo visitadas pela bênção do orvalho nas madrugadas e, depois, pelo Sol, a reavivar-lhes as cores e os perfumes, sem crestá-las. E elas assim, muitas escondidas sob o relvado, trazem alegria e encanto e, mesmo sofridas, durante as tempestades, de raízes firmes no solo, serão capazes de renascer e renascer para o esplendor da vida. Oremos, filhos do coração: Pai nosso...

A noite sutilmente já invadia o cortejo do dia e tomava conta das estradas da terra e do céu, a libertar todas as estrelas acima dos horizontes e das montanhas. Contudo, naquela sala, a claridade das chamas nas candeias foi se apequenando pelo adensamento da névoa luminosa a tomar forma no centro do grupo, enquanto Maria orava ladeada pelos braços de João.

Jesus surge, por inteiro, envolto por fina camada de neve azulada e se dirige a cada um dos circunstantes, beijando-lhes as faces:

– Zaqueu, as estradas de toda Israel continuarão abertas, aguardando, de seus lábios, o sopro suave do meu Evangelho.

“Maria de Magdala e ‘mulher sem nome”, que agora batizo com seu nome verdadeiro, Verônica, os doentes do corpo e da lepra da alma receberão, de suas mãos maternais, o reconforto e a esperança dos céus.

“Simão, a cruz não se tornou pesada nos seus ombros porque se destinava a mim, mas a sua força soube sustentar o peso de um corpo combalido, pois esse, sim, era para você. Conte a sua história para quantos o procurarem, porque será o estímulo para prosseguirem destemidos, pela vida.

“Maria, Marta e Lázaro, vocês continuarão a ser procurados para saberem do milagre da ressurreição, mas lembrem-se de que, no fundo, todos esses são almas necessitadas de direção e de paz. A ressurreição será o motivo, a ilustração para ouvirem e aprenderem o significado das parábolas, do valor da amizade, da confiança e da fé.

"Issacar, meu companheiro de tantos encontros, como esperei por este momento para lhe dizer da divina missão de conduzir, pelas estradas da terra, os filhos do meu Pai que retornam à Terra para os confrontos com caminhos da Verdade e do Bem, através do imperativo do trabalho digno.

"João, meu discípulo amado, não só discípulo, mas amigo fiel e filho a quem entreguei a minha mãe – falou, enquanto João mal continha as lágrimas –, você será a presença viva, segura e boa ao lado de Simão Barjonas e dos meus discípulos, que arduamente rasgarão as terras crestadas de muitos corações para adubá-las com seu próprio suor e lágrimas redentoras, a fim de que as sementes do Evangelho floresçam para o futuro.

"Maria, minha mãe, minha doce Maria... – Maria olhava nos olhos de Jesus e não expressava sua emoção em lágrimas, mas num sorriso quase que em êxtase. – O mundo a honrará eternamente por ter aceitado a luz divina da maternidade, abrigando-me em seu ventre, mas não compreenderá que eu é que fui escolhido e agraciado para ter a honra de ser seu filho, na Terra. Eu a amo!

"Yula, venha até aqui, para perto de minha mãe. Muitas crianças da orfandade serão seus filhos e jamais precisarão mendigar a esmola e o amor. A sua renúncia, conformação, determinação e fé permitiram a sua 'salvação'.

"Mãe amada, coloca suas mãos sobre os olhos de Yula com todo o seu amor."

Em seguida, Jesus de Nazaré foi para o centro do grupo e, gradativamente, tornou-se translúcido até se transformar num contorno transparente, ao repetir:

– A minha paz vos deixo, a minha paz vos dou...

A claridade emanada de Jesus permaneceu por mais algum tempo até se consumir, de todo, permitindo que as chamas bruxuleantes dos candeeiros pudessem se misturar à alegria daquela sala, enquanto perdurava o perfume de nardo.

Maria lentamente retirou suas mãos de sobre os olhos de Yula que, depois de abri-los, abraçou-se a Maria e repetiu, aos prantos:

– Eu vejo senhora, eu vejo novamente!...

28 Jesus sempre

Os registros relativos à presença de Jesus na Terra, que resultaram na compilação dos Evangelhos Sinópticos, foram definidos, à conveniência da Igreja, na Vulgata Latina, sua tradução para o latim por São Jerônimo; tais registros se definiram, também, nas traduções do hebraico para o grego, a Septuaginta, ou nas compilações de pergaminhos por inúmeros copistas.

Escoimada a ganga assessória representada pelos interesses do corporativismo ou do personalismo, na concha da bateia religiosa, as páginas da Boa Nova são gemas preciosas de brilho próprio, invulgares, que não se apagam porque têm vida própria, que resiste à imperiosa e avassaladora eclosão da modernidade.

Retiradas do arcabouço empoeirado das interpretações puramente dogmáticas e observadas ao sol da verdade, descobre-se, além das reverberações externas que encantam o centro, a fonte de toda a luminosidade, e o Evangelho de Jesus torna-se um hino de amor e de exaltação à marcha incessante para as vitórias, ainda na Terra, e um cântico de esperanças que pacifica, que asserena e que consola.

No interesse de divinizar a presença de Jesus, o Cristo, exaltam-se-lhe a humilhação no sinédrio, os acúleos da coroa grosseiramente imposta à cabeça, a maceração do corpo pelo chicote e pelo peso da cruz, a marcha inglória pelas ruas de Jerusalém, apinhadas de acusadores, e a execração popular, culminando com o extremo sacrifício no Monte Calvário para considerar, assim, o seu sangue derramado, a fonte de remissão dos pecados do mundo.

Mas é imperioso identificar que, por mais sejam dolorosas e improcedentes as cenas desde a prisão ao julgamento, da *via crucis* ao

Gólgota, estas representam a culminância dos incômodos ocasionados pela sensação de ameaça, da insegurança e da fraqueza dos protagonistas das tramas engendradas, do medo de que elas se tornassem visíveis ante o estonteante contraste com a claridade meridiana do Cristo, e o receio de que as ações aglutinadoras do povo desagradassem a Roma imperial, à guisa de revolução ou levante, ao longo dos três anos de sua trajetória de luz, desde as bodas em Caná, na Galileia, até a entrada triunfal em Jerusalém.

Destacam-se, predominantemente: o vilipêndio originado ora pela ingratidão, ora pela ignorância, ora pela inveja; a visibilidade da corrupção ante as claridades do seu verbo; a rejeição ostensiva e grosseira em Nazaré, por duas vezes, uma delas com sua condução para o alto da montanha, a fim de ser lançado ao precipício; a tentativa de matá-lo no templo de Jerusalém por ter curado um homem no tanque de Betesda, enfermo há trinta e oito anos, e essa tentativa se repetiu por várias vezes; o abandono de alguns discípulos em Capernaum; o envio de guardas para prendê-lo nas festividades em Jerusalém; a conspiração de escribas, sacerdotes e fariseus contra ele, em Betânia, após a ressurreição de Lázaro, quando se viu obrigado a se retirar para Efraim; e, nos momentos finais, a solidão, quando presentes apenas João e as piedosas mulheres, dentre elas aquele inesquecível coração materno, Maria de Nazaré.

Entretanto, ali no Gólgota, por estar na cruz mais alta, permanecera acima dos dois malfeitores, de todo o povo e dos seus julgadores, acima da soldadesca representação do maior império do mundo, Roma, e da grande capital cosmopolita, Jerusalém. Desta forma, confirmava-se a sua profecia: "eu venci o mundo..."

Num delicado contraponto, percebia-se: a suavidade do cântico de Maria ao receber, na simplicidade de sua alcova, a presença luminosa de Gabriel; a emoção de Isabel, ao declarar Maria bendita entre as mulheres, garantindo-lhe esse reconhecimento por toda a eternidade; a singeleza no poema vivo do presépio, na noite estrelada da natividade; a felicidade do velho Simeão, ao afirmar que podia morrer em paz por ter segurado, em seus braços, o Salvador, após tantos anos de espera; o alivio de Maria e de José, ao encontrarem o filho querido no Templo depois de desaparecido por dois dias; o vigor e a humildade de João, o Batista, ao afirmar que não era digno de desatar-lhe as correias das sandálias; a comoção do povo na marcha avassaladora pela Galileia, Pereia, Decápolis, Judeia, Damasco e Fenícia, a produzir mais do que a cura de cegos, surdos, leprosos, mudos, estropiados, endemoniados, alcançando-os em suas almas com consolo e paz de espírito.

E Maria de Magdala liberta? E os poemas de fé e de esperança nos barcos, a oscilarem nas ondas tranquilas às margens do Mar da Galileia? E a transformação significativa de Zaqueu? E o que dizer da serena amizade incondicional com Lázaro, Marta e Maria, em Betânia?

São inesquecíveis: o diálogo com a mulher de Samaria, em Sicar; a noite de tenebrosa tempestade, quando a escuridão do céu se metamorfoseou em noite tranquila e constelada; a estupefação de Pedro, Tiago e João, ao verem o seu Rabi irradiando luz, em sua verdadeira forma espiritual, dialogando com os espíritos corporificados de Moisés e de Elias; as emoções de Maria de Magdala, a única a ouvir do seu Raboni o "não me toques, ainda não fui ao Pai"; a promessa que João, o evangelista, não se esqueceu de registrar em "E eu rogarei ao Pai e Ele vos dará outro Consolador, para estar convosco para sempre, o Espírito da Verdade, que o mundo não pode receber, porque não o vê nem o conhece; mas vós o conheceis, porque ele habita em vós e estará convosco"; a imensa saudade antecipada no último sermão, ao dizer aos seus que eles não seriam mais chamados de servos, e sim de amigos. Por fim, no Monte das Oliveiras, bem próximo a Betânia, segundo os relatos, diante de uns poucos: os onze e os mais íntimos, a despedida, o adeus, o apagar-se, na terra, da luz que nunca esteve "debaixo do alqueire", mas sempre "sobre o velador".

E hoje, mesmo sem se recordar da promessa de Jesus, de que estaria conosco "até à consumação dos séculos", a humanidade atônita e deprimida, a hodierna Jerusalém que ainda se recusa a se abrigar sob seus braços, como pintainhos sob asas maternais, clama, mesmo inconscientemente, em coro com o cego em Jericó:

– Cristo, filho de Davi, tende piedade de mim!

Todavia, essa mesma humanidade somente verá a luz quando, ao definir mudanças de comportamentos, encontrá-la dentro de si, de seus valores, para poder repetir, feliz, como Paulo:

– Já não sou eu quem vive, mas o Cristo que vive em mim!

Esta edição foi impressa em novembro de 2022 pela Assahi Gráfica e Editora, de Itu, São Paulo, para o Instituto Lachâtre, sendo tiradas duas mil cópias, todas em formato fechado 155x225 mm e com mancha de 123x192 mm. Os papéis utilizados foram o Off-set 75g/m^2 para o miolo e o Cartão Supremo 300g/m2 para a capa. O texto principal foi composto em Berkeley LT 12/14,5, os títulos foram compostos em Reso 42/34. A programação visual da capa foi feita por Marco Macen.